KB275728

설교,
패턴으로
말하다

설교, 패턴으로 말하다

초판 1쇄	2025년 5월 30일
지 은 이	조성현
펴 낸 이	김현애
펴 낸 곳	예배와 설교 아카데미
주 소	서울특별시 광진구 아차산로 73길 25
전 화	02-457-9756
팩 스	02-457-1957
홈페이지	http://wpa.imweb.me
등록번호	제18-19호(1998.12.3)
디 자 인	디자인집 02-521-1474
총 판 처	비전북
전 화	031-907-3927
팩 스	031-905-3927
I S B N	979-11-93719-10-7 93230

값 22,500원

• 잘못 만들어진 책은 교환해 드립니다.

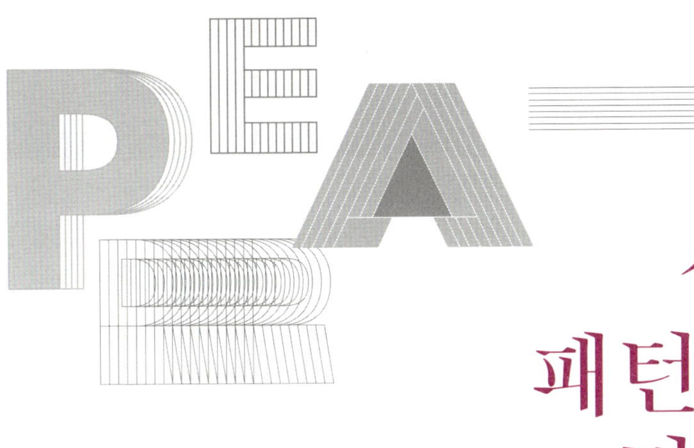

설교, 패턴으로 말하다

Patterns of Preaching

조성현 지음

WPA

목 차

추천사

천병석 박사 부산장신대학교 총장   6

허도화 박사 전 계명대학교 설교학 교수   8

최진봉 박사 장로회신학대학교 예배·설교학 교수   11

저자서문   13

---

1. 주제 설교(Topical Preaching)   21

2. 원전 설교(Preaching from the Original Languages)   55

3. 분석 설교(Analytical Preaching)   75

4. 강해 설교(Expository Preaching)   91

5. 본문접맥식 주제 설교(Textbezogene Themapredigt)   117

6. 상관 설교(Relevance Preaching)   129

7. 양극구조 설교(Bipolar Preaching)   139

8. 이야기체 설교(Narrative Preaching)   147

9. 네 페이지 설교(The Four Pages of the Sermon)   167

10. 현상학적 전개식 설교(Phenomenological Move Preaching)   185

11. 성서정과 설교(Lectionary Preaching)   203

12. 성령이 이끄는 설교(Spirit-Led Preaching)   215

13. 성경적 상담 설교(Biblical Counseling Preaching)   229

14. 예언자적 설교(Prophetic Preaching)   269

참고문헌   296

천병석 박사

부산장신대학교 총장

조직신학자 칼 바르트(Karl Barth)는 그의 『설교학』(*Homiletics*)에서 "신학을 공부하는 중요한 이유는 광의의 의미에서 설교 준비를 위함"이라고 했다. 목회자들 사이에 회자하는 "설교는 신학의 꽃이다"는 주장 또한 신학과 설교 사이의 관계를 잘 나타내주는 표현이다. 설교는 모든 신학적 사유와 훈련이 열매 맺는 지점이며, 설교학자는 그 열매가 풍성히 맺히도록 돕는 안내자라 할 것이다.

그런 의미에서 조성현 교수의 『설교, 패턴으로 말하다』는 신학과 설교 사이의 연계를 잘 이해하고 포착하여, 신학과 실천, 교육과 현장을 아우르는 설교학의 정수를 훌륭하게 담아내고 있다고 해야 할 것이다. 조성현 교수는 부산장신대학교를 여러모로 섬겨왔다. 특히 부드러운 리더십과 적절한 추진력으로, 교수님들과 학생들에게 많은 사랑과 존경을 받고 있다. 현재 설교학 전공 석·박사 과정에서 11명의 논문을 지도하고 있으며, 후학 양성에도 크게 기여하고 있다.

그는 또한 설교학의 이론과 실제를 겸비한 신학자이다. 16년간 담임목사로 설교 현장을 깊이 경험하였고, 18년간 설교학 교수로서 신학적 통찰을 본교 학생들에게 전달해 왔다. 이미 『설교 건축가』, 『성경적 설교』, 『설교로 보는 종교개혁』, 『인물로 보는 한국교회 설교』 등 대표적 저술과 여러 편의 학술논문을 집필하였고, 계속해서 설교학의 새로운 지평을 열어가고 있다.

이번에 출간된 『설교, 패턴으로 말하다』는 그의 학문적 성숙과 교육적 열정이 응축된 결실이라 할 수 있다. 이 책이 설교자에게 새로운 영감과 활력을 공급하여, 한국교회 강단이 더욱 풍성하고 성숙한 미래로 이어지기를 기대한다. 이 시대에 준비된 설교자를 기다리며, 기쁜 마음으로 추천한다.

허도화 박사

전 계명대학교 설교학 교수

본서는 제목이 분명하게 말하듯, 설교자가 자신의 설교를 전달하는 효과를 극대화하고 동시에 그 설교를 통해 청중이 하나님의 말씀을 경험하게 하려면 그 해결 방법을 설교의 패턴에서 찾아보자는 것이다. 이와 같은 시도, 즉 다양성을 담보로 하는 포스트모던 시대에 상당히 "말씀에 열중하는" 한국교회의 설교 현장 분위기 속에서 다양한 설교 패턴들을 비교하고 평가하는 것은 설교학 교수에게는 엄청난 작업이며 동시에 필수적인 과제이다.

그러나 본서의 저자 조성현 설교학 교수는 이처럼 까다로운 과제를 누구보다 간단명료하게 정리하고 설명할 뿐만 아니라 다양한 설교 현장에 쉽게 적용할 수 있도록 한국교회 설교자를 위한 맞춤형 저서를 계획하였다.

설교학에서 설교 패턴의 개념을 정의하는 것은 설교의 형식이나 방법을 정의하는 것과 크게 다르지 않다. 예를 들어, 로날드 알렌(Ronald J. Allen)은 자신의 책, 『34가지 방법으로 설교에 도전하라』(*Patterns of Preaching: A Sermon Sampler*)에서 설교의 형식을 중심으로 4가지 전통적, 현대적, 주제별, 그리고 신학적 설교 패턴들 아래 34가지 다른 설교문 모델을 다룬다. 그리고 리차드 에스링거(Richard Eslinger)는 자신의 책, 『설교 그물짜기』(*Web of Preaching: New Options in Homiletic Method*)에서 설교의 방법을 중심으로 6가지 설교 패턴을 다룬다. 본서 『설교, 패턴으로 말하다』의 저자 조성현 교수는 설교의 형식과 방법을 포함하여 한국교회 설교자에게 익숙한 설교 패턴으로 시작하여, 특수한 시대 상황에 적절한 설교 패턴을 소개하고, 설교의 변화를 위해 도전해 볼 필요가 있는 새로운 설교 패턴 등 14가지 패턴을 다룬다.

본서가 제시하는 설교 패턴을 통해 우리는 설교의 패턴들과 모델들, 또는 방법들을 계속 분류할 수 있을 것이다. 우리 주위 많은 설교자가 사용해 온 기본적인 설교 패턴은 전통적으로 주제, 본문, 그리고 강해 등으로 분류되지만, 우리는 본서를 통해 이런 설교 패턴이 어떤 특별한 설교자에 의해 고안된 이유와 어떻게 발전되었는지를 질문할 수 있을 것이다.

더 나아가 본서를 통해 우리는 일부 설교학자들이 설교하는 사람들을 관찰하고, 특정한 방식의 설교를 분류하고 그 형태를 좀 더 깊게 논의할 수 있을 것이다. 무엇보다 우리가 본서를 통해 다루어 볼 필요가 있는 질문은 여러 설교 패턴과 형식 가운데 무엇이 성경적인 패턴이 되어야 하는지가 될 것이다. 예수님과 초대교회 사도들은 오늘 우리 설교자가 교회에 대해 어떻게 설교하기를 원할까?

본서의 저자가 바라는 바대로, 여기에 제시된 설교 패턴들을 단순히 서로 비교하거나 장·단점을 열거하는 것에 의해 설교자 개인의 선호도에 따라 어느 특정한 설교 패턴을 선택하기보다는 어떤 설교 패턴이라도 하나님의 말씀이 효과적으로 전달되고 들리도록 할 수 있는 형식이며 방법의 하나라는 것을 이해하자. 그리고 하나님의 말씀이 올바르게 해석되고, 올바르게 설명되고, 올바르게 예증 되고, 올바르게 적용될 수 있는 설교 패턴을 찾아보자.

최진봉 박사

장로회신학대학교 예배 · 설교학 교수

설교는 단순한 정보 전달이 아니다. 설교는 신학과 목회의 접점에서 하나님의 말씀을 오늘의 청중에게 살아 있게 하는 사건이며, 동시에 내용(what) 속에서 형식(how)을 구체화하는 실천적 담론이다. 그런 점에서 설교자에게 필요한 것은 성경을 해석하는 시야와 더불어 그것을 구조화하고 청중과 연결하는 능력, 곧 설교의 '형태'(pattern)에 대한 신학적이고 실천적인 이해가 요구된다.

조성현 교수는 설교학자로서 오랜 목회 경험과 학문적 연구를 겸비한 귀한 학자로서, 이번에 출간하는 『설교, 패턴으로 말하다』는 다양한 설교 형태론을 유기적으로 구성하고, 장마다 설교학적 이론과 설교 실제 및 적용 가능성을 제시하고 있는 점은 이 책의 탁월한 가치다. 특별히 그는 본서에서 전통적인 '삼대지 주제 설교'를 비롯해서, '본문집맥식 주제 설교', '현상학적 전개식 설교', '성령이 이끄는 설교', '성경적 상담 설교', '예언자적 설교' 등 기존의 형식 분류를 확장하며, 설교 형태론의 지형을 넓혀 주고 있다. 본서는 설교의 형식을 단순한 전달 도구가 아닌, 신학적 메시지를 담아내는 그릇이자 복음을 입체화하는 통로로 제시해주고 있다.

『설교, 패턴으로 말하다』는 한 마디로 설교 형태론의 균형 잡힌 적용서라 할 수 있다. 설교의 본문성, 형식성, 창의성과 실천성을 함께 고민하는 모든 설교자와 신학생에게 이 책을 반갑고 기쁜 마음으로 추천한다.

저자 서문

어느 평신도가 이런 말을 했다. "예전에는 우리 교회 목사님과 옆 교회 목사님의 설교를 비교했다. 그러나 지금은 인터넷과 유튜브의 발달 때문에 우리 교회 목사님의 설교와 전 세계 목사님의 설교를 비교하고 있습니다"[1]라는 대단히 충격적인 이야기이다. 팬데믹(pandemic) 시기와 그 이후 온라인 예배가 실시되자 '유튜브 신 유목생활' 혹은 '유튜브 수평이동'이 현실화 되면서 청중은 더 감동 있는 좋은 설교를 찾아 유랑(流浪)하고 있다. 이에 예전보다 설교의 중요성이 더 부각이 되었다. 신학자인 에밀 부르너(Emil Brunner)가 언급한 "지구상에서 일어나는 가장 중요한 것은 말씀을 선포하는 설교이다"[2]는 말이 실감이 나는 세상이다.

---

1   가독성과 편집 스타일에 따라 인용문이 문장의 전부이면 마침표를 쌍따옴표 안에, 인용문이 문장의 일부이면 마침표를 생략한다.

2   Emil Brunner, *Revelation and Reason: The Christian Doctrine of Faith and Knowledge,*

설교는 두 가지의 중요한 요소로 구성된다. '무엇'(what)과 '어떻게'(how)이다. 대부분의 설교자는 본문의 석의나 주해를 의미하는 '무엇'에 많은 관심을 기울여왔다. 그러나 설교라는 양식(糧食)은 음식의 내용과 동시에 그 음식을 담을 적절한 '그릇'이 준비되어야 하는데, 이 그릇 역할을 하는 것이 '어떻게'(how)에 해당되는 설교 패턴(형태)이다. 설교의 패턴은 건축에 비유할 수 있다. 예전의 아파트 건축은 마치 성냥갑과 같이 실용적인 측면만을 중요시했다. 그러나 요즈음 아파트는 호텔을 방불케 할 정도로 미적 감각과 세련됨의 극치를 이룬다. 설계 도면과 시방서를 가지고 건축을 다양하고 정교하게 하기 때문이다. 이에 설교도 건축과 같이, 아름답고 시대에 맞게 설교의 건축을 해야 하는 이유이다. 이에 본서의 제목인『설교, 패턴으로 말하다』에 대하여 몇 가지 부분으로 논의를 진행한다.

첫째, 설교 패턴(pattern)이란 무엇인가? 패턴이란 스타일(style), 디자인(design)과 같은 단어이다. '양식', '무늬', '문양'이라 불린다. 그러나 설교학에서는 '유형'(類型) 혹은 '형태'(形態)를 말한다. 대부분의 설교자는 자기방식에 고착된 설교 형태로 평생 설교를 하든지, 아니면 설교 형태를 거의 인식도 하지 않은 채 설교한다. 설교 형태는 마치 몸의 뼈와 같아서 겉으로 나타나지는 않지만, 설교를 지탱해주는 견고한 틀이다. 현대 건축은 설계 도면과 공사수행에 필요한 시방서를 가지고 건축이 정교하게 진행되듯이, 설교도

---

trans. Olive Wyon (London: Student Christian Movement Press LTD, 1947), 142.

예외가 아니다.

둘째, 다양한 설교 패턴이 왜 중요한가? 첫째, 다양한 설교 형태를 깊이 숙지하면 성경의 다양한 장르(genre)를 잘 표현 할 수 있다. 성경의 저자는 그 당시 청중에게 하나님의 말씀을 전하기 위하여 시, 서신, 이야기, 잠언 등과 같은 다양한 장르로 저술하였다. 그런데 설교자가 천편일률적으로 한 가지 설교 형태로만 설교를 구성하는 것은 견강부회(牽強附會)이다. 새로운 설교학운동의 포문을 연 설교학자 크래독(Fred B. Craddock)은 『권위 없는 자처럼』(*As One Without Authority*)에서 말하길 "성경은 표현양식에 있어서 풍부한 다양성을 가진다. 시, 역사적 이야기, 잠언, 비유, 서신, 대화 등의 형식을 가지는데, 많은 설교자는 그러한 보배들을 메시지로 전달 할 때, 언제나 동일한 형식(same form)만을 사용한다"[3]고 지적했다. 둘째, 설교의 유형을 잘 알면 설교가 논리적이고 더욱 풍성해진다. 그러나 설교 형태를 무시하면 설교가 비논리적인 설교, 예화 진열장 설교가 되고, 청중은 설교를 듣고도 설교의 중요한 핵심과 초점을 인지하지 못함으로 삶에 적용하기 힘들어질 수 있다. 셋째, 설교 형태를 잘 숙지하면 청중에게 '들리는 설교'가 될 수 있다. 포스트모던 사회를 살아가는 현대 청중은 재미없고, 지루하며, 언제나 단조로운 형태의 설교를 사양하고 거부한다. 천편일률(千篇一律)적인 설교의 방식으로 전달하는 설교는 청중의 집중력에 한계를 느끼게 하며, 설교

---

3 Fred B. Craddock, *As One Without Authority* (St. Louis, MO: Chalice Press, 2001), 113.

가 주중에 들려오는 많은 이야기 중의 한 가지로 전락하게 만들기 때문에 다양한 설교 형태의 연구가 매우 필요하다.

셋째, 다양한 설교 패턴은 무엇이 있는가? 전통적인 삼대지 주제 설교를 위시하여 성경적인 삼대지 주제 설교, 원전 설교, 분석 설교, 강해 설교, 본문접맥식 주제 설교, 상관 설교, 양극구조 설교, 이야기체 설교, 네 페이지 설교, 현상학적 전개식 설교 등이 있다. 또한 설교의 형태론을 벗어나서 분류되는 성서정과 설교, 성령이 이끄는 설교, 성경적 상담 설교, 예언자적 설교 등이 있다. 특히 새로운 설교학 운동(The New Homiletic)에서 눈여겨볼 설교 형태는 연역법과 귀납법이 조화를 이루고 영상세대에 가장 유용한 네 페이지 설교(The Four Pages of the Sermon)이다. 그리고 드라마나 영화 같은 이야기에 열광하는 현대인들에게 '들리는 설교'인 이야기체 설교(Narrative Preaching)가 현대 청중에게 주목받고 있다.

넷째, 설교 패턴의 효과성은 무엇인가? 첫째, 설교자가 설교 패턴을 적절하게 사용한다면 설교 메시지의 전달 효과를 극대화할 수 있을 것이다. 즉 설교자와 청중 사이에서 설교가 커뮤니케이션(communication)이 된다는 의미이다. 둘째, 설교의 다양성과 역동성의 효과를 가지게 되어서, 단순한 말씀의 정보를 '전달하는'(transmit)것을 넘어 청중이 말씀을 '경험'(experience)하게 될 것이다. 이 두 가지의 효과로 인해 설교는 물 만난 고기와 같이, 설교에 활력을 줄 수 있는 것뿐만 아니라, 설교가 감칠맛 나고 청중에게 들리는 설교가 될 수 있다. 만약에 설교자가 4-5개의 설교 형태를 자유롭게 사용할 수 있다면 설교의 효과는 더욱 빛이 날 것이다.

동일한 토지에 어떤 아파트나 건물을 짓느냐에 따라서 도시 미관이 달라진다. 설교 건축도 마찬가지이다. 설교 본문이라는 토지는 변하지 않는다. 그러나 그 본문이라는 대지 위에 건축의 형태에 따라서 좋은 설교 건축가가 될 수도 있고, 실패한 설교 건축가도 될 수 있다. 그러므로 설교자가 설교의 준비과정에서 발견한 보석같은 메시지가 적절한 설교의 패턴을 만난다면 설교는 금상첨화(錦上添花)가 될 것이다.

미국 루터교 설교학자인 데이비스(Henry G. Davis)는『설교 디자인』(*Design for Preaching*)에서 "설교는 살아있는 유기체와 같은 나무이다"[4]라고 했다. 설교에서 다양한 형태를 사용하여 유기체적이고 역동적인 설교가 된다면, "우리 목사님의 설교가 달라졌어요"라는 청중의 탄성과 함께 강단의 풍성함이 배가 될 것이다.

필자의 다섯 번째 저작을 준비하면서 마음속 깊이 감사드리고 싶은 분들이 있다. 부산장신대학교에서 18년간 설교학 교수로서 후학들을 양성할 수 있도록 힘 있게 응원해주시고 매우 바쁜 와중에도 귀한 추천사를 써주신 천병석 총장님께 감사드린다. 그리고 신학박사 학위논문의 지도교수님으로서 학위 취득 이후에도 여전히 학문적으로 도움을 주시고 아름다운 추천사를 써주신 필자의 영원한 스승이신 허도화 교수님께 감사를 표한다. 또한 매우 분주한 학문의

4　Henry G. Davis, *Design for Preaching* (Philadelphia, PA: Muhlenberg Press, 1958), 15.

여정 속에서도 본 추천사를 허락해주시고 작성해주신 장로회신학대학교 최진봉 예배·설교학 교수님께 머리 숙여 깊이 감사를 드린다.

그리고 필자의 학문의 상아탑을 잘 쌓을 수 있도록 밑그림을 그려주신 고 정장복 교수님, 설교학 학위논문을 쓸 수 있도록 힘이 되어주신 샌프란시스코 신학교의 자나 칠더스(Jana Childers) 설교학 교수님과 워렌 리(Warren W. Lee) 교수님, 그리고 설교학의 영역에서 마음껏 학문의 상아탑을 잘 쌓을 수 있도록 격려해주신 차명호 교수님, 히브리어 감수를 해주신 최중화 구약학 교수님, 그리고 심도 있는 학문적 토론과 귀한 교제를 허락한 부산장신대학교 모든 교수님들께도 감사드린다.

그리고 18년 동안 부족한 사람의 강의를 경청해 주시고 호응해 주신 부산장신대학교 학부·신대원·일반대학원(석·박사 과정)·강해설교대학원 학우들, 매주 화요일 필자와 함께 주일설교를 나누는 '프로페차이'(Prophezei) 설교자들, 부산장신대 주최 '설교실천 아카데미' 수강생들, 계명 예배설교학회 학회원들께 진심으로 감사드린다. 그뿐만 아니라 포스딕 설교연구소를 후원해 주신 교회들과 목사님들께 고마움을 표한다. 그리고 본서를 출판해 주신 예배와 설교 아카데미(WPA) 대표 김현애 목사님과 수고해 주신 직원들에게 감사를 드린다. 특별히 필자의 동역자요, 동반자이며, 친구이자, 나의 가장 사랑하는 아내 현(賢)에게 깊은 사랑과 진심을 담아서 이 책을 드린다. 그리고 항상 아빠를 응원해 주는 보석 같은 자녀 영호와 영은이에게 고마움을 표한다.

본서는 필자의 첫 번째 설교 형태론 저작인 『설교 건축가』가 품절이 되어, 독자들의 끊임없는 요청 때문에 나타난 결과물이다. 그리하여 첫 번째 저작을 기초로 새롭고 다양하고 풍성하게 저술하려고 부단히 노력했다. 본서가 평생 설교해야 하는 목회자와 목사 후보생들에게 강단을 더 건강하고 풍성하게 하는 작은 디딤돌이 된다면 필자는 더 말할 나위 없이 기쁨이 될 것이다. 필자의 삶과 학문적인 영역에서 섬세하고 아름답게 인도해 주신 살아계신 하나님을 생각하면 말할 수 없는 감격 가운데 감사드리며 주님께 영광을 올려드린다. 주님 사랑합니다.

2025년 봄, 벚꽃 내음을 맡으며
포스딕 설교연구소에서
조 성 현

Ⅰ. 주제 설교
(Topical Preaching)

커버넌트 신학교의 초대 학장이었던 로버트 레이번(Robert G. Rayburn)은 설교학의 중요성에 대하여 "그리스도가 여러분의 학업에서 왕이시라면, 설교학은 여왕이시다"[5]라고 강조했다. 학업이나 목회의 현장에서 설교가 갖는 중요성에 대하여 언급한 것이다. 이에 설교의 두 축 중의 하나인 설교의 형태에서 우선 주제 설교에 대하여 설교학 여행을 떠나자.

1. 주제 설교의 이해

주제 설교란 설교자가 삶의 장에서 발견된 주제를 가지고, 본문

---

5 Bryan Chapell, *Christ-Centered Preaching* 2nd. (Grand Rapids, MI: Baker Academic, 2005), 26.

을 선택해 설교자의 주관에 따라 주제를 중심으로 전개하는 설교 형태이다. 제목(title) 설교가 아니라, 주제(topic)설교이다.[6] 전통적으로 '제목 설교'로 명명했지만 이는 'topical'을 잘못 번역한 것이다. 종종 주제 설교를 대지 설교로 혼용하여 사용하는데 주제 설교란 주제에 초점이 맞추어져 있는 것이고, 대지 설교란 그 주제를 설명하는 대지(point)에 초점이 맞추어져 있다. 엄밀한 의미에서는 같은 맥락으로 이해할 수 있다."[7]

삼대지 주제 설교(three point topical preaching)는 두 가지 단어로 합성되어 있다. 첫째, "주제 설교(topical preaching)"[8]로 설교자가 설교자 삶의 정황에서 주제와 본문을 임의로 선택해서 설교자의 주관에 따라 주제를 중심으로 설교하는 형태이다. 둘째, 삼대지 설교이다. 주제 설교를 주로 세 대지(three point)로 전개하기에 삼대지 설교라고 한다. "삼지창 설교"[9]라는 별명도 있다. 본문 설교나 강해 설교가 본문에서 대지나 내용이 나오는 데 비해, 주제 설교는 상황에서 본문으로 나아가기 때문에 잘못하면 성경 본문을 설교자의 '증거 자료'(proof text)로 전락시킬 우려가 충분히 있다. 특별히 예화 세

---

6   제목(title)은 주보에, 교회 게시판에 설교 제목을 적기 위한 것이다. 주제(topic)는 사랑, 감사, 전도와 같이 '무엇에 관하여' 설교하는 것을 말한다.

7   김운용, 『현대설교 코칭』 (서울: 장로회신학대학교 출판부, 2012), 226.

8   preaching과 sermon은 모두 설교와 관련된 용어이지만 약간의 차이가 있다. sermon은 명사로서 '한 편의 설교문'을 의미하지만, preaching은 '설교행위'를 지칭한다. 본 소고에서는 preaching이란 용어를 사용하겠다.

9   주승중, 『성경적 설교의 원리와 실제』 (서울: 예배와 설교 아카데미, 2006), 123. 3이라는 숫자는 우리의 삶속에, 신앙생활 속에 깊숙이 들어와 있다. 가위 바위 보도 셋이고, 정반합과 삼단논법, 삼발이도 셋이다. 또한 성부, 성자, 성령 하나님을 지칭하는 삼위일체도 3의 숫자이다.

개만 있으면 한편의 설교 작성이 가능하다고 생각함으로, 한국교회 설교자들이 가장 편안하게 종종 사용하는 전통적인 설교 형태이다.

삼대지 주제 설교는 이성과 합리성을 중시하는 계몽주의(enlightenment) 이후 300년 동안 서구사회에서 주목받았던 설교 형태이다. 그리고 한국교회 선교 초기의 개신교 선교사들은 기독교가 서구의 학문과 문명에 기초한 고등 종교임을 부각시키려 했다. 그리고 불교나 유교보다 기독교가 더 합리적이고 종교의 우월성을 가지고 진리를 강조하는 지성적인 종교라는 것을 증명하기 위하여 삼대지 주제 설교를 가지고 논리적으로 설교했다.

이 주제 설교의 형태는 19세기 말과 20세기 초에 미국 강단에서 유행했던 설교의 형태로, 선교사들이 한국교회에 와서 이 형태로 설교했고, 그대로 한국교회 설교자들에게 이식시켰다. 이 설교 형태는 상당한 장점이 있음에도 불구하고 한계와 약점이 있다.

2. 장점

첫째, 주제 설교의 설교 구성이 매우 쉽다. 주로 세 개의 대지를 만들어서 각 대지에 예화를 삽입하면 한편의 설교가 구성되기에 종종 '대지 설교'로도 불린다. 삼대지 주제 설교는 목사고시에 주로 등장하는 설교 형태이다.

둘째, 논리적, 합리적, 이성적으로 정보와 명제를 효과적으로 잘 전달할 수 있으므로 청중이 선명하고 명료한 이해를 가질 수 있다. 요즈음 설교의 대세는 원 포인트 설교이다. 그러나 불량한 원 포인트 설교들이 있다. 설교의 초점이 불분명하고, 애매모호하며, 이해하기 어려운 원 포인트 설교보다 선명성, 명료성, 논리성에서 삼대지 주제 설교는 우위를 점할 수 있다. 설교학자 채경락은 "선명한 메시지가 없는 설교는 길들여지지 않은 야생마에 불과하다. …삼대지 주제 설교는 선명한 설교를 향한 매우 안정된 주행선이다"[10] 라고 했다. 주제 설교는 지난 300년간 모더니즘(modernism) 사회에서 지배적인 설교 형태였다. 설교 구성과 청중의 이해가 쉬우므로 불신자, 새 가족, 대중 집회, 그리고 연령층이 높은 청중에게 논리적으로 교리적으로 접근하는 데 매우 효과적이다.

셋째, 성경에서 정확한 본문을 찾기가 난해한 주제들에 대하여 주제 설교로 설교할 수 있다. 주제 설교로 다양한 이슈를 선택할 수 있는 장점에 대하여 『설교학 사전』(*Concise Encyclopedia of Preaching*)은 다음과 같이 언급했다.

> 청중의 개인적인 문제들, 지역 사회에서 논쟁을 일으킬 만한 이슈들, 국가적으로나 전 세계적으로 문제가 되는 윤리적인 문제들, 교단적인 논쟁점, 문화적이고 심미적인 문제들, 청중이 가지고 있는 도전적인 문제들에 대하여 설교자는 적절한 주제를

---

10   채경락, 『쉬운 설교』(서울: 생명의 양식, 2015), 36-37,

가지고 설교할 수 있다.[11]

그 외에도 성경 본문에서 정확한 본문을 찾기가 쉽지 않은 미묘한 이슈들인 쿠데타, 동성애, 낙태, 성전환, 인공수정, 핵전쟁, 남북통일, 인공지능 등에 대하여 설교자는 많은 자료와 연구를 통하여 주제 설교 형태로 자유롭게 설교할 수 있는 장점이 있다.

넷째, 기독교 역사에서 감동적인 설교 중에 주제 설교가 많다. 예를 들어서 요한 웨슬리(John Wesly)의 물질에 관한 설교((1) 할 수만 있으면 많이 버십시오. (2) 할 수만 있으면 많이 저축하십시오. (3) 할 수만 있으면 하나님 나라를 위하여 많이 쓰십시오)가 대표적이다. 또한 명쾌한 삼대지 주제 설교로 전세계에 복음을 전한 빌리 그레이엄(Billy Graham), 현대적 삼대지 주제 설교를 활용하여 『목적이 이끄는 삶』과 같은 명설교를 남긴 릭 워렌(Rick Warren) 등이 있다. 정성령은 주제 설교의 대중성에 대하여 다음과 같이 언급하였다.

> 실제로 1980년까지 미국 강단에서 행해진 대부분의 설교는 주제 설교였다. 미국에서뿐만 아니라 전 세계적으로 가장 빠르게 성장하는 교회가 위치한 지역에서 주로 사용되는 설교 형태는 강해 설교가 아닌 주제 설교라는 점이다. 한국강단도 예

11　James W. Cox. "Topical Preaching," *Concise Encyclopedia of Preaching,* eds., William H. Willimon & Richard Lischer (Louisville, KY: Westminster John Knox Press, 1955), 492.

한국과 미국의 대표적인 설교자들도 주제 설교를 통해 감동적인 설교를 하고 있음에 주제 설교의 장점은 분명히 증명되고 있다. 왜냐하면 삼대지 주제 설교는 주제를 중심으로 수집된 자료, 논리적인 전개, 수사학적 기술, 그리고 현대적인 감각을 가지고 있기 때문에 현대 청중에게 공감을 쉽게 자아낼 수 있다. 설교학자였으며 지금은 현장 목회자인 한진환은 말하길 "나도 매주 설교의 80%가 삼대지 주제 설교일 만큼 삼대지 옹호론자입니다. 초보자라도 주제가 분명한 삼대지 주제 설교를 하면 적어도 죽을 쑬 우려는 없습니다"[13] 라고 했다.

다섯째, 삼대지 주제 설교로 설교가 진행되었을 때 세 개의 대지 중에서 두 개 혹은 한 개의 대지에서 청중은 찔림과 감동을 받을 수 있다. 마치 낚시할 때 한 개의 낚싯바늘보다 세 개의 낚싯바늘로 고기를 잡는다면 훨씬 효과적이기 때문이다. 반면 원포인트 설교는 한 가지 주제에 집중하기 때문에, 청중이 누릴 수 있는 은혜의 다양성에 있어 제한이 따를 수 있다. 삼대지 주제 설교는 한물간 구

---

12 정성령, 『설교 스타일』 (서울: 한들 출판사, 2004), 50.

13 채경락, 『쉬운 설교』, 6.

식 설교 형태가 아니다. 쉽고 친근하게 설교하기를 원하는 설교자들이 어렵고 고된 길을 선택하기보다는, '통일성'과 '성경 본문'에 기반을 둔 삼대지 주제 설교로 설교한다면 현대에도 여전히 효력을 발휘할 수 있을 것이다.

여섯째, 삼대지 주제 설교는 설교 시간 분배가 매우 용이하다. 삼대지 주제 설교는 서론과 각 대지 및 결론에 할당할 시간을 미리 계획하고 체계화할 수 있으며 현장에서도 대처 능력이 유연하다. 반면 이야기체 설교의 경우 설교 구성(plot)과 이야기의 흐름을 따라감으로 현장에서 즉석으로 설교 시간 배분을 자유롭게 조절하기 어렵다. 그러나 예기치 못한 돌발 상황(늦은 예배 시작, 예배 순서 변경, 찬양대와 기도자의 시간 지연)에도 삼대지 주제 설교는 대지 하나를 생략하거나 요약하는 방식으로 설교 시간을 유연하고 적절하게 대처할 수 있다.

삼대지 주제 설교는 마치 신형 스마트폰에 밀린 구형 폴더 폰처럼 구식 설교의 형태라고 치부해 버릴 수 있다. 그러나 요즈음 MZ 세대 사이에서 복고풍(retro)이 다시 유행하는 것같이, 새로운 현대 설교의 물결 속에서도 현장에서는 아직도 풋풋한 생기를 지닌, 심지어 갈수록 내공을 발휘하는 레트로 형식이다. 삼대지 주제 설교는 오랜 세월 동안 설교자들의 사랑을 받아왔다. 그 이유는 설교 구성과 설교 준비의 용이성, 논리 전개의 우수성, 전달의 명료성 등의 강점이 있기 때문이다. "내가 복음을 부끄러워하지 아니하노니"(롬 1:16)와 같이 "내가 삼대지 주제 설교를 부끄러워하지 아니하며."

현대 강단에서도 여전히 힘 있게 복음이 선포될 수 있을 것이다.

3. 단점[14]

주제 설교는 많은 장점을 지녔음에도 불구하고 약점이 있다. 이는 현장 설교자들보다는 설교학자들 사이에서 삼대지 주제 설교에 대한 비판이 제기되고 있다. 첫째, 삼대지 주제 설교는 설교자의 주관과 철학 그리고 사상이 본문을 지배함으로 설교가 '본문이 이끄는 설교'(Text-driven preaching)가 아니라, '설교자 중심의 설교'(preacher-led preaching)로 진행되어 상당히 "비성경적인 설교"[15]로 전개될 가능성이 있다. 본문을 중심으로 제목, 대지, 그리고 내용이 도출(導出)되는 본문 설교나 강해 설교와 달리, 주제 설교는 청중의 상황에서 출발하여 본문으로 나아가기에 설교 본문은 단순히 보조도구로 전락할 위험성이 있다. 성경의 저자가 의도하는 전체적인 맥락 속에서 메시지의 내용을 전달하기보다, 설교자의 주관에 따라서 본문을 사용하므로 본문 해석이 왜곡(歪曲)될 소지가 큼으

---

14 약점에서는 주제 설교가 주로 삼대지 주제 설교 형태로 전개되기에, 삼대지 주제 설교의 약점을 피력한다.

15 성경적 설교(biblical preaching)란 설교의 형태를 말하는 것이 아니라, 설교 철학이다. 비성경적 설교란 설교자가 설교의 본문을 지배하는 데 비해, 성경적 설교는 설교 본문이 주인이 되어서 설교자의 생각, 사상, 설교의 내용과 목적까지도 지배하는 설교이다. 조성현, 『성경적 설교』(서울: CLC, 2016), 11.

로 '성언운반일념'(聖言運搬一念)의 정신을 벗어나는 비성경적 설교가 될 수 있다. 그리하여 트리니티 복음주의 신학교의 월터 카이져(Walter C. Kaiser Jr.)는 주제 설교의 위험성을 경계하기 위하여 "5년마다 한 번씩 할 수 있다면 주제 설교를 시도하십시오. 시도한 다음에 즉각적으로 회개하십시오"[16]라고 경각심을 주었다.

둘째, 삼대지 주제 설교는 통전적인 설교의 정의에서 크게 벗어난다. "설교란 하나님으로부터 부름을 받은 종이 예수 그리스도를 하나님의 말씀인 성경을 가지고 올바른 주석과 해석을 통하여 성령의 능력 아래서 현대 커뮤니케이션의 방법으로 청중에게 적용하는 삼위일체적인 선포와 증언이다."[17] 즉 설교는 "선포"(宣布)[18]와 "증언"(證言)[19]이 핵심이다. 선포란 "세상에 널리 펴서 알림"[20]으로 성경에 기록된 예수 그리스도의 십자가와 부활 사건을 중심으로 성경 본문을 객관적으로 청중에게 알리고 전하는 것이다. 증언이란 법정 용어로 "증인이 경험한 사실을 진술함"[21]이다. 설교자가 본문을 깊이 묵상하면서, 삶의 경험을 하면서, 세상의 사건을 통찰함으

16　이동원, 『청중을 깨우는 강해 설교』 (서울: 요단출판사, 1991), 100.

17　포스딕 설교연구소, "조성현의 설교에 대한 정의," https://cafe.daum.net/sungrock/Dgu7. 2025년 5월 18일 접속.

18　선포에 대한 설교학적인 정의에 대해서는 J. Daniel Baumann, *An Introduction to Contemporary Preaching* (Grand Rapids, MI: Baker Book House, 1988), 206-10.

19　증언에 대한 설교학적인 정의에 대해서는 Thomas G. Long, *The Witness of Preaching.* 2nd. (Louisville, KY: Westminster/John Knox Press, 2005), 45-51.

20　국어국문학회, 『새로 나온 국어대사전』 (서울: 민중서관, 2000), 1404.

21　국어국문학회, 『새로 나온 국어대사전』, 2316.

로 경험한 사실을 본문에 기초해서 전하는 것이다. 설교가 단순히 본문만을 주석하는 것으로 마치면 정물화와 같다. 설교가 현재에 살아있는 말씀(living word)이 되기 위해서는 객관적인 성경 말씀이 설교자의 인격을 통과하고, 설교자가 먼저 본문과 씨름하여 자신에게 적용한 후 감동 있게 전해야 한다. 설교의 중요한 두 가지 기둥은 객관적인 말씀을 기초로 한 '선포의 축'과 감동에 초점을 둔 '증언의 축'으로 구성된다. 선포의 요소가 소홀하게 될 때 설교가 성경적인 설교에서 벗어날 위험이 있다. 그러나 증언의 요소를 간과할 때 설교가 주석으로 전락하여서 청중의 삶의 변화를 끌어내지 못한다. 설교는 선포와 증언이기 때문이다. 삼대지 주제 설교는 선포와 증언을 포함하는 설교의 통전적인 정의에서 많이 벗어날 수 있다.

셋째, 삼대지 주제 설교는 지식주의(知識主義)의 전형적인 설교 형태이다. 그래서 주제 설교를 "죽어가는 지식주의의 포로"(captive of a deadening intellectualism)[22]로 묘사하기도 한다. 평양 신학교 설교학 교수인 곽안련도 이러한 지식주의의 위험성에 대하여 "성경에서 멀리 떨어져 나가 하나님의 관념 대신에 자기의 관념을 이론화하고 철학화 하는 방향으로 흐르기 쉽다"[23]고 지적했다. 삼대지 주제 설교는 강단에서 청중에게 강의하듯이 교리나 신앙의 내용을 지식적으로 명료하게 잘 전달할 수 있다. 그러나 구체적인 삶의 방법

---

22 Richard L. Eslinger, *A New Hearing: Living Options in Homiletic Method* (Nashville, TN: Abingdon Press, 1987), 18.

23 곽안련, 『설교학』 (서울: 대한기독교서회, 1990), 67.

이 제시되지 않고, 실천적인 적용력이 약함으로 청중의 삶의 변화를 이끄는데 부족하다. 그래서 청중의 집중력을 높이기 위하여 설교에서 흥미진진한 예화를 필수적으로 요구하게 된다. 삼대지 주제 설교는 예화가 없으면 건조하고 지루해서 설교를 듣기 힘든 구조이다. 삼대지 주제 설교는 지식주의의 일반적인 형태라는 한계를 지니고 있기 때문이다.

넷째, 삼대지 주제 설교는 설교의 통일성과 연속성을 상실할 수 있다. 삼대지 주제 설교는 대지를 여러 개 구성하기 때문에 중간중간에 끊기며, 자연스러운 설교의 흐름을 방해하는 설교 형태이다. 한 예로 한국 초기 설교자들에게 큰 영향을 끼친 선교사인 언더우드(Horace G. Underwood, 1859-1916)의 "모든 것을 해로 여김"(빌 3:8-10)은 세 개의 대지로 구성되어 있다. 첫째, 우리 안에 계신 예수님. 둘째, 우리 죄를 덮어주시는 예수님. 셋째, 예수님과 같이 고생하면 같이 즐거워진다.[24] 본 설교는 언더우드의 최후 설교이지만 설교학적으로 많은 문제가 있다. 본문과 설교 제목 간의 통일성과 연속성이 전혀 없다. 그리고 대지가 서로 연결점을 상실했고 논리성이 거의 없다. 본 설교에서 무엇을 말하려고 하는지에 대한 핵심도 없다. 삼대지 주제 설교는 통일성과 연속성을 강화해야 하는 과제가 있다.

다섯째, 삼대지 주제 설교는 부자연스러운 '조각 교훈'으로 전락하여 생동감과 역동성을 상실할 가능성이 있다. 대부분의 설교자

24　김건호 편, 『선교 칠십주년 기념 역대총회장 설교(中)』 (서울: 예장 총회 종교교육부, 1955), 18-22.

는 석의 단계에서는 대단한 감동과 감격을 경험한다. 그러나 삼대지 주제 설교로 전달 시 본문을 억지로 세 대지 혹은 그 이상의 대지로 구성하려다 보니, 설교가 매우 부자연스럽고 생명력이 감소한다. 그리고 세 개의 대지를 짧은 설교 시간에 다 전달하기 위하여, 각 대지의 설교 시간도 1/3로 줄여야 하고 내용도 얄팍해질 수밖에 없다. 그 결과 설교가 대지마다 분절적으로 구성되면, 청중의 몰입도가 떨어지고 메시지의 생명력이 약화될 수 있다.

여섯째, 삼대지 주제 설교는 청중의 감성적 호소력이 부족해질 수 있다. 포스트모던 사회의 핵심인 우뇌에 거의 작용을 못 한다. 좌뇌는 논리적인 이해와 지식에는 효과적이지만, 감성과 정서 그리고 삶의 경험과 진한 감동에 작용하는 우뇌에는 주제 설교가 큰 영향력을 발휘하지 못한다. 이는 마치 HDTV를 시청하는 현대인들에게 흑백 TV를 소개하는 느낌이 든다. 단지 명료한 이해와 지식과 정보에 관여하는 좌뇌에 영향을 미칠 뿐이다. 그 결과 현대 청중의 마음에 진한 감동을 주기가 매우 어렵다.

4. 성경적 삼대지 주제 설교

주제 설교는 설교자의 묵상에서, 목회 현장의 필요로부터, 혹은 설교자의 성경 연구로부터 주제를 선택할 수 있다. 그러나 매우 중요한 것은 이 모든 것들이 성경 본문에서 벗어나지 않아야 한다. 즉 설교자 중심의 설교가 아니라, '본문이 이끄는 삼대지 주제 설교'가 된다면 현대 청중은 설교를 인간 설교자의 사상이 아니라, 하나님 의 말씀으로 듣게 된다. '성경적인 삼대지 주제 설교'가 강단을 더 건강하고 풍성하게 할 수 있다.

1) 보완책

첫째, 대지는 반드시 본문에서 나오게 한다. 허락되지 않으면 적어도 성경 66권 가운데서 가져올 수 있어야 한다. 둘째, 성경 말씀을 인용할 때 문장의 주어는 성삼위 하나님이 주어가 되도록 한다. 예를 들어 고전 13장의 경우 "하나님은 바울을 통하여 … 말씀하십니다"라고 한다.[25] 셋째, 대지마다 통일성과 연관성을 가져야 한다. 시간적 통일성(과거-현재-미래), 공간적 통일성(개인-가정-교회), 점진적 통일성(육체적 만족-정신적 만족-영적 만족) 등이다. 넷째, 반드시 삼대지로 구성하지 않아도 된다. 두 대지로 구성해도 무방하다. 설교학자 정인교는 "집중력을 보이지 못하는 오늘날의 청중을 염두에 둔다면 삼대지 이상의 대지를 설정하는 것은 절대 바람직하지 않다. 오히려 설교 도입부에서 충분히 설득하는 작업이 선행되었다면 설교 본론을 2대지로 크게 자르는 것도 생각해 볼 수 있다"[26]고 피력했다. 다섯째, 은혜로운 예화라 할지라도 예화의 중복

---

25   정장복, 『한국교회의 설교학 개론』(서울: 예배와 설교 아카데미, 2001), 170.

26   정인교, 『현대설교, 패턴으로 승부하라!』(서울: 청목출판사, 2005), 102.

사용은 되도록 피한다.

2) 새롭게 설교 구성하기[27]

① 서론-본문 접근(본문의 배경 및 상황을 중심으로 본문 소개)-주제부상(핵심적인 주제를 언급한다), 본문 접근과 주제부상은 순서가 바뀔 수 있다

② 대지 1/선포, 해석, 적용, 예화

* 선포(proclamation)란 대지를 언급한 후 성경 구절을 언급함으로 설교가 설교자의 말이 아니라, 하나님의 권위 있는 말씀임을 전하는 행위이다.

* 해석(interpretation)이란 본문의 의미를 깊이 있게 연구하고 분석하는 과정이다.

* 적용(application)이란 해석된 본문을 청중이 구체적으로 삶의 현장에서 실천할 수 있도록 돕는 자리이다. 이때 예화나 이야기를 통해서 청중의 실천과 변화를 이끌어낼 수 있다.

대지 2/선포, 해석, 적용, 예화

대지 3/선포, 해석, 적용, 예화

③ 결론

---

27   정장복, 『한국교회의 설교학 개론』, 170-73.

전통적 삼대지 주제 설교 모델

본문 행 2: 23-24 **제목** **삼중 부활**

그가 하나님께서 정하신 뜻과 미리 아신 대로 내준 바 되었거늘 너희가 법 없는 자들의 손을 빌려 못 박아 죽였으나 하나님께서 그를 사망의 고통에서 풀어 살리셨으니 이는 그가 사망에 매여 있을 수 없었음이라.

들어가는 말

이런 이야기가 있습니다. 김일성이 숨을 거두면서 국방위원장 김정일에게 애타는 목소리로 유언합니다. "이 유언만은 꼭 지켜 주기요." 김정일이 화답합니다. "여부가 있갔습네까? 뭔데 어서 말하시라 유." 김일성이 숨을 내쉬면서 말합니다. "내 죽으면 전에 몰래 사두었던 이스라엘 빈 무덤에 나를 묻어 달라우." 김정일이 대답합니다. "알 갔시오." 얼마 후 김일성이 죽고 장례를 치르게 되었습니다. 장례위원장이 김정일에게 말합니다. "수령님 시신을 예수님 시신이 있었던 곳으로 안장하겠습네다." 하자 김정일이 버럭 화를 내면서 밀합니다. "무시기? 유인은 없었던 깃으로 하기요. 그리다 수령이 3일 만에 살아나면 나는 어떡함메." 김정일이 예수님의 부활을 믿었을까요? 그냥 재미있는 이야기입니다. 오늘은 예수님께서 부활하신 부활주일입니다. 기독교는 2개의 기둥 위에 서 있습니다. 하나는 '십자가 기둥'이요, 또 다른 한 기둥은 '부활의 기둥'입니다. 기독교가 십자가에서만 끝났다면, 이는 진정한 기독교가 아닙니다. 부활로 연결이 되어야 합니다. 그래서 기독교를 부활의 종교라고 합니다. 그런데 이 부활은 3가지가 있습니다. 과거적 부활, 미래적 부활 그리고 현재적 부활입니다. 그래서 오늘 설교의 제목이 "삼중 부활"입니다.

첫째로, 과거적 부활입니다.

독일의 어느 학자는 예수님의 부활 사건을 '비신화'(非神話)해야 한다고 주장합니다. 무슨 말입니까? 예수님께서 역사적으로 부활하셨다는 신비스러운 사건을 동의하기 어렵다고 합니다. 그러므로 역사적인 사건은 잘 모르겠고 좋은 의미만 우리의 삶 속에 적용하자는 이야기입니다. 여러분! 우리는 이 비신화에 절대로 동의할 수 없습니다. 예수님께서 2,000년 전에 역사적으로 부활하셨습니다. 이것은 역사적인 사건이요, 사실입니다. 오늘은 부활절입니다. 세상의 그 어떤 종교도 부활절이 없습니다. 공자도, 석가도, 마호메트도 모두 죽었습니다. 그래서 무덤만 남아있어 성역화하고 있을 따름입니다. 마호메트는 63세에 죽어 사우디아라비아의 모스크에 그의 시신이 있습니다. 석가는 80세에 죽어 화장했고, 공자는 72세에 죽어 중국 산동성에 있는 큰 무덤 속에 시신을 남겨두었습니다. 그러나 생명의 종교인 기독교만 죽었다가 다시 사신 예수님으로 인하여 부활절이 있습니다.

이 부활의 사건은 구약 선지자들을 통해서 수없이 예고되었을 뿐만 아니라 예수님 자신도 수차례에 걸쳐서 말씀하셨습니다. 또한 유대교의 안식일이 주일로 바뀐 사실 등 수없이 많은 증거를 가지고 있습니다. 그러나 예수님께서 부활하셨다는 가장 강력한 증거는 '빈 무덤' 사건입니다. 예수님의 시신은 누구도 발견하지 못했으며, 앞으로도 영원히 발견할 수 없을 것입니다. 예수님께서는 무덤 속에 시신을 남겨놓지 않았습니다. 이스라엘 성지, 예루살렘 구시가지 북쪽에 위치한 '정원 무덤'(Garden Tomb)에 가면 이런 글귀가 있습니다. "그는 여기 계시지 않습니다. 그는 살아나셨습니다"(He is not here. He is risen). 우리 예수님께서 2천 년 전에 역사적으로 부활하셨다는 말씀입니다. 예수님께서는 소리 높여 말씀하십니다. "나는 부활이요 생명이니 나를 믿는 자는 죽어도 살겠고 무릇 살아서 나를 믿는 자는 영원히 죽지 아니하리라"(요 11:25-26).

둘째로, 미래적 부활입니다.

유대인 정신과 의사이며, 아우슈비츠 수용소의 생존자인 빅터 프랭클(Viktor Frankl)은 그의 저서 『죽음의 수용소』 *(Man's Search for Meaning)*에서 "사람은 무엇 때문에 사는가?"라는 질문에 "극한 상황 속에서도 인간을 살아가게 하는 원동력은 삶의 의미, 삶의 소망이다"라고 했습니다. 그는 수용소 밖에서 기다리는 아내를 다시 만나야 한나는 작은 소망 하나로 고통을 버텼다고 합니다. 소망은 이렇게 강력한 생존력으로 연결됩니다. 죽음이 끝이라면 우리에게 있는 모든 것들은 무의미할 것입니다. 우리 미래의 소망은 무엇입니까? 바로 미래적인 부활이 아닙니까?

장차 예수님께서 재림하실 때 그리스도 안에서 죽은 자들이 신령한 몸으로 다시 사는 것을 의미합니다. 천사장의 소리와 하나님의 나팔이 울려질 때 우리는 신령한 몸으로 변하고 산채로 그냥 들어 올림을 받을 것입니다. 그리고 이미 죽은 자들은 주님이 재림하실 때 먼저 부활하실 것입니다. 사도 바울은 데살로니가 전서에서 말씀하십니다. "우리가 예수께서 죽으셨다가 다시 살아나심을 믿을진대 이와 같이 예수 안에서 자는 자들도 하나님이 그와 함께 데리고 오시리라 우리가 주의 말씀으로 너희에게 이것을 말하노니 주께서 강림하실 때까지 우리 살아남아 있는 자도 자는 자보다 결코 앞서지 못하리라 주께서 호령과 천사장의 소리와 하나님의 나팔 소리로 친히 하늘로부터 강림하시리니 그리스도 안에서 죽은 자들이 먼저 일어나고 그 후에 우리 살아남은 자들도 그들과 함께 구름 속으로 끌어 올려 공중에서 주를 영접하게 하시리니 그리하여 우리가 항상 주와 함께 있으리라"(살전 4:14-17). 그러므로 부활의 첫 열매 되신 우리 예수님을 따라 우리도 장차 신령한 몸으로 부활할 것입니다. 우리가 일하는 중에, 운전하는 중에, 성경 보다가, 예배드리다가 신령한 몸으로 부활할 것입니다. 이것이 우리의 마지막 소망이요, 미래적 부활입니다.

셋째로, 현재적 부활입니다.

오늘 읽은 본문 24절 상반 절입니다. "하나님께서 사망의 고통에서 풀어 살리셨으니”라고 말씀하셨습니다. 여기서 ‘고통’이란 ‘오디나스’(ὠδῖνας)로 이 단어는 ‘사망의 고통’ 즉 ‘사망의 올무’를 의미하는 말입니다. 사망의 올무조차 우리 예수님을 속박할 수 없었습니다. 그래서 육신의 사망을 떨쳐버리시고 부활하신 것입니다. 이 얼마나 감격스러운 사건입니까? 그런데 이 사망의 고통이 우리의 삶 속에서 얼마나 많이 있는지요?

어느 유명인은 유서에 “살아가는 것이 힘들고 사람들과의 만남이 힘들고 고통스럽다”면서 자살의 길을 선택했습니다. 2024년 통계에 의하며 대한민국의 하루 자살 평균이 약 39.5명이라는 통계가 나왔습니다. OECD 회원국 중에서 자살률이 가장 높은 자살 공화국이 바로 대한민국입니다. 자살하기 전의 사람들은 ‘사망의 고통’을 느꼈을 것입니다. 우리가 살아가면서 사망의 고통이 모두 다 다릅니다. 어떤 분은 물질 때문에, 인간관계 때문에, 육체적·정신적 질병 때문에, 사랑해야 하는데 원수 같은 사람을 보면 미움이 솟아나서 사망의 고통을 느끼는 사람도 있습니다. 어떤 경우는 마음의 허탈과 공허감 때문에, 직장에서 너무 탈진됨으로, 영적인 타성과 시험 때문에 사망의 고통을 경험하고 있을 것입니다. 살다 보면 모든 것이 불확실한 가운데 더욱 사망의 고통이 가중되고 있지 않습니까?

그런데 우리 주님께서 부활하심으로 이 사망의 고통에서 저와 여러분을 “풀어 놓으셨습니다” 무슨 의미입니까? 우리가 겪는 사망의 고통에시 우리를 자유롭게 하셨습니다. 해결해 주신 깃입니다. 이것이 바로 ‘현재적 부활’입니다. 그러므로 삶의 현재적 부활을 민고 경험하는 성도는 세상에서 두려워할 것이 없습니다. 현재적 부활이란 "죽음도 두려워하지 않는 강한 신앙", "세상의 어떤 문제도 부활하시고 승리하신 예수님 때문에 이겨내는 신앙"을 말합니다. 부활을 믿는 우리 그리스도인은 죽어도 다시 삽니다. 그리고 살아서 믿는 자는 영원히 죽지 않습니다. 그러므로 부활을 믿는 성도들은 육체적인 죽음도 두려워하지 않습니다. 그래서 기독교 2,000년 역사 속에서 죽음을 두려워하지 않는 신앙인들이 과감하게 순교할 수 있었습니다. 죽음도 무서워하지 않는데 세상에 무서운 것이 무엇이 있겠습니까?

죽음도 무서워하지 않고 현재적 부활 신앙으로 살아간 한 분을 소개합니다. 21세에 독일 베를린 대학에서 신학박사 학위를 취득하고, 24세에 대학 교수직에 임명된 천재성을 가진 신학자이자 목사인 본회퍼(Dietrich Bonhoeffer)입니다. 그는 말하길 "악을 보고도 침묵하는 것은 악이다. 미치광이(히틀러)에게 운전대를 맡길 수 없다"고 힘주어서 말했습니다. 1941년부터 히틀러 정권에 대항하다가 1943년에 체포되었습니다. 그러나 군 교도소에 수감되어서 기독교 역사에 큰 족적을 남긴 유명한 신학자의 고백을 들어보십시오. 1945년 4월 9일, 그는 주일 아침에 감옥에서 아침기도를 드리고 있었습니다. 이때 험악하게 생긴 두 간수가 감방을 향하여 소리쳤습니다. "죄수 본회퍼, 따라와!" 이제 사형장으로 끌려가는 순간이 되었다는 것을 그는 알았습니다. 이때 같은 감옥에 있던 한 영국 장교가 사형장으로 끌려가는 본회퍼 목사를 향해 말했습니다. "목사님

마지막입니다. 안녕히 가십시오"하고 인사를 했습니다. 이 말에 본 회퍼 목사는 미소를 머금고 평화스러운 모습으로 이렇게 말했습니다. "이것이 마지막입니다. 그러나 나에게 있어서 새로운 삶의 시작입니다"라고 온유하면서 담대하게 대답했다고 합니다. 그리고 군 교도소 복도를 통과하면서 사형장으로 가는 길에 그에게 비치는 평안과 경건한 모습이 주위 수감자들에게 신선하고 큰 도전과 충격이 되었다고 합니다. 그는 39세의 짧은 나이에 생을 마쳤습니다. 그러나 어떻게 인공지능 시대에도 강력한 영향력을 우리에게 줄 수 있었을까요? 그는 고통 속에서도 죽음을 두려워하지 않고 현재적 부활 신앙을 소유한 장본인이었기 때문입니다.

나가는 말

믿음의 사람들에게는 절대로 죽음이 마지막이 아닙니다. 죽음은 전혀 새롭고 그러면서도 놀랍고 영광스러운 새 삶의 시작일 뿐입니다. 왜냐하면 우리는 부활을 믿기 때문입니다. 분명히 기억합시다. 죽음도 두려워하지 않는 사람이 이 세상에 누구를, 무엇을 두려워하겠습니까? 이 강한 생명력 있는 신앙, 죽음도 두려워하지 않는 불사조의 신앙, 이것이 바로 하루하루 살얼음판을 걷고 있는 현대 그리스도인들이 가져야 할 현재적 부활 신앙입니다. 우리는 여전히 지치고 피곤하고 스트레스 가운데서 살다가 부활절을 맞이하고 있습니다. 그러나 삶의 부정적 영향력보다 더 크신 우리 주님의 현재적 부활의 능력이 절망 가운데 빠진 우리의 삶에 강력하게 임하기를 바랍니다. 오늘 부활주일에 참석하신 모든 성도님께서 과거적 부활, 미래적 부활, 그리고 현재적 부활인 "삼중 부활" 신앙이 저와 여러분의 부활 신앙이 되시길 기원합니다.

설교 후기

본 부활절 설교인 "삼중 부활" 설교는 전통적 삼대지 주제 설교의 형태로 작성되었다. 장점으로는 들어가기 유머가 청중의 시선을 집중시켰다. 특히 과거, 미래, 그리고 현재의 부활이라는 설교 대지의 '통일성'과 적절한 예화 때문에 청중에게 명료하게 각인되어서 설교가 쉽게 다가왔다. 이것이 전통적 삼대지 주제 설교의 장점이다.

그러나 본 설교의 아쉬운 부분은 본문의 배경 설명, 깊이 있는 주석과 해석이 부족하다. 즉 성경 본문보다 설교자의 명료한 설교 사상에 의해 이끌어졌다. 그리고 부활에 대한 원어를 비롯한 정의가 부족하여 설교가 깊이 있게 전개되지는 못했다. 이 부족한 부분은 성경적 삼대지 주제 설교가 보완할 것이다. 그럼에도 불구하고 본 전통적 삼대지 주제 설교는 여전히 현대 청중에게 명확하고 분명한 메시지로 전달되기에 사랑받는 설교 형태임은 틀림없다.

성경적 삼대지 주제 설교 모델

본문 딤후 4:9-13, 21 **제목** 겨울 준비

너는 어서 속히 내게로 오라 데마는 이 세상을 사랑하여 나를 버리고 데살로니가로 갔고 그레스게는 갈라디아로, 디도는 달마디아로 갔고 누가만 나와 함께 있느니라 네가 올 때에 마가를 데리고 오라 그가 나의 일에 유익하니라 두기고는 에베소로 보내었노라 네가 올 때에 내가 드로아 가보의 집에 둔 겉옷을 가지고 오고 또 책은 특별히 가죽 종이에 쓴 것을 가져오라(9-13). 너는 겨울 전에 어서 오라 으불로와 부데와 리노와 글라우디아와 모든 형제가 다 네게 문안하느니라(21)

들어가는 말

입동(立冬)이란 절기가 있습니다. 입동이란 겨울의 시작을 알리는 절기입니다. 이때부터는 겨울이 추워지기 시작합니다. 입동은 김장을 시작하는 절기이면서, 동물들은 겨울나기를 위해서 굴을 파고 숨기 시작하는 시기입니다. 24절기와 달리 일반적으로 올 12월, 내년 1월, 2월은 겨울로 분류됩니다.

주제 부상

겨울은 누구에게나 힘든 시간입니다. 겨울이 성큼 다가왔습니다. 세월이 정말 화살같이 날아가는 것 같습니다. 번개같이 일 년이 훅~하고 지나갔습니다. 이제 올 한해도 얼마 남지 않았습니다. 여러분에게 질문합니다. 겨울 월동준비는 잘하고 계시는지요? 활동하기에 불편한 겨울은 우리가 원하거나 원치 않거나 관계없이 우리에게 다가옵니다. 사계절 중 어느 계절이나 준비해야 할 것이 많겠지만 특히 겨울은 다른 계절보다 더 많은 준비가 필요한 계절입니다. 그러므로 우리는 날씨로서의 겨울뿐만 아니라, 인생의 겨울이나 영적인 겨울이 오지 않도록 기도하기보다는, 오히려 겨울을 잘 준비 하여야 할 것입니다. 오늘 본문은 겨울철 월동 준비를 아주 잘 하신 한 분이 소개되고 있습니다.

본문 접근

바로 사도 바울입니다. 그는 지금 두 번째로 로마 옥중에 갇혀있습니다. 그런데 점점 자신의 마지막이 오고 있음을 감지하고 있습니다. 본문에 나타난 바울의 나이는 약 70세로 추측됩니다. 그리고 당시의 상황으로 미루어보아 그는 자신이 이번에는 순교하리라고 예측했습니다. 그리하여 에베소 교회에서 사역하고 있던 믿음의 아들 디모데를 급하게 부릅니다. 인생 죽음의 겨울이 점점 가까이 옴을 체감하고 있었기 때문입니다. 디모데에게 말합니다. "너는 어서 속히 내게로 오라"(9절). "너는 겨울 전에 어서 오라"(21절). 겨울이 오면 디모데가 있는 소아시아 지역에서 로마로 출항하는 배가 겨울 철에는 항해하기 어려움이 많다는 것을 바울은 너무나 잘 알고 있기 때문입니다. 그리하여 바울은 순교하기 전에 디모데를 빨리 대면하고 싶었습니다. 바울은 겨울 전에 무엇을 준비하고 싶었던 것일까요? 그리고 우리는 무엇을, 어떻게 겨울 준비를 잘 할 수 있을까요? 세 가지입니다.

첫째, 일상생활의 겨울 준비입니다.

(선포)

13절 상반 절 말씀입니다. "네가 올 때에 내가 드로아 가보의 집에 둔 겉옷을 가지고 오고."

(해석)

바울이 로마의 옥중에서 편지를 쓰고 있을 때는 이미 늦은 가을이었을 것입니다. 그가 말하는 이 겉옷은 방한용 저고리로, 온몸을 감싸는 통으로 된 두터운 겨울 외투였습니다. 아마도 바울의 한 벌밖에 없는 겨울옷이었던 것 같습니다. 날씨가 추워지면서 바울은 드로아에 살고 있던 성도 가보라는 사람의 집에 맡겨두었던 이 겉옷이 생각났습니다. 바울은 로마 감옥의 추운 날씨 때문에 외투가 필요했던 것 같습니다. 바울의 월동준비입니다. 바울은 생각이 깊은 사람입니다. 가을에 배가 떠나지 않으면 겨울을 지나서 적어도 넉 달 후에야 다시 배가 지중해를 항해할 수 있다는 것을 잘 알고 있었습니다. 그래서 겨울이 오기 전에 그의 사랑하는 제자 디모데에게 편지를 써서 겉옷을 가지고 어서 속히 오라고 재촉한 것입니다. 바울은 결코 그의 믿음을 핑계로 일상생활을 소홀히 하지 않았습니다. 그는 삶을 살아가는 데 있어서 필요한 상식과 민감한 센스를 소유한 사람이었습니다.

그리스도인은 모든 일상생활의 준비에 부지런해야 합니다. 우리가 믿고 섬기는 하나님은 영적인 일뿐만 아니라, 우리의 모든 생활의 작은 일에까지 세심한 관심을 갖고 계시는 하나님이십니다. 이제 본격적인 겨울철로 접어들기 시작합니다. 여러분의 월동준비는 잘 되고 계십니까? 김장도 하셔야 하고, 모든 집안을 겨울철 분위기로 만들어야 합니다. 겨울철 감기가 2주 이상 지속되면 다른 질병으로 전이되는 수가 있으니 건강 예방에 유의하셔야 할 것입니다. 독감 예방접종도 하고 조심해야 할 것 같습니다. 올해보다 내년에는 모든 경제가 안 좋아질 것이라는 전망입니다. 가정경제도 꼼꼼히 챙기셔야 할 것 같습니다. 겨울 준비를 본격적으로 할 순간들이 찾아왔습니다. 겨울이 오기 전에 부지런히 준비하시길 바랍니다. 하나님은 모든 그리스도인에게 규모 있는 생활과 질서 있는 삶을 기대하십니다.

성경은 이렇게 경고합니다. "게으른 자여 개미에게 가서 그가 하는 것을 보고 지혜를 얻으라. … 게으른 자여 네가 어느 때까지 누워 있겠느냐 네가 어느 때에 잠이 깨어 일어나겠느냐 좀더 자자, 좀더 졸자, 손을 모으고 좀더 누워있자 하면 네 빈궁이 강도같이 오며 네 곤핍이 군사같이 이르리라"(잠 6:6-11).

어느 거지가 육교 아래서 매일매일 구걸하고 있었습니다. 어느 신사가 돈을 주면서 이렇게 물어보았습니다. "당신은 멀쩡하게 생겨서 왜 이런 서글픈 신세가 되었습니까?"라고 묻자 거지가 이렇게 대답합니다. "저는 무슨 일을 하든지 '차차 하지' 하면서 살다 보니, 이루어놓은 것은 아무것도 없고, 구걸밖에 할 것이 없었습니다." 그렇습니다. 인생의 혹독한 겨울은 누구에게나 다가옵니다. 준비하지 못하면 인생의 쓴맛과 낭패를 당하게 되는 법입니다.

평소 규칙적인 운동으로 겨울철 건강도 준비해야 할 것입니다. 학생들도 공부할 수 없는 인생의 겨울이 찾아오기 전에 부지런히 공부해야 합니다. 준비해야 할 때 준비하지 못하면 슬피 울며 이를 갈 때가 옵니다. 하나님께서는 모든 사람을 다 크게 들어 쓰시기를 원합니다. 그러나 우리가 잘 준비되지 못해서 하나님께서 사용하지 못하는 경우가 얼마나 많습니까? 우리의 가정일도, 직장 일도, 교회 생활도 마찬가지입니다. 인생의 겨울이 오기 전에 잘 준비합시다.

둘째, 말씀의 겨울 준비입니다.

(선포)

13절 하반 절 말씀입니다. "또 책은 특별히 가죽 종이에 쓴 것을 가져오라."

헬라어 원문에서 좀 더 정확하게 번역한다면 이 구절은 "책들을 가져오십시오. 특히 양피지로 만든 책을 꼭 가지고 오십시오"라고 번역할 수 있습니다. 바울은 책을 사랑하는 사람이었습니다. '책들'이란 원어에서 복수로 표시되고 있는 것으로 보아 그는 아마도 많은 장서를 가지고 있었을 것입니다. 그러나 이 모든 책 가운데 특별히 사랑하는 책이 있었습니다. 양피지 가죽 종이에 쓴 책, 이것은 틀림없이 양피지에 기록된 '구약성경'을 가리키는 말씀입니다.

바울에게 있어서 이 책은 책 중의 책이었습니다. 하나님의 감동으로 된 모든 성경, 교훈과 책망과 바르게 함과 의로 교육하기에 유익하며 하나님의 사람을 온전하게 하는 이 말씀(딤후 3:16)을 바울 사도는 얼마나 사랑했는지요? 바울은 겨울 때에, 인생의 석양이 저물어가는 때에도, 다시 이 성경책을 더 깊숙이 읽고 연구할 계획을 세웠던 것입니다. 바울의 환경을 생각해 보십시오. 그는 옥중에 있습니다. 사형선고를 받아 죽음을 눈앞에 두고 있습니다. 추운 겨울이 다가오는 차가운 옥중에서, 마지막 생의 최후를 기다리면서 그는 거룩한 말씀 앞으로 나아갑니다. 그리고 이 말씀을 통해서 하나님 앞에 설 때 부끄러움이 없는 인격을 준비하며 이 말씀을 통해서 생을 결산하는 바울 사도의 옥중에서의 그 모습은 우리에게 얼마나 숙연한 감동을 끼치고 있습니까?

겨울이 오면 집안에 계실 기회가 많이 계실 텐데 독서의 계획을 세우시기를 바랍니다. 텔레비전 앞에서 드라마를 보는 것보다, 스마트 폰으로 재미있는 유튜브 영상을 보는 것보다 좀 더 우리의 신앙을 북돋아 줄 수 있는 많은 신앙 서적을 독서하시길 권면합니다. 그러나 무엇보다도 성경을 읽으시기를 바랍니다. 이 성경을 읽음으로 우리는 영원을 준비할 수 있습니다. 성경에서 얻은 지혜는 영원을 두고 주님과 교제할 때 필요한 지식이기 때문입니다. 이 성경은 무신론자를 신자로 만들며, 강도를 변화시켜 신실한 성도로 만드는 생명의 책이요, 능력의 책입니다. 죽음을 앞에 두고 성경을 열어서 이 말씀 앞에 삶을 준비하던 바울에게서 배웁시다. 혹시 주일날 들려지는 짧은 설교 말씀에만 의지하면서 신앙생활을 하시지는 않는지요? 말씀을 듣고, 읽고, 공부하고, 암송하고, 묵상한다면 예전보다 더욱 영적인 월동 준비를 잘하실 수 있을 것입니다.

누군가는 말하기를 성경을 읽고 성경을 공부하는 것은 바로 "영원을 향한 투자"라고 말했습니다. 올 한 해에 성경 일독은 하셨는지요? 일독을 못하셨으면 내년에는 성경 일독을 권합니다. 앞으로 남은 이 한 해의 시간 동안 내가 읽고 싶은 성경 한 권이라도 읽기를 권면합니다. 안되면 몇 권의 싱경을 추천하오니 읽으실 게획을 세우시기를 바랍니다(마 28장; 롬 16장; 요일 5장; 약 5장; 빌 4장).

　대나무의 성장 비법을 알고 계시는지요? 대나무를 심어놓으면 약 4년 동안 겉으로 아무런 움직임을 보이지 않습니다. 4년간 3cm 정도 성장을 합니다. 다른 식물이나 나무에 비하여 매우 저성장을 하는 나무임에는 틀림이 없습니다. 그런데 5년째부터는 하루에 약 30cm 이상 급격한 폭풍 성장을 합니다. 그래서 2~3달에 20~30m로 크게 성장을 해서 울창한 숲을 이룹니다. 무슨 이유일까요? 대나무는 4년간 땅속 깊이 그리고 넓게 뿌리를 내려서 어느 식물보다 단단하고 깊이 뿌리만 계속 내리고 뻗어나가는 것이 놀라운 성장의 비결입니다.

　마찬가지입니다. 말씀으로 깊이 뿌리 내려 말씀의 사람이 되면, 인생의 시험과 환란이 닥쳐와도 잘 흔들리지 않습니다. 말씀 한 권의 사람이 되시기를 바랍니다. 북한에서 비밀리에 신앙생활 하시다 탈북한 분의 이야기입니다. 이들은 신앙생활을 숨어서 하기 때문에 성경을 마음대로 소리 내서 읽지 못한다고 합니다. 그래서 신약성경의 중요한 부분은 통째로 암기해서 예배를 드린다고 합니다. 우리에게도 영적인 겨울이 이 땅에 올 수 있습니다. 이때를 대비하여 말씀을 듣고, 읽고, 공부하고, 암송하고, 묵상함으로 말씀의 사람이 되어서 인생의 겨울을 잘 준비하는 성도들이 되시기를 바랍니다.

　셋째, 화해의 겨울 준비입니다.

(선포)

11절 하반 절 말씀입니다. "네가 올때에 마가를 데리고 오라 그가 나의 일에 유익하니라."

사도 바울에게는 이번 겨울이 더할 수 없이 쓸쓸하였습니다. 대부분 바울의 동역자들은 바울을 떠나고 단지 누가만 옆에 있었습니다. 그런데 인생의 석양에 바울을 괴롭혔던 문제가 있었습니다. 바로 마가의 문제입니다. 마가는 오순절 성령강림 사건이 일어난 마가 다락방의 주인이었던 그 마가입니다. 그는 아주 어릴 때부터 예수님을 믿었고, 사도 바울이 제1차 전도 여행을 떠날 때 따라갔었습니다. 그러나 선교여행 도중에 병에 걸려 보름 정도 꼼짝 못 하고 고생하였습니다. 이때 사도 바울은 마가를 간호하느라고 애를 썼을 뿐만 아니라, 그를 위하여 주야를 가리지 않고 기도해 주었습니다. 그런데 마가는 병이 겨우 완쾌되자 무슨 까닭인지 사도 바울과 동행할 것을 포기하고 고향으로 되돌아갔습니다. 그때 바울은 몹시 섭섭했었습니다. 사도 바울이 제2차 전도 여행을 다시 떠나려 할 때에 마가가 찾아와서 동행할 것을 간곡히 부탁했습니다. 그러나 바울은 마가의 동행을 끝내 허락하지 않고 거절하였습니다.

너무나 강력하게 거절하자 바울과 동행하려던 바나바가 마가를 대신 데리고 여행을 떠나게 되었고, 바울은 실라를 데리고 다른 길로 전도 여행을 떠났습니다. 마가는 무척 속상했을지도 모릅니다. 그래서 마가는 더욱더 열심히 전도하였고, 인격도 많이 변했고, 전설에 의하면 베드로의 통역관으로 로마에 갔었다고 합니다.

사도 바울도 그런 소식을 모두 들었습니다. 그러기에 이제 겨울이 다가오고 마지막 날이 가까워짐에 따라, 바울은 마가의 일을 괴로워하며 매우 마음 아파하고 있었습니다. 오늘 본문에서 바울은 말합니다. "마가를 데리고 오라. 저가 나의 일에 유익하니라." 사실 사도 바울에게는 잘못이 없었습니다. 하나님의 일을 좀 더 바르고 곧게 하기 위해 거절한 것뿐입니다. 그러나 마가의 마음을 아프게 한 것만은 사실입니다. 그래서 바울은 마가를 만나 화해를 하고 또 그를 격려해 주고 싶었습니다. 그러기에 바울은 마가를 데려오라고 부탁하고 있습니다.

여러분은 인생의 겨울이 다가오기 전에 꼭 만나야 할 사람이 없으십니까? 찾아가서 화해하고 용서해 주어야 할 사람이 계시지 않습니까? 서로의 잘못을 가리기 이전에 그의 마음을 아프게 한 것은 사실입니다. 아무리 옳은 일이었고, 결과가 좋았다 하더라도, 그의 마음을 괴롭게 한 것은 사실이기 때문에 마지막으로 꼭 만나서 화해하고 용서해 주고 싶었던 것입니다. 사도 바울은 "그것이 나에게 유익하다"라고 말하고 있습니다. 그래서 메시지 성경에서는 "마가가 나의 오른팔이 될 것입니다"라고 번역했습니다. 그러므로 바울은 비록 긴 여행이었지만 디모데에게 마가를 데려오라고 부탁하고 있었던 것입니다.

(적용/예화)

사랑하는 성도 여러분! 혹시 이 한해 남편과 아내 사이에서, 부모와 자녀 사이에서 사소한 일로 인하여 불편한 일은 없으셨는지요? 직장에서, 사업장에서 서로 불편한 인간관계를 가진 분은 없으십니까? 교회에서 좀 더 하나님의 일을 잘해보려고 하다가 의견이 충돌하여 마음이 상한 적은 없으셨는지요? 그리고 감정의 골이 깊어지지는 않았는지요? 올 한해 누구에게 섭섭한 마음을 표출하면서 고통스럽고 괴로운 시간을 보낸 적은 없었는지요? 있다면 먼저 문자나 톡이라도 전송하십시오. 비록 상대방이 먼저 손을 내밀지 않는다고 할지라도 먼저 용서를 구하시고, 마음의 응어리진 것을 풀어내십시오. 그리고 사랑을 쏟아내십시오. 상대방이 올 때까지 기다리는 것이 아니라 내가 먼저 행동을 보이십시오.

요단강 앞에서 여호수아가 먼저 발을 디뎠을 때 강물이 갈라진 것처럼, 내가 먼저 용납하고 용서하고 사랑하면, 화해와 화목의 길이 열리는 법입니다. 인도의 마하트마 간디(Mahatma Gandhi)는 이런 유명한 말을 했습니다. "약한 자는 결코 용서할 줄 모른다. 강한 자만이 용서할 줄 안다." 사랑하는 성도 여러분! 우리 모두 인생의 겨울이 오기 전에 사랑의 용광로로, 용서와 용납의 원자탄으로 미움과 증오와 불편한 감정들을 눈 녹듯이 녹여버릴 수 있기를 바랍니다.

나가는 말

올 한해 시작한 날이 엊그제 같은데 벌써 조금밖에 남지 않았습니다. 이번 겨울은 경제 한파로 인해 더욱 우리의 삶이 춥게 될 것으로 예측됩니다. 차가운 겨울이 오기 전에 일상의 삶, 말씀을 대하는 영적인 삶으로 준비하십시오. 특별히 불편한 사람을 기꺼이 용납하고 용서하므로 아름다운 겨울 준비를 잘 감당하심으로, 이 겨울이 축복된 겨울, 인생의 따듯한 겨울이 되시기를 바랍니다.

Ⅱ. 원전 설교
(Preaching from the Original Languages)

원전(原典) 설교[28]에 대하여 말하면 목회자들은 두 종류의 반응을 보인다. 첫 번째 반응은 신학교 때도 겨우 헬라어 히브리어를 공부하고 지긋지긋하게 겨우 패스했는데 다시 또 원어로 설교 준비를 해야 한다면 고개를 설레설레 흔든다. 또 다른 반응은 정말 원어로 설교를 준비하면 더욱 깊이 있는 설교를 할 수 있겠냐는 반응이다. 예전에는 원어는 성서학자들의 전유물과 같았지만, 지금은 자료와 컴퓨터의 발달로 누구나 관심이 있으면 쉽게 원어로 설교를 할 수 있다.

---

28 원전 설교와 원어 설교는 비슷한 단어이다. 원전(原典)이란 "기준이 되는 본디의 고전"(a source book)이며, 원어(原語)는 번역하거나 고쳐 지었거나 한 말에 대해서 그 본디이 원말(the original word)이다. 본 설교는 원어(히브리어, 헬라어)가 쓰인 원전을 가지고 의미를 찾아서 설교하는 형태이므로 원전 설교라 칭하겠다. 단어의 뜻에 대해서는 국어국문학회, 『새로 나온 국어대사전』(서울: 민중서관, 2000), 1909-11.

1. 복음적인 설교자의 최대 관심

복음적인 설교자의 최대 관심은 성경 본문에 충실한 성경적 설교(biblical preaching)를 하고자 하는 열망이 있다. 그러나 여러 목회적인 정황과 삶의 상황 때문에 본문(text)보다는 상황(context)에 비중이 있는 '삶의 상황설교'(life-situation preaching)를 하기 쉽다. 그러므로 설교자가 본문을 대하는 태도에 있어서 주석적 해석(exegesis) 접근보다, 자의적 성경해석(eisegesis)의 접근을 하게 되면서 본문이 단지 보조도구(proof text)로 전락할 우려가 충분히 있다. 이는 결국 '성언운반일념'을 이탈하는 비성경적인 설교로 탈선할 가능성이 커진다. 이에 원전 설교는 성경 본문에 충실하면서 말씀의 중량감을 더해 줄 수 있는 좋은 설교 형태이다.

2. 원전 설교의 대부인 칼뱅

장로교의 아버지라 불리는 칼뱅(Jean Calvin, 1509-1564)[29]은 히브리어와 헬라어를 깊이 연구하여 항상 성경 본문과 원어에 충실한 책별 연속 강해 설교했다. 설교학자인 다간(Edwin C. Dargan)은 칼뱅

---

29 칼뱅의 생애와 사상 그리고 칼뱅의 설교 세계에 대하여는 조성현, 『설교로 보는 종교개혁』 (서울: CLC, 2017), 109-31.

의 원어 교육에 대하여 "칼뱅이 스트라스부르그(Strasburg)에 있는 동안 카피토(Capito)와 시몬 그레네우스(Simon Grynaus)의 도움으로 히브리어를 배웠고, 그는 원어로 성경 전체를 연구할 수 있는 준비가 되었다"[30]라고 했다. 이 언어 수학 덕분에 칼뱅은 히브리어와 헬라어를 가지고 원전 설교를 할 수 있었다. 칼뱅의 원전 설교에 대하여 칼뱅의 권위자인 파커(T. H. L. Parker)는 다음과 같이 언급했다.

> 칼뱅은 구약 성경을 강해 설교할 때 구약 원전을 직접 번역하여 설교했으며, 신약 설교를 할 때도 신약 원전을 가지고 설교했다. 또한 그는 구약 원전이나 신약 원전을 가지고 설교하면서 어떠한 원고(any notes)도 없이 설교했다. … 칼뱅은 설교해야 할 구절들에 대하여 매우 철저하게 준비해서 설교했다.[31]

이는 칼뱅이 히브리어 헬라어 원전에 얼마나 조예가 있었는지를 가늠할 수 있다. 박경수는 칼뱅의 원전 설교를 더 구체적으로 다음과 같이 언급했다.

칼뱅의 설교는 대체로 1시간 이상 지속되었고 히브리어와 헬

---

30   Edwin C. Dargan, *A History of Preaching* Vol. I (Grand Rapids, MI: Baker Book House,1974), 444.

31   T. H. L. Parker, *Calvin's Preaching* (Louisville, KY: Westminster/John Knox Press, 1922), 81.

라어 성경을 가지고 강단에 올라가서 원고나 메모 없이 이루어졌다. ··· 그의 설교 방법은 연속 강해(lectio continua) 방식이어서 한 권의 책을 택하여 처음부터 끝까지 빠짐없이 연속하여 설교하였다. 그는 주일 오전에는 신약, 오후에는 신약이나 시편, 주중에는 구약을 강해하였고, 성탄절이나 부활절과 같은 특별한 때에는 강해 설교를 일시 중단하고 절기에 합당한 본문으로 설교하였다. ··· 칼뱅의 설교 문체의 중요한 특징은 단순성과 명료함에 있었다.[32]

칼뱅뿐만 아니라 원전 설교의 중요성에 대하여 어거스틴(Saint Augustine)은 말하길 "성경을 가르치는 교사는 히브리어와 헬라어뿐만 아니라 라틴어까지 섭렵(涉獵)해야 한다"[33]라고 했다. 또한 바르트 설교 전문가인 한콕(Angela Dienhart Hancock)은 칼 바르트(Karl Barth)의 설교학을 인용하면서 설교 준비할 때 "원어와 함께 설교를 시작하라"[34]고 했으며, 정인교는 바르트의 설교 작성에 대하여 "실질적인 준비과정으로 선택된 본문을 읽되 거기 나타난 단어들에 대한 충분한 지식을 습득해야 한다. 이를 위하여 원전을 사용해

32　박경수, 『칼뱅의 유산』 (서울: 대한기독교서회, 2014), 150-52.

33　구자수, 『원어설교 작성하기』 (서울: 킹덤북스, 2016), 12.

34　Angela Dienhart Hancock, *Karl Barth's Emergency Homiletics 1932-1933: A Summons to Prophetic Witness at the Dawn of the Third Reich.* (Grand Rapids, MI: William B. Eerdmans Publishing Company, 2013), 322.

야 한다"[35]라고 원전 설교의 중요성을 언급하였다.

3. 원전 설교의 필요성과 유익성

첫째, 원전 설교가 필요한 이유는 번역 성경에서 일부 오류가 발견되어 성경 주석의 정확성이 요구되기 때문이다. "번역은 반역"이란 말이 있듯이 어느 번역 성경도 자국어로 번역하는 과정에서 당연히 번역자의 생각과 지식이 내포될 수 있다. 심지어 헬라어 성경인 네슬 알랜드(Nestle-Aland, 헬라어 사본)도 28판까지 나올 정도로 바른 원문을 찾아 오늘날 개정을 반복하고 있다. 그러므로 정확한 본문 주석을 위하여 일단 쓰인 원문 언어에서 출발하는 것이 가장 바람직하다.[36]

둘째, 원전 설교는 하나님의 마음과 하나님의 깊은 뜻을 파악할 수 있고 하나님의 의도가 무엇인지 깨달을 수 있다.[37] 하나님께서 성령의 감동함으로 허락하신 원어본문은 인류에 대한 하나님의 사랑과 아버지의 마음이 고스란히 담겨 있기 때문이다.

셋째, 원전 설교의 유익한 점은 성경 저자의 깊은 의도를 원어를 통하여 깊이 이해하고 파악할 수 있다. 성경은 수천 년 전에 기록된

---

35   정인교, "칼 바르트의 설교 이해에 대한 선교학적 평가," 「신학과 선교」 31(2005), 278.

36   구자수, 『원어설교 작성하기』, 21-22.

37   송광현 이성호, 『나도 원전 설교할 수 있다: 구약편』 (서울: 도서출판 로고스 출판사, 2011), 11.

산물이기에 그 당시의 문화와 세계관을 담고 있다. 이 본문을 현대의 상황에 맞추어서 억지로 해석한다면 상당한 오해를 일으킬 수 있다. 그러나 원어를 깊이 분석하게 되면 성경 저자의 깊은 의도가 무엇인지 본문을 통해서 깨달을 수 있게 된다.

넷째, 원전 설교는 설교자와 청중에게 설교의 신선함과 설교의 깊이를 선물로 제공하게 된다. 원어에는 깊은 하나님의 뜻과 성경 저자의 의도가 내포되어 있기에 원전 설교는 번역본을 참고하는 일반 설교보다 더 오묘하고, 신선하고, 생기와 깊이가 있는 설교를 구성할 수 있는 장점이 있다.

다섯째, 원전 설교는 시대적 요청이기도 하다. 예전과 달리 평신도들의 성경적이고 신학적 지식이 향상되고 진보하고 있다. 예전과 달리 원어에 대한 평신도의 관심 또한 많아졌다. 컴퓨터와 여러 원어에 관한 서적들이 많이 등장함으로 이제는 누구든 원어를 쉽게 접근할 수 있기에 설교자는 더욱 이 부분에 전문가가 되어야 한다.

4. 원전 설교를 쉽게 하는 방법

원전 설교를 쉽게 하는 방법으로는 첫째, 히브리어와 헬라어 알파벳을 잘 숙지해야 한다. 만일 원전 알파벳에 익숙하지 않으면 탁월하게 좋은 히브리어 헬라어 사전이나 원어 주석이 있어도 효과적으로 사용할 수 없다. 그리고 원어 연구에 도움이 되는 '도구'[38]를 잘 비치하는 것도 필요하다. 둘째, 성경의 중요한 단어는 히브리어와 헬라어 본문 위에 위치한 "스트롱 코드"(Strong Cord)[39]를 잘 살펴보라. 이는 원어의 의미를 찾아볼 수 있도록 돕는 안내자 역할이다. 셋째, 이 스트롱 코드 번호를 사전(스트롱 코드 히브리어 헬라어 사전)에서 찾아서 상세하게 단어 풀이를 읽고, 가장 적절한 뜻을 선택하여 원고작성에 도움을 받는다. 넷째, 원전 설교를 잘 할 수 있도록 온전히 성령님께 의탁하라. 원전 설교를 잘못하면 설교자의 현학적(衒學的) 태도로 말미암아 설교자의 지식 자랑으로 마칠 우려가 있다. 그리고 원전 설교가 지루하지 않도록 적절한 예화와 유머를 준비해서 들리는 설교가 되도록 한다면 더욱 효과적이다. 그러나 가장 중요한 점은 '성령이 이끄는 설교'(Spirit-led preaching)이다. 성령께서 회중을 변화시킬 수 있다는 확신을 가지고 성령님께 전적인 의탁이 필요하다.

원전 설교를 쉽게 하는 간단한 예시를 제시한다. 가브리엘 천사가 마리아에게 수태고지를 하는 장면에서 마리아는 다음과 같이 응답했다. "마리아가 천사에게 말하되 나는 남자를 알지 못하니 어찌 이 일이 있으리이까"(눅 1:34)에서 '알다'(γινώσκω)의 스트롱 코

38　슈퍼바이블(Super Bible, 원어 성서원), 디럭스 바이블, 바이블 렉스(Biblelex 10.0, 브니엘 성경연구소), 바이블 웍스 10.0(Bibleworks 10.0), 구자수,『원어 설교 작성하기』, 31-32. 또한 스트롱 코드가 있는 원어 성경과 스트롱 코드 히브리어 헬라어 사전도 원전 설교에 도움이 된다.

39　스트롱 코드란 미국의 신학자인 제임스 스트롱(James Strong, 1822-1894)이 히브리어와 헬라어 원전에 있는 단어와 어근에 붙여놓은 번호이다.

드 번호는 1097이다. 그러면 스트롱 코드 히브리어 헬라어 사전에서 '알다'라는 의미를 찾는다. 여러 가지가 있지만 가장 중요한 것은 "성관계에 대한 완곡어법"[40]으로서 '동침한다'(마 1:25)이다. 즉 마리아는 요셉과 성관계를 갖지 않았는데 어찌 아이를 출산할 수 있겠느냐는 반문이다. 그러므로 '알다'는 단순히 지식적으로 누구를 아는 것을 넘어서 체험적으로 아는 것을 말한다. 그래서 구약에서 "우리가 여호와를 알자"(호 6:3)에서 "하나님을 깊이 체험하는 것"을 히브리어에서는 '알다'(ידע 야다, 스트롱 코드 3045)로서 "경험으로 알다"[41]라는 의미이다. 이처럼 원어로 본문에 접근하면 더욱 깊고, 참신하며 풍성한 설교가 될 수 있다.

---

40 로고스 편찬위원회, 『로고스 스트롱 코드 히브리어 헬라어 사전』 (서울: 도서출판 로고스, 2011), 732-33.

41 로고스 편찬위원회, 『로고스 스트롱 코드 히브리어 헬라어 사전』, 225.

원전 주제 설교 모델

본문 창 5:21-24 **제목** 동행

에녹은 육십오 세에 므두셀라를 낳았고 므두셀라를 낳은 후 삼백 년을 하나님과 동행하며 자녀들을 낳았으며 그는 삼백육십오 세를 살았더라 에녹이 하나님과 동행하더니 하나님이 그를 데려가시므로 세상에 있지 아니하였더라.

들어가는 말

군인 가족 아이들이 한번은 말씨름이 벌어졌습니다. 누구 아버지가 제일 높으냐는 것입니다. "우리 아버지는 소령이다." 그러자 옆에 있는 아이가 말했습니다. "우리 아버지는 그래도 대령이야." 그러자 다른 아이가 말했습니다. "우리 아버지 계급은 별 두 개 장군이야"라고 말하자, 모두 기가 죽었습니다. 그때 한 아이가 뛰어오면서 말했습니다. "우리 아버지는 장군도 잡아가는 헌병이다"하자, 저쪽에서 어정쩡하게 앉아있는 한 아이가 천천히 나오더니 이렇게 말했습니다. "우리 아버지는 헌병도 가져가는 고물 장수다." 아버지의 계급에 따라 자녀 신분이 정해지는 군대의 재미있는 이야기입니다. 누구와 함께 사느냐가 얼마나 중요합니까? 그런데 좋은 사람과, 높은 사람과 사는 것도 중요하지만, 사람을 지으신 하나님과 늘 함께 살고, 함께 호흡하면서 산다면 얼마나 대단한 분이겠습니까? 바로 오늘 본문에 나오는 에녹이 그 주인공입니다.

본문 배경

에녹 당시의 사회적인 정황은 매우 부패했고 타락했었습니다. 이때는 홍수심판 직전이기 때문에 인구도 많았고, 공업, 음악, 문학, 문화가 발달했습니다. 그리고 각종 물질문명이 발달하면서 사회가 부패하고 죄악으로 충만한 시대였습니다. 일부일처 윤리가 깨어지고, 살인을 부끄럽게 여기지 않고, 성문화가 문란했고, 만사를 정욕대로 살아가는 시대였습니다. 하나님께서 사람들의 죄악이 충만함으로 노아 홍수심판을 하시기 직전이었으니 오죽했겠습니까? 그러나 어지럽고 부패한 시대 속에서도 세속에 물들지 않고, 세상의 물길을 역류하며 주님과 동행한 한 신앙인이 있으니 바로 에녹입니다.

우리의 정황

사랑하는 성도 여러분! 우리의 형편은 어떻습니까? 우리 주위를 보십시오. 얼마나 세상이 무섭습니까? 누군가가 이야기를 했습니다. "올 한 해를 살아가면서 확실한 것 한 가지는 불확실하다는 것이 확실하다." 맞습니다. 인생을 살아가면 갈수록 우리의 삶은 더욱더 악화일로(惡化一路)를 걷고 있는 것 같지 않습니까? 바쁘게 돌아가는 세상은 매일 충격적인 소식들을 우리가 원치 않아도 계속

매스컴이나 인터넷을 통하여 들려옵니다. 자살, 이혼, 스트레스, 미움, 분노, 좌절, 우울증, 인간관계 파괴, 문란한 성문화와 탈선의 소식들, 서민경제 고통, 경제적 공황, 죄악의 난무 등 정말 정신이 하나도 없습니다. 옛날보다 좀 더 나은 세상에 산다고 하지만 도대체 행복하지 않습니다. 현대인은 수십 가지 이상의 다양한 스트레스와 두려움을 경험하고 있습니다. 이런 와중에서 어떻게 우리 힘으로 살아갈 수 있습니까? 주님의 도움이 절대적으로 필요하지 않습니까? 주님과 함께하지 않고서도 인생을 행복하게 살아갈 수 있는 길이 있을까요?

종말을 살아간 에녹

다시 본문으로 돌아가겠습니다. 창세기 5장에는 아담에서 노아까지 족보가 기록되어 있습니다. 족보들이 일정한 규범에 따라서 많은 사람이 이런 식으로 기록되고 있습니다. "누가 몇 세에 아무개를 낳고 몇 년을 살다가 누구를 낳았으며 몇 세를 살다가 죽었더라." 그런데 유독 에녹에 대해서는 특이하게 기록하고 있습니다. 21-24절입니다. "에녹은 육십오 세에 므두셀라를 낳았고 므두셀라를 낳은 후 삼백 년을 하나님과 동행하며 자녀를 낳았으며 그는 삼백육십오 세를 살았더라 에녹이 하나님과 동행하더니 하나님이 그를 데려가시므로 세상에 있지 아니하였더라." 에녹은 하나님과 동행한 믿음의 사람이었습니다.

이런 질문을 해봅니다. 에녹이 왜 하나님과 동행하며 살았을까요? 원래부터 에녹은 믿음이 좋은 사람으로 태어난 것입니까? 믿음의 삶을 잘 살 수 있도록 환경이 조성되었을까요? 아닙니다. 에녹이 태어나면서부터 65세를 살 때까지는 신실한 믿음의 삶을 살았다는 증거가 없습니다. 그 증거가 바로 오늘 본문의 말씀입니다. 21-22절입니다. "에녹은 육십오 세에 므두셀라를 낳았고 므두셀라를 낳은 후 삼백 년을 하나님과 동행하며 자녀를 낳았으며." 에녹은 므두셀라를 65세에 낳은 후부터 하나님과 동행하는 삶을 살았습니다. 그렇다면 에녹 신앙생활의 단서는 므두셀라에게 있습니다.

므두셀라의 뜻은 '창의 사람', '창 던지는 사람'입니다. 고대에 창을 던지는 사람이 죽으면 성이 무너지므로 '다 끝났다'는 뜻입니다. 에녹은 므두셀라가 죽는 날에 "세상이 다 끝날 것이다", "하나님이 이 세상을 심판하실 것"이라는 계시를 받고 종말의 시간을 살았습니다. 그리고 하나님과 300년을 동행하다가 365세에 하늘로 승천했습니다. 에녹이 계시를 받은 대로 므두셀라가 죽던 해에 노아의 홍수 사건이 임했습니다(유 14-15). 에녹은 예수님께서 재림하실 때 우리가 살아서 하늘로 들어 올림을 받는 자들의 예표가 되었습니다(요 11:25-26). 에녹의 시대와 같은 이 종말의 시대에 죽음을 보지 않고 주님 오실 때 들어올림을 받을 수 있다면 얼마나 영광스럽겠습니까?

주님과 동행하는 삶을 살 수 있는 비결

다시 본문으로 돌아가겠습니다. 21-24절입니다. "에녹은 육십오 세에 므두셀라를 낳았고 므두셀라를 낳은 후 삼백 년을 하나님과 동행하며 자녀를 낳았으며 그는 삼백육십오 세를 살았더라 에녹이 하나님과 동행하더니 하나님이 그를 데려가시므로 세상에 있지 아니하였더라.” 오늘 본문에서 아주 중요한 구절 2개가 있습니다. “하나님과 동행하며”, “하나님과 동행하더니”입니다. 에녹은 하나님과 동행한 믿음의 사람입니다.

“신앙생활이 무엇입니까?”라고 만일 설교자에게 질문하신다면 이 설교자는 서슴없이 “신앙생활은 하나님과 동행하는 삶입니다”라고 말하겠습니다. ‘동행’(同行)이라는 단어의 국어 사전적인 의미는 ‘길을 같이 감’(going together)입니다. 그러나 히브리어 원어 상으로 단순히 ‘걷다’는 보행의 의미를 넘어서고 있습니다. 오늘도 하나님께서는 세상에 지배당하지 않고, 환경을 극복하며 주님과 함께 살아간 제2, 제3의 에녹을 찾고 있습니다. 그러면 어떻게 하나님과 동행하며 풍성한 삶을 이 한해에 살아갈 수 있을까요? 히브리어 원어의 뜻으로 말씀을 상고하겠습니다.

첫째, 주님과 방향이 같아야 합니다.

동행이라는 단어는 히브리어 원어로 ‘할라크’(הָלַךְ)는 어떤 장소를 향해가는 경우 “같은 방향으로 가다”, “뜻을 좇는다”, “(하나님)의 삶의 방식(뜻)을 따른다”라는 의미입니다.

에녹은 그 당시 부패하고 타락한 사회 속에서도 하나님의 뜻을 좇아서, 하나님과 방향을 함께하면서 의연하게 살았습니다. 무슨 말입니까? 하나님과 동행하려면 하나님과 방향이 같아야 한다는 의미입니다. 하나님께서 내 방향에 맞추기보다는 내가 하나님 방향에 맞추어야 하지 않을까요?

어느 목회자의 간증입니다. 10년 전에 『목회자의 리더십』이라는 책을 샀습니다. 유명한 분이 쓴 책이라 구입했지만 내용은 그렇게 마음에 와닿지를 않았습니다. 그냥 책장에 자리만 차지하고 있었습니다. 그런데 한번은 우연히 눈에 띄어서 보았습니다. 그런데 한 구절구절이 은혜가 되면서 그 목사의 마음에 감동으로 밀려왔습니다. 너무나 감동이 되어서 줄을 그으면서 읽고 노트에다가 적으면서 다시 한번 자기 것으로 만들었습니다. 보십시오. 그 책은 10년 전이나 지금이나 변한 것이 없습니다. 자기 자신이 변한 것뿐이라고 합니다. 문제는 다른 사람이 아닙니다. 바로 '요나'가 문제입니다. 하나님께서는 10년 전이나 지금이나 여전히 "나와 동행하자"라고 하시는데, 많은 그리스도인은 여전히 "세상이 좋아요. 나중에 동행할게요. 제 뜻대로 해주세요"라면서 미루고 버티고 있지는 않았는지요?

주님은 우리와 늘 동행할 준비가 되어 있습니다. 그러나 우리는 준비가 안 되어 있지 않습니까? 그러니 주님을 믿으면서도 마음에 기쁨도, 행복도, 감사도, 별로 없고 그냥 그대로 살아가는 겁니다. 주님은 얼마나 좋으신 분이십니까? 슬퍼할 때 위로해 주시고, 좌절의 늪에 빠져있을 때 우리를 일으켜 세워주시고, 피곤할 때 생기를 불어넣어 주시고, 불평할 수밖에 없는 상황 속에서도 감사의 조건들을 주시니 얼마나 좋으신 분인지요? 그러나 이러한 힘을 얻기 위해서는 방향 전환이 필요합니다. 주님의 방향으로 맞추는 일입니다.

라디오 주파수나 텔레비전 채널을 돌려서 맞추면 우리가 원하는 방송을 들을 수 있지 않습니까? 이게 바로 방향을 맞추는 것입니다.

어떻게 주님의 방향에 맞출 수 있을까요? 주님 방향을 내 방향에 맞추기보다는 내 방향을 주님께 맞추어야 합니다. 이런 이야기가 있습니다. 바다에서 항해하는 군함이 있었습니다. 그런데 저쪽 멀리서 무전이 왔습니다. "방향을 우측으로 45도 돌려라." 그러자 해군 함장이 무전을 타전했습니다. "네가 45도 돌려라." 다시 무전이 왔습니다. "다시 한번 말한다. 45도를 우측으로 돌려라." 그러자 해군 함장은 더 크고 단호하게 무전을 쳤습니다. "이 배는 이 나라에서 가장 큰 전투함이다. 네가 방향을 돌려라." 그러자 마지막으로 무전이 왔습니다. "돌리든 말든 네 맘대로 하라 여기는 등대다." 의미심장한 이야기입니다. 우리는 종종 내 뜻을 주님께 관철하기 위하여 "주님이 내 소원과 방향에 맞추어 주세요", "주님이 잠시 양보해 주세요"라고 기도를 하지는 않는지요? 그러면 어떻게 주님의 방향으로 전환을 할 수 있습니까? 하나님께서는 자신의 속성을 말씀하실 때 '거룩'을 제일 강조하셨습니다. "너희는 스스로 깨끗하게 하여 거룩할지어다"(레 20:7)라고 말씀하십니다. 죄가 있는 곳에서는 하나님과 우리 사이의 관계가 단절됩니다. 빛과 어두움은 공존할 수 없기 때문에 회개가 필요합니다. 회개(悔改)란 "후회하고 행동을 고치는 것"입니다. 사도 바울은 회개하기 전에는 하나님 반대 방향으로 노방반 갔습니다. 그러나 다메섹 도상에서 주님을 만난 후에는 하나님 방향으로 돌아섰습니다. 하나님과 동행하고자 하면 온전한 회개를 통하여 방향을 전환할 수 있지 않을까요?

어느 분의 고백입니다. 자기에게 상처를 주고 마음을 아프게 한 사람을 오랫동안 미워했습니다. 그 결과 마음이 불편한 것뿐만 아니라, 몸도 아프고 여기저기 쑤시고 삶이 혼돈 가운데 있었습니다. 그런데 어느 순간에 너무나 괴로워서 이 문제를 가지고 기도하다가 성령이 충만해져서, 하나님께 회개하고 싶은 마음이 들었습니다. 맨 처음에는 용서할 수 없어서 계속 "미워요. 미워요. 주님! 저는 그 사람을 절대로 용서할 수 없어요." 절규만 했습니다. 그런데 주님께서 자기의 마음에 찾아오셔서 이렇게 하시더랍니다. "사랑하는 딸아! 네가 살기 위해서도 용서해라", "내가 너를 사랑한다"는 음성이 들려오더랍니다. 그래서 도저히 용서할 수 없는 사람이지만 "주님 용서해요. 용납해요." 그 후 눈물 콧물 범벅이 되었습니다. 그다음부터 사람이 변하더랍니다. 그 이후 지금까지 육체도 건강하고, 늘 기쁨이 있고, 환경을 초월한 평안함이 늘 유지되고 있다는 간증입니다.

사랑하는 성도 여러분! 우리 자신이 살기 위해서라도 용서합시다. 사랑합시다. 그리고 회개합시다. 회개만이 우리가 살길입니다. 순간순간 하나님 보시기에 잘못되었다 싶으면 빨리 "하나님 죄송합니다. 용서해 주세요"하면 주님은 용서해 주십니다. 오랜 기간 죄를 방치하면 죄가 딱딱해져서 굳어버립니다. 그래서 나중에는 회개가 잘 안 됩니다. 주님의 뜻과 방향을 맞추는 것을 주님이 원하십니다. 그때 주님이 우리와 함께하시고 동행하는 복을 누릴 수 있게 됩니다. 주님과 방향을 맞추어서 주님과 동행하시기를 바랍니다.

둘째, 일상의 삶 속에서 주님과 함께해야 합니다.

동행이라는 히브리어 원어인 '할라크'(הלך)의 뜻은 히트파엘형일때 "함께 가다", "하나님과 함께 살다"라는 의미입니다. "하나님과 함께한다"는 말은 우리가 잘 아는 '임마누엘'이라는 단어입니다. "하나님이 우리와 함께하신다." 에녹이라는 단어에서도 동행의 의미를 엿볼 수 있습니다. 에녹이라는 단어는 '하노크'(חנוך)로서 '헌신'이나 '거룩한 삶으로 들어감'이라는 뜻으로, 하나님을 향한 종과 같은 헌신된 삶을 의미합니다. 에녹은 항상 하나님의 울타리 안에서 살기를 원했기 때문에, 그는 300년을 하나님과 동행하다가 죽음을 맛보지 않고 하늘로 하나님께 들어 올림을 받았습니다..

에녹은 단순히 하나님에 대하여 아는 정도가 아니었습니다. 이론적으로 지식적으로 아는 것이 아니라, 하나님의 실제를 믿고 행동으로 옮겼습니다. 본문 22절입니다. "므두셀라를 낳은 후 삼백 년을 하나님과 동행하며 자녀들을 낳았으며." 22절의 "하나님과 동행하며"와 24절의 "에녹이 하나님과 동행하더니"는 '에트 하엘로힘'(את האלהים)으로 '그 하나님과 함께'란 의미를 지니고 있습니다. 에녹은 늘 하나님과 함께하는 삶을 살았습니다. 에녹이 하나님과 동행한 것은 하루가 아닌, 1년도 아닌, 100년도 아닌 300년 동안 하나님과 동행했다고 기록하고 있습니다. 이것은 그가 매년, 매월, 매주간, 매일매일 24시간 동안, 매분 매초 주님과 함께하였다는 말입니다.

그러므로 주님과 동행하는 신앙은 주일 중심에서, 평일 중심의 신앙으로 바뀌어야 합니다. 미국 목사님들은 이런 이야기를 합니다. '센데이 먼데이 크리스천'(Sunday Monday Christian)이 무슨 의미입니까? 주일날은 교회 와서 주님과 동행하는 것처럼 보이지만, 월요일부터는 "내 소견에 옳은 대로" 살면서 주님과 상관없이 산다는 뜻입니다. 주일날만 예배드리고 말씀만을 듣는 것이 아니라, 월요일에서 토요일까지 경건 생활을 하면서, 신앙생활이 아니라 '생활신앙'인이 되어서 주님과 동행하는 것이 필요합니다. 그래야 주일날 교회에 왔을 때 서먹서먹하지 않습니다. 평일에는 "주님 잠깐만요 저쪽에 계셔요" 하고는 주일에 "주님 안녕하세요" 하는 식이 되면 주님과 동행하는 데 지장이 많습니다. 그래서 매일 매일 주님과 교제하는 것이 얼마나 중요한지요? 이런 말이 있습니다. "말씀으로 아침을 열고 감사로 마무리하는 삶"이 바로 하나님과 동행하는 삶의 기본이 아닐까요? 주일 신앙에서 평일 신앙으로, 신앙생활에서 생활신앙으로, 받아 먹는 신앙에서 찾아 먹는 신앙으로 바뀌면 주님과 아름답게 동행할 수 있습니다.

구체적으로 주님과 매일매일 동행하기 위해서는 이렇게 해보시면 어떨까요? 잠자리에 들기 전에 "주님 저 잡니다. 단잠 자게 하시고, 이상한 꿈 안 꾸게 하시고, 주님 만나는 꿈 꾸게 하여 주세요." 기도하고 잡니다. 잠자리에 일어나서 "주님 잘 자게 하심을 감사합니다. 하루 동안 주님 동행해 주세요." 그리고 말씀을 묵상합니다. 아침 식사를 합니다. "이 음식 먹고 오늘 하루도 주님과 교제하며 살기를 원합니다." 점심시간에는 "오전 시간에도 지켜주신 주님 감사합니다. 오후 시간에도 함께 해주세요." 저녁 시간에도 "지금까지 함께 해주심을 감사드립니다. 잠들 때까지 저를 붙들어 주세요.”
매우 쉽게 주님과 동행할 수 있습니다.

혹시 스트레스 받을 일이 있을 때는 숨 호흡(breath prayer)을 합
니다. 숨을 들이마십니다. 평안, 기쁨, 사랑, 감사, 행복을 들이마십
니다. 그리고 미움, 저주, 악독, 불평, 스트레스는 호흡을 통해 내보
냅니다. “쉬지 말고 기도하라”(살전 5:17)고 했는데 어떻게 24시간
쉬지 않고 기도를 합니까? 잠잘 때도 기도할 수 있는 것은 ‘숨 호흡
기도’ 뿐입니다. 계속 숨 쉬면서 기도하는 겁니다. 운전하면서도 기
도합니다. “주님과 함께 운전 합니다.” 길을 걸을 때도 “주님과 함
께 걷습니다.” 몸 기도를 하는 것입니다.

성결교회의 대부이면서 부흥사인 이성봉 목사님이 계셨습니다.
이 목사님은 늘 오른손을 불끈 쥐고 다니셨습니다. 주님과 손잡고
다닌다는 동행의 의미입니다. 물을 마실 때도 세 번에 나누어서 물
을 마셨습니다. 성부, 성자, 성령 하나님을 생각하면서 물을 세 번
에 나누어서 마셨습니다. 늘 주님을 의식하고 언제나 주님과 동행
하시려고 거룩한 발버둥을 치신 분이십니다. 주님과 함께만 하면
언제 무슨 사건을 만나든지, 주님이 해결해 주시고 늘 평안을 유지
해 주실 것입니다. 그리고 “기적이 상식이 되는 교회”, “기적이 상
식이 되는 성도”가 될 것입니다.

동행함으로 하나님을 기쁘시게

하와는 하나님의 말씀보다는 뱀을 상징하는 사탄의 말을 더 신

뢰 하였습니다. 아담은 하나님의 말씀보다는 부인의 말에 따라 행동하였습니다. 가인은 자기의 판단에 따라 실패한 삶을 살았습니다. 그러나 에녹은 하나님과 동행하였습니다. 주님과 동행했던 에녹에 대하여 히브리서 기자는 평하기를 "에녹은 하나님을 기쁘시게 하는 자라 하는 증거를 받았느니라"(히 11:5)고 말씀하고 있습니다. 우리의 봉사를 통해, 충성을 통해, 열심히 일함으로 하나님을 기쁘시게 할 수도 있을 것입니다. 그러나 하나님께서 최고로 기뻐하는 사람은 "주님과 동행하는 사람"입니다.

이런 에녹을 하나님께서는 너무 기뻐하셔서 육체적인 죽음을 보게 하지 않으시고 엘리야처럼, 예수님처럼 하늘나라로 데려가셨습니다. 누가 행복한 사람입니까? 돈 많은 사람입니까? 지위가 높은 사람입니까? 지식이 많은 사람입니까? 최고급 아파트에 사는 사람입니까? 그것은 일시적입니다. 이 세상에서 최고로 행복한 사람은 주님과 동행하는 사람이 아니겠습니까? 우리가 주님과 한 방향으로, 매일매일 생활 속에서 주님과 함께하는 성도가 되시므로 주님의 기쁨이 되는 저와 여러분이 되시길 바랍니다. 함께 찬송함(430장)으로 나아가겠습니다.

Ⅲ. 분석 설교
(Analytical Preaching)

현대의 모든 문화와 학문은 포스트모더니즘(postmodernism)의 상당한 영향력 아래에 있다. 이러한 사회의 중요한 키워드는 감성과 정서, 그리고 재미와 속도이다. 그러나 기독교의 본질은『이해를 추구하는 믿음』(*Faith Seeking Understanding*)[42]에서 출발했다. 기독교 신앙은 무속종교와 같이 맹목적이지 않고, 우선적으로 이해와 지식이 중요한 근간을 이루고 있다. 이에 지성적이고 합리성에 기초를 둔 분석 설교에 대하여 설교학 여행을 떠나보자.

---

[42] "이해를 추구하는 믿음"(Fides Quaerens Intellectum, Faith Seeking Understanding)은 안셀름(Anselm)이 만든 문구로서 기독교의 깊고 풍성한 전통을 지닌 신학 방법론이다. 이는 "신앙은 맹목적인 것이 아니라, 이해를 추구하므로 기쁨을 주고 탐구를 촉발하게 된다. 그리고 이해는 더 나아가 대담하게 질문을 제기한다"는 신학의 본질적 방법론을 의미한다. Daniel L. Migliore, *Faith Seeking Understanding: An Introduction to Christian Theology* (Grand Rapids, MI: Wm. B. Eerdmans Publishing Co. 2014), 2.

1. 분석 설교에 대한 이해

분석 설교에 관한 중요한 질문이 있다. 어느 설교를 준비하든지 본문을 분석하지 않고 설교를 준비하고 전할 수는 없다. 일리 있는 주장이다. 그러나 분석 설교라 명명한 것은 설교학적으로 전개하면서 분류상 분석 설교라 한 것이다. 분석적(analytical)이란 '분해적인', '해부적인'이라는 의미로 설교 본문을 다른 설교 형태보다 더 육하원칙에 따라서 분석적으로 전개하기에 명명한 설교 형태이다. 이 분석 설교는 본문을 한 절씩 풀어가는 강해식 설교를 제외하고 어떠한 설교유형에도 적용할 수 있는 설교 형태이며, 현대 지성인들에게 대단히 환영받는 설교 형태 중의 하나이다.

분석 설교의 기원은 윌리엄 에반스(William Evans)의 저서인 『설교 준비 어떻게 할까?』(*How to Prepare Sermons*)[43]에서 분석 설교(서론, what, why, how, what then, 결론)를 발표한 이래로 널리 이용된 설교 형태이다. 그러나 에반스의 분석 설교는 비성경적인 설교의 위험성이 있다고 설교학자 정장복은 비판했다.

> 에반스의 설교이론은 젊은 설교자들에 대단한 호평을 받으면서 설교 분야에서 널리 사용되었다. … 이 설교이론은 주제설교를 인간 이성에 맞추어서 합리적으로 풀어놓은 전개 형태이

---

43 William Evans, *How to Prepare Sermons* (Chicago, IL: Moody Press, 1964).

이에 정장복은 한국 상황에 어울리며 좀 더 성경적인 설교의 형태로 재편집하여 대중화했다. 그러나 김금용은 "정장복의 분석 설교에서 서론적인 부분(본문 접근, 본문의 재경청, 주제부상)이 너무 길고 복잡하다고,『제3의 분석 설교의 이론과 실제』에서 비판했다"[45] 이에 필자는 현장 목회자들이 더 실용적으로 설교 구성을 할 수 있도록 위 학자들의 이론을 근거로 다시 재구성했다. 첫째, 서론은 되도록 짧게 한다. 설교학자 바우만(J. Daniel Baumann)은 "좋은 서론의 필수 요건은 간결성(brief)이다"[46]고 했다. 분석 설교의 서론에서 본문 접근(본문 배경)을 제외하고 본문 재경청과 주제부상은 삭제한다. 둘째, 주제 정의(what)에서 유사한 정의를 한두 가지로 시도할 수 있다. 그러나 국어 사전적 정의, 성경 원어의 뜻을 찾아서 마지막으로 주제를 정의한다. 셋째, 성경적인 말씀의 선포가 되도록 주어를 성삼위로 한다. 넷째, 필요성(why)에서 부정적인 사례를 포함하여, 왜 이 주제가 필요한지에 대하여 동기부여를 한다. 다섯째,

---

44   정장복,『한국교회의 설교학개론』, 174.

45   김금용,『제3의 분석설교의 이론과 실제』(서울: 쿰란출판사, 2011), 21-22.

46   J. Daniel Baumann, *An Introduction to Contemporary Preaching* (Grand Rapids, MI: Baker Book House, 1972), 137.

실천 방안(how)에서 3개의 방법론으로 대지를 구분할 수 있지만, 설교가 길어질 것 같으면 1~2개의 핵심 대지로 구성할 수도 있다.

2. 분석 설교의 이론과 구성원리[47]

첫째, 설교의 주제는 반드시 본문에서 나와야 한다. 이 점이 주제 설교와 다르다. 그러므로 본문을 신중히 묵상해야 한다.

둘째, 구성요소로는 서론-본문 접근(본문 배경)-주제의 정의(What)-주제의 필요성(Why)-실천 방안(How)-실천 결과(What then)-결론이다.

셋째, 본문 접근(본문 배경)은 본문의 그 당시 정황, 저자와 수신자, 표현의 장르 등을 언급한다. 이는 본문에 대한 배경을 청중이 잘 이해할 수 있도록 돕는 부분이다.

넷째, 주제 정의(What)의 경우 단순하게 처리하지 말도록 한다. 예를 들어, "오늘의 주제인 염려란 이것입니다"라고 단순히 언급하는 것을 넘어, 먼저 이와 유사한 정의로 접근을 시도한 후, 국어사전적인 정의, 그리고 마지막에는 성경 원어 분석을 하여 정의를 시도한다.

다섯째, 주제의 필요성(Why)은 왜 이 주제가 이 시대 속에서 필

---

[47] 정장복의 분석 설교 이론을 기초로 필자는 현대 설교자들이 실용적으로 설교 구성을 할 수 있도록 수정 보완을 했다. 정장복, 『한국교회의 설교학 개론』, 174-76.

요한지에 대하여, 이 주제의 중요성을 강력하게 동기부여를 한다. 즉 그 주제가 없으므로 발생한 불행한 사례를 들면서 그러한 세계에 빠져서는 안 된다는 생각이 들도록 한다.

여섯째, 실천 방안(How)은 분석 설교에서 가장 핵심적인 부분이다. 그러므로 실천 방안은 최대한 본문을 통해서 하나님 말씀이 주어지도록 하는 것이 가장 효과적이다. 만일 본문에서 방법론을 제시하지 못하면 성경 66권 어디에서든지 방법론을 제시해야 한다. 반드시 세 가지 실천 방안을 제시해야 하는 법은 없다. 한 가지나 두 가지로 해도 좋다. 여기에서 주제를 어떻게 실천할 수 있는지를 분명히 밝혀주어야 한다. 특히 문장의 주어가 성삼위 하나님이 되도록 한다. 예를 들어, "3절에 보면"이라는 표현보다는 "요한복음 3장 16절입니다" 혹은 "하나님께서는 본문 3절을 통하여 염려에 대하여 … 말씀하십니다"라고 표현하면 성경적 설교의 에토스(ethos)로 말씀의 권위를 더해준다.

일곱째, 실천 결과(What then)는 앞에서 제시된 방법대로 실천하여 성공한 사례를 들도록 한다. 즉 복된 소식(Good News)의 부분이다.

여덟째, 명확한 결론이 있어야 한다. 실천 결과와는 분명히 차이가 있어야 한다. 실천 결과가 결론이 아니다.

3. 장점

첫째, 분석 설교는 철저하게 공식화된 방법을 사용하기 때문에 설교 초년병에게 큰 도움을 준다. 둘째, 다른 설교 형태의 약점을 보완해 줄 수 있다. 주제 설교는 상황에서 본문으로 접근함으로 비성경적 설교가 될 소지가 크다. 그러나 분석 설교는 주제를 본문에서 선정하여 주제를 중심으로 설교를 전개함으로 성경적 설교가 된다. 또한 주제 설교는 구체적인 방법론이 없지만, 분석 설교는 실천 방안에 대하여 매우 비중 있고 구체적으로 다룬다. 셋째, 부실한 강해 설교가 통일성을 갖지 못하는 경우가 있지만 분석 설교는 구성에 있어서 매우 논리적이며 통일성이 있다. 넷째, 이 설교 형태는 비록 연역적인 설교 형태이지만 진리의 세계를 매우 분명하고 체계적으로 전해줄 수 있다는 점에서 전 연령층에 유용하게 사용될 수 있는 설교 형태다.

4. 보완해야 할 부분

이 분석 설교는 연역적이며, 다소 기계적이고 설교 공식에 맞춘 설교이므로 설교자의 창의성이 제한될 수 있다. 그리고 설교자의 예리한 분석과 지식으로만 설교가 끝날 위험성이 있다. 그러므로 기도의 무릎을 통한 영감 있는 설교, 분문의 깊이 있는 묵상, 정서적 공감을 자아내는 호소력 있는 전달력, 은혜로운 예화 등이 요구된다.

═══ 분석 설교 모델 ═══

본문 호 6:3　**제목** 늦은 비 성령

그러므로 우리가 여호와를 알자 힘써 여호와를 알자 그의 나타나심은 새벽 빛같이 어김없나니 비와 같이, 땅을 적시는 늦은 비와 같이 우리에게 임하시리라 하니라.

들어가는 말

1967년에 이스라엘과 아랍 연합군 간의 큰 전쟁이 있었습니다. 1967년 6월 5일에서 10일 동안 일어났던 '6일 전쟁'입니다. 이스라엘을 대항해서 아랍 연합군인 이집트, 시리아, 요르단, 바레인 등 총 4개국과의 피비린내 나는 전쟁이었습니다. 결과는 이스라엘의 대승리로 마감되었습니다. 문제의 발단은 물 때문이었습니다. 헐몬산에서 내려오는 물이 요단강을 거쳐 갈릴리 호숫가로 흘러 들어오면서 이 물을 가지고 이스라엘은 식수와 농업용수로 사용하였습니다. 그러나 이를 근원적으로 차단한 아랍 연합군과의 생사를 건 전투를 벌일 수밖에 없었습니다. 이스라엘 땅은 늘 물이 부족했습니다. 눈에 보이는 곳은 사막과 이글거리는 태양뿐입니다. 이스라엘은 강수량이 적고 토질이 석회석으로 형성되었기에 하늘에서 내리는 '비'만 의존하면서 생명을 유지하고 농사를 짓는 박토 지역입니다. 오늘 본문은 비에 관한 말씀입니다.

본문 배경

오늘 읽은 본문은 북이스라엘이 우상을 숭배하여 망하고, 남 왕국 유다도 망하게 되었을 때 근본 원인을 찾는 배경에서 나온 본문입니다. 원인은 이스라엘 백성들이 하나님을 멀리 떠났음을 언급하고 있습니다. 그런데 하나님을 찾는 방법을 정확하게 소개해 주고 있습니다. 그 비결은 바로 '비'를 경험하는 일입니다. 그런데 무슨 비입니까? 바로 이른 비(early rain)와 늦은 비(latter rain)입니다. 이스라엘의 기후는 우기와 건기로 구분됩니다. 이스라엘에는 비가 두 차례 크게 내립니다. 10~11월 사이에 내리는 비가 있습니다. 이를 '가을비' 혹은 '이른 비'라고 합니다. 이때 농사는 씨를 뿌리는 파종기입니다. 그래서 이 시기에 이른 비가 충분히 내려야 씨를 뿌리게 됩니다. 그런데 건기 기간인 이듬해 3~4월경에 다시 한번 비가 내려주어야 합니다. 왜냐하면 땅이 메말라 있기 때문에 수확을 위하여 비가 내려야 결실을 볼 수 있기 때문입니다. 이 비를 '봄비'

혹은 '단비'라고 합니다. 결국 농사를 짓기 위해서는 이른 비와 늦은 비가 모두 필요합니다.

What/주제 정의

늦은 비는 '말코쉬'(מלקוש)로 '여물다', '익다', '무르익다'란 동사에서 유래된 단어로 3~4월경, 수확기 전에 내리는 봄비를 말합니다. 그러면 이 늦은 비는 무슨 의미를 가지고 있을까요? '하나님의 축복'이나, '하나님의 은택'(시 84:6)이라는 뜻도 있습니다. 그러나 가장 중요하고 깊은 영적 의미는 바로 '성령'을 상징합니다. 성령이 누구십니까? 예수님께서 승천하시기 전에 약속하신 보혜사입니다. 보혜사의 보(保)는 '보호한다'라는 의미이며, 혜(惠) 자는 '은혜'입니다. 즉 보혜사란 "우리를 보호해 주시고 은혜 베푸시는 분"이라는 뜻입니다. 그 보혜사 성령님은 "영으로 오신 예수님"이십니다. 삼위의 인격적인 하나님이십니다.

성령에 대한 예언의 말씀인 요엘서 2장 23절에서 "여호와께서 너희를 위하여 이른 비와 늦은 비를 주시리라"하십니다. 찬송가 183장에 이런 가사가 있습니다. "반가운 빗소리 들려 산천이 춤을 추네 봄비로 내리는 성령 내게도 주옵소서 가물어 메마른 땅에 단비를 내리시듯 성령의 단비를 부어 새 생명 주옵소서", '단비', '봄비' 모두 늦은 비 성령을 의미합니다. '이른 비 성령'은 내가 예수님을 구주로 영접하고 방언과 같은 성령세례를 받은 경험입니다. 단 한 번의 경험이지요. 그러나 '늦은 비 성령'은 그리스도인이 세상에서 능력 있는 삶을 살아가기 위해서, 다시 계속 받아야 하는 성령의 은혜입니다. 이른 비 성령이 단회적이라면, 늦은 비 성령은 반복적인 특징이 있습니다. 마치 스마트폰을 계속 충전해야 사용할 수 있듯이 늦은 비 성령을 우리가 받아야 능력있게 살아갈 수 있습니다.

Why/동기부여

그러면 우리가 사는 세상에서 왜 늦은 비 성령이 필요한지요? 첫째, 이른 비 성령의 은혜를 받지 못하면 행복과 기쁨이 없습니다. 성령의 특징은 넘치는 기쁨, 샘솟는 행복입니다. 그런데 늦은 비 성령으로 충만하지 않으면 사는 게 지옥 같습니다. 늘 두려움과 불안, 공포와 세상 염려, 근심으로 충만한데 이것들을 이기지 못하고 질질 끌려다닙니다. 둘째, 늦은 비 성령의 은혜가 없으면 무기력한 신앙생활을 할 수밖에 없습니다. 교회는 나옵니다. 예배는 드립니다. 성경 지식도 있습니다. 그러나 무기력한 신앙생활을 하게 됩니다. 그 중요한 이유는 예수님은 영접했지만 늦은 비 성령으로 충만하지 않기 때문입니다. 늦은 비 성령의 지배를 받지 않고는 교회 생활은 따분하고 지루하기만 합니다. 셋째, 늦은 비 성령으로 충만하지 않으면 마귀의 조정을 받기 쉽습니다. 마귀는 신학생이나 목회자라도 성령 충만하지 않으면 우습게 여깁니다. 장로라도 성령 충만하지 않으면 얕잡아 봅니다. 권사, 집사도 성령 충만하지 않으면 시시하게 봅니다. 그러나 마귀는 어린아이라도 성령이 충만하면 무서워합니다. 늦은 비 성령으로 충만하면 마귀의 공격을 물리칠 수 있습니다.

미국의 제2차 대각성 운동을 일으킨 찰스 피니(Charles G. Finney)는 이런 말을 했습니다. "죄인들이 회개하지 않는 것이 죄가 되듯이, 성도가 성령으로 충만하지 않은 것도 죄가 된다." 그렇습니다. 성령으로 충만하지 않으면 세상의 것들이 충만해지기 때문입니다. 늦은 비 성령을 받는 것은 그리스도인에게 선택이 아니라 필수입니다.

How/방법

그러면 어떻게 '늦은 비 성령'을 우리 삶 속에서 경험할 수 있을까요? 3절 상반 절입니다. "그러므로 우리가 여호와를 알자 힘써 여호와를 알자"입니다. 북이스라엘이 교만해져서 망하고 남 유다도 같은 죄로 넘어진 것은 하나님을 알지 못했기 때문이라는 사실입니다. 그런데 주목하고 싶은 단어가 있습니다. 바로 '알다'입니다. '안다'는 단어에는 두 가지 흐름이 있습니다. 하나는 헬레니즘으로 헬라사람의 사고방식입니다. 이것은 지식적으로 아는 것과 실천하는 것이 일치하지 않아도 됩니다. 그런데 다른 하나의 앎은 헤브라이즘으로 히브리 사람의 사고방식입니다. 바로 성경에 나오는 사상입니다. 이는 지식적으로 아는 것과 행하는 것을 하나로 봅니다. 그래서 '알다'라는 단어의 히브리적 사상은 '야다'(ידע)입니다. 이는 단순히 지식적으로 아는 차원을 뛰어넘어 경험으로, 체험으로 아는 깃입니다.

예를 들어 보겠습니다. 아기를 키우는 엄마는 아기의 울음소리만 들어도 아기가 무엇을 원하는지 잘 압니다. 배고파서 우는 것인지? 기저귀를 갈아달라고 우는 것인지? 졸려서 우는 것인지? 정확하게 압니다. 어떻게 압니까? 아기와 함께하면서 경험을 많이 해보았거든요? 책보고 안 것이 아닙니다. 경험으로 안 것입니다. 지금은 체험의 시대, 경험의 시대입니다. 세 가지 시대가 있습니다. 첫 번째는 'Tell me' 시대입니다. 귀로 듣는 시대입니다. 과거에는 라디오 세대였기에 귀로만 들었습니다. 그러나 지금은 사람들이 말하는 것만은 잘 안 들으려고 합니다. 두 번째는 'Show me' 시대입니다. 보여주는 시대입니다. 그러나 이제는 너무나 많은 화면과 영상을 보고 있기에 이것도 식상합니다. 지금은 'Involve me' 시대입니다. 인벌브(involve)란 깊은 관계를 맺고 참여하고 체험하는 시대를 말합니다. 다른 사람이 물고기 잡는 이야기를 듣는 것, 영상으로 보는 것보다, 내가 직접 냇가에 가서 물고기를 잡고 체험하는 시대입니다. 체험이 얼마나 중요한지 모릅니다

그러므로 늦은 비 성령의 단비를 받기 위해서는 하나님을 체험(야다)해야 합니다. 힘써 하나님의 성령을 '야다', 체험해야 합니다. 내가 하나님의 성령을 직접 체험하고 경험하는 것이 필요합니다. 3년 동안 예수님의 제자훈련을 받은 제자들을 보십시오. 스승인 예수님께서 십자가 지시기 전에 한 명은 스승을 팔고서 죽고, 다른 제자들도 다 뿔뿔이 흩어지고 배반하고 예수님을 실망하게 하셨습니다. 골고다 산상에서 십자가에 돌아가신 예수님 곁에는 단지 12명 제자 중에서 한 제자만 자리를 지키고 있었습니다. 그러나 이들이

오순절 마가의 다락방에 모였습니다. 무엇을 하였습니까? 무엇을 구했습니까? 잘 살게 해달라고, 병 고쳐 달라고, 좋은 직장 얻게 해 달라고 구했습니까? 아닙니다. 10일 동안 단지 '성령'을 구했습니다. "성령이여 임하소서! 강하게 더 강하게 불로 임하소서!" 사모하며 성령의 은혜를 체험하기 위하여 강하게 구했을 때 성령의 불이, 성령의 바람이 하늘로부터 급하게 임하였습니다.

그리하여 다 성령의 충만을 받고 성령이 말하게 하심을 따라 방언을 하게 되었습니다. 이때 교회가 세워졌습니다. 다른 것 구하지 않았습니다. 새벽빛과 같이 일정하신, 변함없으신 성령을 사모하며 구했습니다. 그때 성령의 은혜를 체험한 것입니다. 구약시대에는 성부 하나님께 모든 초점이 맞추어져 있었습니다. 신약시대에는 성자 예수님께, 그러나 지금의 은혜 시대에는 초점이 '성령님'께 맞추어져 있습니다. 성령님을 인정하고 환영하지 아니하고는 능력 있는 복음을 증거 할 수 없습니다. 증인 된 삶을 살 수 없습니다.

디엘 무디(Dwight L. Moody, 1837-1899)라는 부흥사를 아실 것입니다. 그는 1837년 미국 매사추세츠에서 출생했습니다. 아버지는 무디가 4살 때 돌아가셔서 7남매를 어머니 혼자서 키웠습니다. 너무나 가난해서 정상적인 교육을 받지 못했습니다. 초등학교 중퇴를 했습니다. 체계적인 신학교육도, 목사안수도 받지 못한 순전한 평신도 사역자였습니다. 설교에서도 불완전한 문법 실력과 너무 빠른 말씨 등 기술적인 약점이 많이 있었지만 전 세계에 돌아다니면서 100만 명 이상의 영혼을 주님께 돌아오게 했습니다. 한번은 어느 집회에 똑똑한 지성인이 참석해서는 설교를 마친 무디에게 물었습니다. "당신이 설교할 때 얼마나 많은 영문법 오류가 있었는지 아십니까?" 그러자 무디가 대답했습니다. "네 잘 압니다. 저는 정상적인 교육을 못 받아서 영문법을 잘 모릅니다. 그러나 제 얕은 지식으로 복음을 담대하게 전하고 있습니다. 당신은 그 출출한 영어 실력으로 얼마나 많은 사람에게 복음을 전하고 있습니까?" 그러자 아무 말 하지 못하고 돌아갔다고 합니다.

무디가 전한 복음은 지성적인 실력으로 전한 복음이 아니라, 성령 받아 증인 된 복음이었습니다. 그가 설교할 때는 성령께서 얼마나 강력하게 역사하셨던지 그를 무식하게 보고 업신여긴 무리가 하나둘씩 무릎을 꿇었습니다. 성도 여러분! 공부를 많이 못 했다고, 가방끈이 짧다고 걱정하지 마십시오. 성령이 임하시면 큰 권능도 받고 대단한 복음의 역사가 나타날 것입니다.

What then/실천 결과

이른 비 성령을 경험하고 늦은 비 성령을 체험한 제자들에 의해서 2,000년 전에 교회가 탄생했습니다. 그래서 오늘 성령강림 주일로 지키고 있습니다. 늦은 비 성령의 충만을 받은 제자들은 예수님의 진정한 사도로 태어났습니다. 그리고 겁 없이 하나님의 나라를 전파하고, 교회는 든든히 서가고, 사랑의 공동체가 되었습니다. 그리고 많은 기적과 이적이 태풍과 같이 예루살렘과 유대와 사마리아와 온 땅을 강타했습니다. 세상을 변화시키는 힘을 얻었습니다.

다 하나님의 성령을 체험한 결과입니다.

어떤 농부가 농기구 가게에 붙어 있던 포스터를 보고 자동 톱을 하나 샀습니다. 그 포스터에 "이 자동 톱은 1시간에 다섯 그루의 큰 참나무를 벨 수 있습니다"라고 쓰여 있었습니다. 그런데 그 농부는 참나무 다섯 그루를 베는 데 하루 종일 걸렸습니다. 화가 난 농부는 자동 톱을 가지고 가게 주인에게 따졌습니다. 그러자 주인은 그 자동 톱에 시동을 걸어 주면서 다시 나무를 베도록 했습니다. 이게 웬일입니까? 톱이 나무에 닿기가 무섭게 나무들이 순식간에 토막이 나 버렸습니다. 하루 종일 베어도 다섯 그루도 채 벨 수 없었는데, 그 톱에 자동 엔진이 걸리자 엄청난 효과가 나타났습니다. 맞습니다. 이른 비 성령의 세례를 받고, 다시 늦은 비 성령의 충만한 은사를 경험한 성도는 엔진이 힘차게 돌아가는 자동 톱과 같습니다. 신앙생활이 재미있습니다. 예배가 기다려집니다. 마귀가 두렵지 않습니다. 삶에 기쁨과 행복이 충만해집니다. 초대교회 성도들과 같이 능력 있는 삶을 살게 됩니다. 어떤 인생의 어려움이 와도 능히 잘 해결할 수 있는 영적인 자동 톱과 같습니다.

나가는 말

사랑하는 성도 여러분! 성령강림은 현재 진행형입니다. 예수님을 구주로 영접하실 때 성령세례를 경험하셨습니까? 이른 비 성령의 은혜입니다. 그러나 이 험악하고 거친 세상을 살아가는 데는 이른 비 성령의 은혜로만은 부족합니다. 다시 한번 늦은 비 성령의 강력한 체험을 하시길 바랍니다. 이 늦은 비 성령을 경험하지 않으면 교회가 아름다운 건물을 짓고, 여러 가지 프로그램을 갖추어도 시간이 흘러가면서 교회는 박물관처럼 생명을 잃어버립니다. 성도가 늦은 비 성령의 은혜를 체험하지 못하면 시냇가에 떠내려가는 죽은 물고기처럼 세상의 파도에 휩싸여서 무기력한 신자가 되어버립니다. 이 늦은 비 성령을 경험합시다. 어떤 경우는 성경을 읽다가, 설교 말씀을 듣다가 늦은 비 성령을 경험할 수 있습니다. 어느 때는 깊은 기도의 시간을 가지며, 또 처절한 참회의 시간을 가질 때 늦은 비 성령의 은혜를 경험할 수 있습니다.

사랑하는 성도 여러분! 이렇게 사모하며 기도합시다. "이 메마른 가슴에 늦은 비 성령의 은혜를 경험하게 하여 주시옵소서!" 기도합시다. 그리고 성령의 충만을 받아 힘 있고 능력 있고 행복한 삶을 살아가는 저와 여러분 되시길 기원합니다. 함께 찬양(183장)함으로 나아가겠습니다.

반가운 빗소리 들려 산천이 춤을 추네
봄비로 내리는 성령 내게도 주옵소서
가물어 메마른 땅에 단비를 내리시듯
성령의 단비를 부어 새 생명 주옵소서

IV. 강해 설교
(Expository Preaching)

기독서점을 방문해서 진열된 설교에 관련된 서적들을 보면 한 가지 흥미로운 사실을 발견할 수 있다. 수많은 설교집의 공통된 제목이 한눈에 들어온다. '창세기 강해 설교', '출애굽기 강해 설교', '마태복음 강해 설교', '계시록 강해 설교' 등과 같이 강해 설교를 성경 뒷부분에 수식어처럼 붙인다. 이런 강해집 중에는 진정한 강해 설교집도 있지만, 대부분 강해 설교에 대한 깊은 설교 신학적 지식 없이 무조건 연속적으로 설교한 것들을 편집해서 강해 설교라는 제목으로 둔갑한 것들이 상당히 많다. 아무튼 설교자들이 강해 설교에 대한 선호도가 높다는 것을 반증하는 예이다.[48]

왜 목회자는 강해 설교에 대해서 깊은 관심이 있을까? 여러 가지 이유가 있지만 가장 중요한 것은 성경적 설교(biblical preaching)에

---

[48] 목회자들의 설문조사에서 강해 설교를 선호한다는 응답이 72.1%로 조사되었다. 박삼렬, "한국 교회 목회자들의 설교에 관한 의식 연구," 「목회와 신학」 (2003년 4월호).

대한 가치가 높기 때문이다.[49] 성경적 설교를 가장 잘 대변해주는 설교의 방식이 바로 강해 설교이다. 강해 설교의 권위자인 해돈 로빈슨(Haddon W. Robinson)은 본인이 강해 설교 저작을 "성경적 설교"[50]라고 명명했다. 이에 미국의 위대한 설교학자인 브로더스(John A. Broadus)는 말하길 "회중들은 설교자의 어설픈 관점과 사상을 듣는 것보다 '하나님이 성경에서 무엇이라 말씀하시는가'(What God has said)에 대하여 듣고 싶어 하며, 청중은 성경 중심의 설교(Bible-centered proclamation)에 반응한다"[51]고 언급했다. 이에 세속적인 삶을 살아가는 현대 청중일수록 본문 중심의 설교인 강해 설교에 목말라하고 있다. 왜냐하면 청중은 설교자가 본문의 깊은 의미를 잘 주해하여, 청중의 상황에 잘 적용해 주기를 바라기 때문이다.

1. 강해 설교에 대한 이해와 정의

강해 설교에 대한 정의는 매우 다양하다. 우선 강해 설교에 대한 이해에서 로빈슨은 말하길 "강해 설교의 핵심은 설교의 방법론이

---

49   성경적 설교에 관한 전체적인 내용은 조성현, 『성경적 설교』 (서울: CLC, 2016).

50   Haddon W. Robinson, *Biblical Preaching: The Development and Delivery of Expository Messages*, 2nd ed. (Grand Rapids, MI: Baker Academic, 2001).

51   John A. Broadus, *On the Preparation and Delivery of Sermons* 4th ed. (New York, NY: Harper & Row, Publishers, 1979), 58.

라기보다는 철학(philosophy)이다"[52]라고 했다. 강해 설교를 성경적 설교라고 보는 관점에서 성경적 설교는 형태를 말하는 것이 아니라 설교 철학이다. 비성경적인 설교는 설교자가 본문을 지배하는 데 비해, 성경적 설교는 설교 본문이 주인이 되어서 설교자의 생각, 사상, 설교의 내용과 목적까지도 지배하는 설교[53]를 말한다. 즉 강해 설교는 말씀의 지배자가 아니라, 봉사자로서 충실한 본문 이해가 핵심인 '성언운반일념'의 정신이 중요하다. 강해 설교는 성경에 관하여(about Bible) 설교하는 것이 아니라, 성경 자체(Bible itself)에 대해 설교하는 것이다. 더 정확하게 표현하면 성경으로부터(from the Bible) 청중에게로(to the audience) 나아가는 설교이다.

강해 설교란 본문의 문맥을 살펴서 그 본문의 역사적이고, 문법적이고 문학적인 연구를 통해 얻은 성경적 개념을 전하는 설교이다. 설교자는 성령 안에서 설교자의 삶과 인격에 먼저 설교를 적용하고, 그 후에 설교자는 청중에게 적용해야 한다.[54] 브로더스는 "강해 설교란 설교의 중심사상(entire thought), 기본 개념(basic idea), 대지, 소대지 등이 모두 성경 본문으로부터 나오는 설교이다"[55]라고 했다. 종합하면 강해 설교는 성경 중에서 한 권을 연속적으로 강해[56]

---

52   Haddon W. Robinson, *Biblical Preaching*, 22.

53   조성현, 『성경적 설교』, 11.

54   Haddon W. Robinson, *Biblical Preaching*, 21.

55   John A. Broadus, *On the Preparation and Delivery of Sermons*, 58-59.

56   강해란 라틴어로 '설명하다'(expositio)란 의미이다.

하되, 일반적으로 한 단락의 성경 본문(본문 설교는 짧은 본문)을 가지고, 본문을 중심으로 주해(註解)하고, 적용(강해 설교의 중요한 특징)하여, 설교를 통일성 있게 전개하는 성경적 설교이다.

2. 강해 설교의 특징

주제 설교가 비성경적일 가능성이 있고, 본문 설교가 본문의 전후 문맥을 무시할 약점이 있다. 이에 대안으로 강해 설교가 설교자들 사이에서 주목을 받고 있다. "강해 설교는 성경에 대하여 말하는 것이 아니라, 성경 자체를 설교하는 것이다"[57]라는 차원에서 몇 가지 중요한 특징을 가지고 있다.

첫째, 강해 설교는 주석(exegesis)과 해석(interpretation)에 집중한다.[58] 로빈슨은 현대의 많은 설교가 "야구 경기 시 국가(national anthem)와 같이 처음에는 연주되지만 경기 내내 다시 들리지 않듯이, 성경 구절도 처음에는 들려지지만 나중에는 강조되지 않는 설

---

57 김운용, "강해설교," 『설교학 사전』 정장복 외 (서울: 예배와 설교 아카데미, 2004), 749.

58 주석은 문법적이고 원어적이며 역사적인 방법으로 본문의 '과거적인 의미'와 '성경 저자의 의도'를 찾는 것이다. 해석은 본문의 '현재적인 의미'를 찾는 것이다. 해석 시 주의할 점은 첫째, 설교자의 주관적인 해석이 되면 청중은 설교자의 설교를 하나님의 말씀으로 인정하지 않는다. "성경의 해석자는 성경이다"라는 해석방법을 명심해야 한다. 둘째, 우화적 해석(allegorical interpretation)을 피하라. 예를 들어 선한 사마리아 사람의 비유(눅 10:30-37)에서 술을 성령으로, 나귀를 전도자로, 여관을 교회로 해석하는 경우는 비성경적인 해석방법이다.

교"[59]를 많이 행하고 있다고 날카롭게 비판하고 있다. 강해 설교는 설교자의 상황과 목회적인 환경보다는 우선 본문에 집중하여 주석과 해석을 결합한 '주해'(註解)를 가장 우선순위에 두는 설교이다.

둘째, 강해 설교는 '통일성'(unity)을 중요시한다. 본문 설교가 본문을 순차적으로 기계적으로 따라가는 데 비해서, 강해 설교는 본문의 전후 문맥을 주시(注視)하며, 본문에서 중심사상을 파악하여 설교를 통일성 있게 진행해 나간다. 본문 설교가 진주를 캐내기 위해서 바닷속으로 뛰어 들어가서 진주를 캐내는 잠수부라 한다면, 강해 설교는 진주를 캐내어서 정연한 모양으로 세공하여 진주 목걸이를 만드는 보석 세공사이다. "구술이 서 말이라도 꿰어야 보배"인 것과 같이, 설교가 처음부터 마지막까지 통일된 주제와 체계로 흘러가야 한다. 이는 마치 건축 시 재료를 마구잡이로 집어넣어서 건축하는 것이 아니라, 정확한 설계도에 따라 집을 건축해야 하듯, 강해 설교는 통일성을 중요시한다.

셋째, 강해 설교는 '적용'(application)을 강조한다. 본문 설교는 본문을 기계적으로 따라간다.[60] 그러나 강해 설교는 철저한 주석과 해

---

59 Haddon W. Robinson, *Biblical Preaching*, 22.

60 본문 설교(textual sermon)는 강해 설교에 비하여 몇 가지 다른 점이 있다. 첫째, 강해 설교의 경우 본문이 한 단락(7-10절)이 일반적이지만, 본문 설교의 경우 본문이 짧은 경우가 대부분이다. 둘째, 강해 설교의 경우 본문의 전후 문맥이 중요하지만, 본문 설교는 본문의 전후 문맥을 중요하게 여기지 않고 기계적으로 본문을 따라간다. 예를 들어 "아무든지 나를 따라오려거든 자기를 부인하고 날마다 제 십자가를 지고 나를 따를 것이니라"(눅 9:23)에서 본문 설교는 본문의 상황은 무시하고 1대지: 자기를 부인하라. 2대지: 자기 십자가를 지라. 3대지: 주님을 따르라는 전개 방식과 같이 기계적인 나열식 설교를 말한다.

석에 기초해 '적용'을 중요시한다. 적절한 적용이 없이 주석에서 시작하여 주석으로 설교가 마친다면 이는 진정한 강해 설교가 아니다. 적용이 없는 강해 설교는 강해 설교가 아니다. 로빈슨은 적용의 순서에 대하여 "설교자 자신에게 먼저 적용하고, 후에 청중에게 적용한다"[61]고 강해 설교의 정의에서 언급했다.

3. 강해 설교가 아닌 것[62]

복음적 진영에서는 강해 설교를 최상의 설교 형태로 꼽고 있고, 목회자들이 가장 선호하는 설교 형태가 강해 설교이지만, 강해 설교의 무늬만 모방한 진정성이 없는 강해 설교 모습들이 있다.

첫째, 성경 본문을 '한 절 한 절씩 주석만 하는 설교'(running commentary preaching)인 '절별 설교'는 강해 설교가 아니다. 성경 공부를 위한 석의로는 좋지만, 흐름과 통일성을 중요하게 여기는 강해 설교에서 이런 설교는 핵심을 상실한 강해 설교가 될 수 있다.

둘째, 특정 구절에 대한 '설명식 설교'(Bible explanation preaching)는 강해 설교가 아니다. 심방 설교와 같이 본문에서 한 구절만 뽑아서 설명하고 바로 적용하는 설교는 진정한 강해 설교가 아니다.

---

61   Haddon W. Robinson, *Biblical Preaching*, 21.

62   이동원, 『청중을 깨우는 강해 설교: 현대강단의 위기와 기회』(서울: 요단 출판사, 1991), 103-4; 장두만, 『다시 쓰는 강해 설교 작성법』(서울: 요단, 2009), 38.

셋째, 적용이 없는 설교는 강해 설교가 아니다. 시대적 배경과 원어적인 의미에만 충실하고 현대인들의 삶에 전혀 적용이 없는 설교는 진정한 의미에서 강해 설교가 아니다. 강해 설교에서 적용은 강해 설교의 '혼'(spirit)이기 때문이다.

넷째, 관주식 설교는 강해 설교가 아니다. 설교의 주제에 연관된 평행 성경 구절만 계속 나열한다고 모두 강해 설교는 아니다. 설교가 성경적이냐에 관한 문제는 비슷한 다량의 성경 구절을 수없이 아무런 설명 없이 나열하는 데 있지 않다. 올바른 강해 설교란 본문을 깊숙이 강해하다 보면 많은 다른 성경 구절이 그리 필요하지 않다. 풍성한 식사는 그것으로 족하나, 식사가 부실할 때 간식을 종종 찾는 것과 같은 이치이다.

4. 강해 설교의 역사

강해 설교의 원조는 학사 에스라(느 8장), 회당에서의 예수님 설교, 바울(행 17장)의 설교이다. 그리고 역사적으로 보면 크리소스톰, 루터, 칼뱅, 마틴 로이드 존스, 척 스미스, 존 스타트. 브라이언 채플, 존 맥아더 등으로 그 수는 헤아릴 수 없을 정도이다. 미국의 대형교회 목회자들이 강해 설교를 통하여 교회 성장을 이룬 모델이 한국교회에 영향을 주었나. 특별히 한국에서 강해 설교에 대한 소개는 설교학자들에 의해 소개된 것이 아니라, 1980년대 싱가폴의

데니스 레인(Denis J. V. Lane) 선교사를 두란노서원에서 초청하여 강해 설교 세미나를 개최함으로 강해 설교의 흐름이 시작되었다.

한국에서의 강해 설교 운동에 대하여 김운용은 "1980년대 이후로 수많은 강해 설교 세미나가 목회자들에게 큰 호응을 얻었다. 그 이유로는 전통적인 주제 설교를 대체 할 '본문 중심 설교의 재발견'이 바로 강해 설교라는 사실이다. 또한 강해 설교로 교회 부흥을 경험한 하용조, 옥한흠, 홍정길, 이동원 등이 본보기가 되어서 많은 목회자는 강해 설교를 통하여 교회 성장을 이루길 원했다"[63]고 기술하고 있다.

5. 강해 설교 신학의 대가들

전 세계에 강력한 영향력을 끼친 강해 설교 이론의 대가들은 여러분이 있다. 첫째, 댈러스 신학교의 설교학 교수였으며, 강해 설교의 대가인 해돈 로빈슨으로 그의 강해 설교 신학과 이론은 매우 중요하다. '중심 아이디어'(big idea), '중심사상'(main thought), '개념'(concept) 등으로 불리는 것이 그의 강해 설교 핵심이다[64]. 효

---

63   Kim, Unyong. "Faith Comes From Hearing: A Critical Evaluation of the Homiletical Paradigm Shift through the Homiletical Theories of Fred B. Craddock, Eugene L. Lowry, and Daivd Buttrick, and its Application to the Korean Church" (Ph.D. diss., Union Theological Seminary and Presbyterian School of Christian Education, 1999), 36.

64   Haddon W. Robinson, *Biblical Preaching*, 36.

과적인 설교는 단 하나의 주제, 단 하나의 아이디어를 가져야 한다. 비록 여러 개의 대지가 있다고 할지라도, 하나의 거대한 중심 아이디어에 조직적으로 잘 속해 있어야 한다.

둘째, 세계적인 강해 설교자이면서 학자인 존 스타트(John Stott)이다. 그의 설교 신학의 가장 주요한 개념은 "설교는 다리 놓기"(bridge building)이다."[65] 그리고 설교자는 '다리를 놓는 사람'(bridge builder)이다. 좋은 설교란 성경 본문의 세계(text)인 '본문성'과 현실 상황의 세계(context)인 '현장성'을 잘 연결해서 다리 놓는 작업이다. 본문을 깊이 주해하지 않으면 설교가 종교 강연처럼 보이고, 삶의 상황을 간과하면 설교가 주석만 하는 지루한 성경 공부처럼 보일 수 있기 때문이다.

셋째, 강해 설교에서 가장 주목하고 싶은 설교자가 있다. "강해 설교의 왕자"[66]라 불리며, 의사에서 목사가 된 로이드 존스(Martyn Lloyd-Jones)이다. 그는 20세기 최고의 강해 설교자로 '설교자의 설교자'로 불린다. 그의 저작 『설교와 설교자』(*Preaching and Preachers*)[67]에서 그는 설교의 중요성, 설교의 형식, 설교의 준비, 설교자, 청중, 예화 및 유머, 성령의 나타나심 등에 대하여 상세하게 언급하고 있

---

65 John Stott, *Between Two Worlds: The Challenge of Preaching Today* (Grand Rapids, MI: William B. Eerdmans Publishing Company, 1982), 10.

66 정근두, 『로이드 존스의 설교론』 (서울: 여수룬, 1999), 286.

67 『설교와 설교자』는 1969년 봄학기 6주간 동안 웨스트민스터 신학교(Westminster Seminary)에서 행한 강연을 모은 것이다. Martyn Lloyd-Jones, *Preaching and Preachers* (Grand Rapids, MI: Zondervan Publishing House, 1971), 5.

다. 그는 제1장에서 설교의 중요성에 대하여 다음과 같이 언급했다. "42년간의 목회에서 가장 주된 부분은 설교였다. 설교 사역은 부름을 받은 사람들에게 가장 고귀하며(the highest), 가장 위대하고(the greatest), 가장 영광스러운 소명(the most glorious calling)이다. 오늘날 교회에서 가장 긴급한 일은 진실한 설교(true preaching)이다"[68]라고 했다.

그럼 '진실한 설교'는 무엇인가? "로이드 존스는 두 가지 설교 형태는 진실한 설교가 아니라고 언급한다. 첫째, 시사 평론적 설교이다. 전주에 있었던 정치적 사건이나 발생한 일, 신문의 머리기사를 의지해서 하는 설교이다. 이 시사적인 문제는 부수적이지, 주된 자리를 차지해서는 안 된다. 이런 이야기는 윤리단체, 철학단체, 사회단체나 정치단체에서도 할 수 있기 때문이다. 둘째, 심리 치료적 설교나 적극적 사고방식(positive thinking)의 설교들이다. 이런 설교들은 청중을 더 행복하게 하고, 인생의 문제를 기독교 용어를 사용한다고 할지라도 진정한 의미는 퇴색된다. 그러므로 진정한 설교의 내용은 '말씀'(The Word), '복음'(Gospel), '하나님의 전 계획'(the whole counsel of God)으로서 '성경의 메시지'(the message of the Scriptures)를 전해야 한다"[69]고 주장했다.

로이드 존스의 설교특징으로 첫째, 그는 본문의 핵심적인 진리를

---

68   Martyn Lloyd-Jones, *Preaching and Preachers*, 9.

69   Martyn Lloyd-Jones, *Preaching and Preachers*, 59-61.

의학도의 해부학적인 예리한 눈을 가지고 정확하게 파악했다. 그 후 논리적으로 합리적인 사고와 철저한 이성적인 해석 능력을 갖추고 주석과 해석을 했다. 둘째, 그는 누구에게나 불변하는 진리를 강조했으며 45분 혹은 더 길게 설교했다. 셋째, 그는 종교개혁자들과 같이 책별 연속 강해 설교했다. 조광현은 그의 설교형식에 대하여 말하길 "로이드 존스는 성경 한 권을 정해 차례로 설교하는 것을 설교사역의 중심으로 삼았다. 한 예로, 로마서 한 권을 1955년에서 1968년까지 무려 13년간 설교했다"[70]고 했다. 넷째, 그는 지성적인 설교사역과 더불어서 성령이 주도하는 설교사역을 강조했다. 그의 설교 신학의 핵심은 "불붙는 논리"(logic on fire)[71]로 대변된다. 설교에서 논리가 없으면 횡설수설하는 설교가 되고, 불이 없으면 건조한 설교가 되기에 지성과 영성, 로고스(logos)와 파토스(pathos)가 결합 된 설교를 강조했다. 다섯째, 로이드 존스의 설교를 연구해서 박사학위를 취득한 정근두는 로이드 존스의 설교의 세 가지 근본 원리에 대하여 "설교의 내용은 신학적이어야 하며, 설교의 형태는 강해적이어야 하며, 설교의 전달은 성령의 능력 아래에서 행해져야 한다"[72]고 언급했다.

---

70   조강현, 『질문과 함께 배우는 설교』 (서울: 복 있는 사람, 2022), 26-27.

71   Martyn Lloyd-Jones, *Preaching and Preachers*, 97.

72   정근두, 『로이드 존스의 설교론』, 284-85.

6. 강해 설교의 장·단점

　강해 설교의 장점으로는 첫째, 성언운반일념의 성경적 설교가 될 수 있다. 장두만은 강해 설교의 이점으로서 "강해 설교는 설교자에게는 신적(神的)인 권위를 부여하는 최상의 설교유형이다. 설교자가 청중과의 관계를 넘어서서 하나님 말씀에 대해 대언(代言)한다는 확신을 갖는다"[73]고 했다. 둘째, "교회에서 시험들 일이 있어도 오해의 소지가 없다."[74] 책별 연속 강해 설교를 하다 보면 설교자가 의도적으로 다루기 곤란한 문제뿐만 아니라, 목회 현장에서 발생할 수 있는 심각한 문제에 대하여 불필요한 오해를 일으켜서 큰 시험을 초래하지 않을 수 있다. 셋째, 깊이 있는 설교를 할 수 있다. 성숙한 설교자와 성숙된 신자를 만들어 갈 수 있다. 넷째, 설교 자료가 무궁무진하다. 신학교를 졸업하고서 개척이나 담임목회를 한다면 6개월에서 1년 정도 주제 설교를 한 후, 무엇을 설교해야 할지 설교 주제와 자료가 다 소진될 수 있다. 이때의 중압감과 피 말리는 심정은 누구도 이해할 수 없다. 그러나 연속 책별 강해 설교를 하면 설교 본문과 자료 때문에 걱정할 필요가 없다. 이미 설교 본문이 정해져 있기 때문이다.

　강해 설교가 이상적인 설교 형태이지만 치명적인 단점이 있다.

73　장두만, 『다시쓰는 강해설교 작성법』, 52.

74　장두만, 『다시쓰는 강해설교 작성법』, 55.

첫째, 현장성과 시사성을 간과할 수 있다. 설교란 '지금 여기'(here & now)에 사는 현대인에게 설교하는 것이다. 그런데 책별 강해 설교를 연속적으로 하다 보면 계절이나 사회적 큰 이슈에 대하여 무관심해질 수 있다. 둘째, 다양한 설교 주제를 전하는데 한계가 있다. 왜냐하면 본문의 주제만을 다루어야 하기 때문이다. 셋째, 책별 연속 강해가 너무 길어지면 지루함과 권태감을 줄 수 있다. 창세기 같은 경우는 일 년 이상을 강해해야 하기에 보통 인내심이 강한 청중이 아니고서는 지루함을 참을 수 없을 것이다. 그래서 강해 설교를 비판한 어느 설교자는 연속 강해 설교는 '사골 설교'라고 비판한다. 냉장고에 있는 소뼈를 끄집어내서 사골을 내기 위하여 두 번 세 번을 끓여야 하는 것과 같은 설교이기 때문이다. 그래서 매 주일 신선함과 기대감을 갖도록 하는데 부족할 수 있다. 넷째, 강해 설교를 잘못하면 성경 주석만 될 수 있고, 설교가 성경 공부와 같은 느낌을 줄 수 있으며, 통일성을 갖지 못하면 설교가 분산될 수 있다. 다섯째, 많은 시간을 설교 준비에 투자해야 한다. 한편의 설교 작성을 위해서는 최소한 10시간 이상을 투자해야 설교가 완성될 수 있다. 여섯째, 연속 강해 설교의 경우 교회력과 절기를 무시하는 경우들이 종종 발생할 수 있다. 예를 들어 부활절에 창세기 강해를 이어갈 수 있고, 성탄절에도 출애굽기 연속 강해를 하는 경우들이다.

7. 강해 설교 작성 방법[75]

서론-본문 접근(본문 배경)-주해(주석과 해석을 모두 칭한다) 1-적용 1-주해 2-적용 2-주해 3-적용 3-결론으로 작성할 수 있다.

8. 강해 설교 보완점

첫째, 초보 강해 설교자의 경우에는 부피가 작은 책부터 강해하도록 한다. 예를 들어 빌립보서(4장), 룻기(4장) 정도가 무난하다. 한 책을 강해할 때 3개월을 넘기지 않는 것이 지혜롭다. 현대인은 늘 새롭고 역동적인 주제를 기대하기 때문이다. 그리고 교회 절기에는 절기와 교회력에 맞추어서 설교하고 다시 연속 강해를 시작하도록 한다. 둘째, 책 한 권을 다 연속적으로 설교하기 너무 부담스러우면 어느 책의 중요한 한 부분만 설교하도록 한다. 예를 들어, 마태복음의 산상수훈(마 5-7장), 산상팔복(8주), 계시록의 7교회(7주), 믿음장(히 11장), 사랑장(고전 13장) 등이다.

셋째, "본문 요약 시리즈 설교"[76]이다. 성경 한 권의 뼈대를 중심으로 본문을 점프하면서 설교하는 방식이다. 예를 들어 로마서 전

---

75 필자의 강해 설교 모델을 참조.

76 시리즈 설교에 대하여 채경락, 『쉬운 설교』, 323-44. 채경락은 시리즈 설교 시 5-8주, 최대 12주를 넘지 않도록 주장한다.

체(1-16장)를 8편의 설교로, 마태복음(1-28장)을 12편의 설교로 축약해서 설교하는 방식이다. 연속 강해 설교를 할 경우 매우 세밀하게 설교하다 보면 나무는 보되 전체 숲을 보지 못하는 경우들이 종종 있다. 청중이 가슴에 품고 살아야 하는 것은 전체 숲이기 때문이다. 넷째, 본문 선택 강해 설교이다. 각 장에서 중심이 되는 단락 한 부분만 설교하고 다음 장으로 넘어가는 방식을 추천한다. 장두만은 다음과 같이 제안한다.

> 창세기를 강해하고 싶으면 처음부터 끝까지 연속 강해 하지 말고, 한 장에 한 본문만 하라. 예를 들어 창 1:26-28, 2:18-25, 3:12-19과 같이 매 주일 설교하고 몇 년 뒤에 다시 창세기를 설교한다. 그때에 다른 본문으로 설교하면 성도들에게 권태감을 주지 않고 성경 전체를 설교할 수 있다.[77]

다섯째, 강해 설교 시 지루하지 않도록 좋은 감성적 전달력과 성령의 감동 가운데 설교해야 '들리는 설교'가 될 수 있다. 여섯째, 다양한 설교 형태로 설교하면 지루한 감을 감소시킬 수 있다. 예를 들어 언제나 삼대지 주제설교로 일관하기보다 분석 설교, 상관 설교, 본문접맥식 설교, 이야기체 설교, 네 페이지 설교 형태 등으로 다양하게 설교하면 더욱 효과적으로 설교가 잘 전달될 수 있다.

---

77 장두만, 『다시 쓰는 강해설교 작성법』, 66.

일곱째, 요즈음 가장 인기 있는 설교 형태로 '시리즈 설교' 혹은 '테마별 설교'를 추천한다. 이 설교 형태는 큰 벽돌을 쌓아서 한쪽 벽면을 완성해 나가는 것처럼, 각 단편의 설교가 모아 져서 큰 그림의 설교를 만들어 나가는 설교 형태이다. 시리즈 설교의 장점은 미리 설교를 준비할 수 있고, 매주 다른 본문을 선택해야 하는 본문 선택의 부담이 덜하고, 한 주제를 깊이 다룰 수 있고, 시작과 끝이 분명함으로 기대감을 가지고 청중에게 매력적으로 잘 들리는 설교가 될 수 있다. 예를 들어 5월 가정의 달에 단 한 번의 설교로는 행복한 가정을 이루는데 부족하다. 그러므로 첫 주는 부부의 관계, 둘째 주는 부모와 자녀와의 관계, 셋째 주는 남편과 처가의 관계, 넷째 주는 아내와 시부모와의 관계 등에 대하여 네 주를 시리즈로 설교하면 행복한 가정의 문제를 깊이 취급할 수 있다. 단 설교자가 정한 주제가 본문을 지배하지 않도록 유의해야 성경적 설교가 될 수 있다.

본문 출 17:8-16 **제목** 여호와 닛시(Jehovah Nissi)

그 때에 아말렉이 와서 이스라엘과 르비딤에서 싸우니라 모세가 여호수아에게 이르되 우리를 위하여 사람들을 택하여 나가서 아말렉과 싸우라 내일 내가 하나님의 지팡이를 손에 잡고 산 꼭대기에 서리라 여호수아가 모세의 말대로 행하여 아말렉과 싸우고 모세와 아론과 훌은 산 꼭대기에 올라가서 모세가 손을 들면 이스라엘이 이기고 손을 내리면 아말렉이 이기더니 모세의 팔이 피곤하매 그들이 돌을 가져다가 모세의 아래에 놓아 그가 그 위에 앉게 하고 아론과 훌이 한 사람은 이쪽에서, 한 사람은 저쪽에서 모세의 손을 붙들어 올렸더니 그 손이 해가 지도록 내려오지 아니한지라 여호수아가 칼날로 아말렉과 그 백성을 쳐서 무찌르니라 여호와께서 모세에게 이르시되 이것을 책에 기록하여 기념하게 하고 여호수아의 귀에 외워 들리라 내가 아말렉을 없이하여 천하에서 기억도 못하게 하리라 모세가 제단을 쌓고 그 이름을 여호와 닛시라 하고 이르되 여호와께서 맹세하시기를 여호와가 아말렉과 더불어 대대로 싸우리라 하셨다 하였더라.

들어가는 말

언젠가 전 동아시아 대회 국제 축구대회가 우리나라에서 있었습니다. 그때 가장 하이라이트는 바로 '한·일전 축구대회'였습니다. 옛날부터 한·일전은 서로 밀릴 수 없는 경기가 아닙니까? 다른 나라에는 패배해도 일본에만은 질 수 없다는 감정이 있지 않습니까? 가깝고도 먼 나라, 일본과의 축구 경기는 숙명의 라이벌전이기에 서로 질 수 없는 경기였습니다. 이게 축구인가 할 정도로 살벌했습니다. 심한 태클이 난무하고, 마치 격투기를 보는 듯한 험악한 경기였습니다. 마치 22명의 선수가 그라운드에서 총칼만 없지, 격렬한 전쟁을 치르는 것 같았습니다. 그런데 이와 다른 전쟁이 오늘 본문에서 소개되고 있습니다.

본문 배경

성경은 일상의 평탄한 이야기만 기록된 책이 아닙니다. 전쟁 이야기들이 얼마나 많은지 모릅니다. 바로 본문의 말씀입니다. 이스라엘과 아말렉 족속과의 전쟁입니다. 아말렉 족속은 에서의 후손으로, 시나이반도 주변에 사는 이방 족속입니다. 그런데 오랜 세월 동안 이스라엘 민족을 괴롭혀왔습니다. 아말렉 족속은 하나님을 두려워하지도 않고, 이스라엘의 연약한 사람들을 종종 괴롭혔습니다 (신 25:18). 이번에도 이스라엘 백성들이 출애굽하여 시내산 근처를 통과하는 여정에 공격하고 진로방해를 하였습니다. 이때 르비딤에서 일어난 전쟁 이야기가 바로 오늘 본문의 말씀입니다.

주해 1

8절입니다. "그때 아말렉이 와서 이스라엘과 르비딤에서 싸우니라." 한글 성경만 보면 이스라엘과 아말렉이 서로 싸운 것으로 보여 지지만, 영어 성경은 "아말렉이 이스라엘을 공격했다"(The Amalekites came and attacked the Israelites)고 번역했습니다. 그래서 전쟁이 일어난 것입니다. 영적으로 아말렉은 세상과 사단을 상징합니다.

(적용 1)

세상에서는 수많은 전쟁이 있습니다. 교통전쟁, 입시전쟁, 경제전쟁, 인간관계 전쟁, 정치전쟁, 그리고 보이지 않지만 영적인 전쟁 등 많은 전쟁이 있습니다. 최근에 살과의 전쟁도 있습니다. 다이어트하는 분들을 보니 보통 고생하는 게 아닙니다. 우리는 인생을 살아가면서 수없이 많은 전쟁을 치르고 있지 않습니까? 그리고 아말렉이라는 세상에서 원수 마귀는 성도들의 심령을 황폐하게 합니다. 그리고 가정을 파괴시키고, 교회를 분열시키고, 국가를 혼란 속으로 몰아가는 경우가 얼마나 많은지 모릅니다. 그런데 본문에서는 이상한 전쟁을 치르고 있습니다.

주해 2

9-10절입니다. "모세가 여호수아에게 이르되 우리를 위하여 사람들을 택하여 나가서 아말렉과 싸우라 내일 내가 하나님의 지팡이를 손에 잡고 산꼭대기에 서리라 여호수아가 모세의 말대로 행

하여 아말렉과 싸우고 모세와 아론과 훌은 산꼭대기에 올라가서.”
모세는 충직하며 신임을 받는 젊은 보좌관 여호수아에게 전쟁의 작
전권과 지휘권을 맡깁니다. 즉 전방 야전 사령관입니다. 호전적이
고 막강한 군사력을 가진 아말렉에 비해, 이스라엘 백성들은 출애
굽 하여 갓 나온 상태였기 때문에 오합지졸입니다. 그래서 모세는
육체적, 정신적으로 강건한 장정들을 뽑아 전쟁에 나가 싸우라고
명령했습니다. 그리고 모세와 그의 형인 아론과 모세 누이의 남편
인 훌은 군사들의 승리를 위해서 영적 전선을 구축할 목적으로 산
꼭대기에 올라갔습니다.

(적용 2)

전쟁에서는 보병만 필요한 것이 아닙니다. 상륙작전을 할 때는
해병대와 해군의 군사력이 필요합니다. 적진의 진지와 요새의 초
토화를 위해서는 공군이 필요합니다. 모두 연합전선을 펼쳐야 전
쟁에서 승리할 수 있습니다. 가정에서도 가정의 화평을 위해서는
남편의 역할, 아내의 역할이 다릅니다. 교회도 마찬가지입니다. 원
수 마귀와 전쟁하는 교회는 은사를 중심으로 연합전선을 잘 펼쳐
야 합니다. 중보기도 잘하는 사람은 기도로, 전도 잘하는 사람은 전
도로, 주방 봉사 잘하는 사람은 봉사로, 운전 잘하는 사람은 운전
으로, 찬양 잘하는 사람은 찬양함으로, 각각의 은사에 따라 마음과
생각을 모아 연합전선을 구축해야 전쟁에서 승리할 수 있습니다.

그런데 아말렉과의 전투에서 이상한 작전이 펼쳐집니다. 11-12절입니다. "모세가 손을 들면 이스라엘이 이기고 손을 내리면 아말렉이 이기더니 모세의 팔이 피곤하매 그들이 돌을 가져다가 모세의 아래에 놓아 그가 그 위에 앉게 하고 아론과 훌이 한 사람은 이쪽에서, 한 사람은 저편에서 모세의 손을 붙들어 올렸더니 그 손이 해가 지도록 내려오지 아니한지라." 여호수아가 르비딤에서 아말렉과 전투를 벌이고 있습니다. 그런데 모세는 산꼭대기에 올라가서 손을 들고 있습니다. 그러면 전투에서 승리합니다. 그런데 80세 이상의 고령인 모세가 피곤해서 손이 저절로 내려오면 아말렉이 승리합니다. 이런 싸움이 지루하게 지속되자 아론과 훌이 양쪽에서 모세의 손을 붙들어 올립니다. 해가 지도록 계속 올리고 있어 계속 전투에서 승리하였다는 기사입니다. 그래서 모세는 하나님께 감사하여 기념 제단을 쌓고 그 이름을 '여호와 닛시', '여호와는 나의 깃발'이라고 명명했습니다. 깃발은 승리를 상징합니다. 15절입니다. "모세가 제단을 쌓고 그 이름을 여호와 닛시라 하고." 그래서 "여호와 닛시"(יהוה נסי), '승리케 하시는 하나님'을 말합니다.

그런데 오늘 본문 11절에서 "손을 들면", "손을 내리면"이 핵심입니다. "손을 들면"이란 히브리어로 '룸'(רום)이라는 단어입니다. 이는 하나님의 비합리적인 명령에 응하는 모세의 순종으로 해석할 수 있습니다. 또한 문법직으로 히필(Hiphil)동사를 사용하였습니다. 이는 내가 하는 것이 아니라, 하나님께서 하도록 도우시고 하게 하시는 것을 말합니다. 하나님이 모세로 하여금 기도하게 하시니 여호와 닛시, 승리케 하시는 하나님을 경험한 것입니다.

그러나 반대로 "손을 내리면"이란 '누아흐'(נוח)라는 단어인데, '쉬다', '멈추다'는 뜻으로 앞 뒤 문맥을 고려해볼 때 "기도를 쉬는 것"으로 해석할 수 있습니다. 오늘 본문에서 이런 공식이 성립됩니다. '여호수아는 일꾼의 손', '아론과 훌은 돕는 손', '모세는 기도의 손'입니다. 그런데 전쟁은 모세가 손을 올렸을 때 승리는 이미 결정 났습니다. 이 전쟁은 단순히 부대원들이 열심히 창으로 칼로 싸워서 이긴 싸움이 아니라, 기도의 손을 통하여 이긴 싸움입니다.

(적용 3)

울산에서 개척한 배** 사모의 간증입니다. 남편과 함께 30평 상가를 얻어 개척했습니다. 그런데 교회 바로 옆에 10평 정도의 이용원이 있었습니다. 그런데 이용원 사장이 예배를 방해하기 시작했습니다. 이용원 안에서 맨 처음에는 염불을 약하게 틀어 놓더니, 예배가 시작만 하면 염불을 크게 틀어 놓아서 설교를 들을 수조차 없게 되었습니다. 남편 목사는 수개월째 강대상에서 작정 기도를 시작했습니다. 식사 시간과 화장실 가는 시간 외에는 강대상에서 내려오지 않고 몇 개월 동안 강력한 기도를 했습니다. 그런데 사모가 추석이 되어서 시댁에 다녀왔는데 이용원 문이 닫혀 있었습니다. 그 이용원은 365일 늘 영업하던 곳이었습니다. 알고 보니 그 아저씨가 뇌졸중으로 병원에 입원하게 되었습니다. 결국에는 이용원의

폐업으로 더 이상 염불 소리도 듣지 않고 예배를 자유롭게 드릴 수 있게 되었습니다.

사랑하는 성도 여러분! 저와 여러분은 이 세상을 살아가면서 수없이 많은 삶의 전쟁을 가정에서, 직장에서, 믿음의 공동체 속에서 치렀고 오늘도 내일도 치르지 않겠습니까? 이때 필요한 것은 무엇보다도 '기도의 손'이 아닐까요? 이런 말이 있습니다. "나는 너무 바빠서 기도합니다." 너무 바쁘면 내 생각대로 내 맘대로 일을 할 수 있기에 바쁠 때 더 많은 기도가 필요하다는 말입니다. 삶의 전쟁의 승패는 이미 기도 시간에 결정됩니다. 내 힘으로 하면 열 달 걸릴 것을 하나님의 도움을 받으면 일 분이면 다 해결될 때가 있습니다. 왜냐하면 내 손은 조막손이지만 하나님은 큰 손이기 때문입니다. 그리고 전쟁의 승패는 '기도의 무릎'에 따라 달라집니다.

시중에 감동을 주는 책이 있습니다. 미국 하버드 대학교의 김명화 교수를 키운 주견자 어머니가 쓴 『엄마 마음 내려놓기』입니다. 부제로 '빵점 엄마의 맡기는 교육'입니다. 이런 내용입니다. "세상 한가운데서 아이들을 잘 키운다는 것은 전쟁과도 같다. 그러나 이제 그만 동동거리자. 하나님이 키우신다. 그래서 아이들을 갓난아이 때부터 예배를 삶의 중심으로 가르쳤다. 엄마가 할 일은 주님께 내 자녀를 맡겨드리고 자녀를 위하여 기도하면서 주안에서 엄마인 나 자신이 온전히 서는 것뿐이다." 그리고 이렇게 기도를 드립니다. "주님! 저는 할 수 없습니다. 저는 논이 없어서 세상 교육에는 빵점 엄마입니다. 주님의 손에 저희 아이들을 맡기오니 주님의 말씀과 지혜로 키워주옵소서!” 이런 자녀 교육으로 결국에는 빵점 엄마가 아니라, 하나님이 주신 100점 교육이었다는 것을 알게 되었다고 합니다. 딸을 미국 하버드대학교 교수로 키웠습니다. 무슨 말입니까? 내 노력도, 수고도 있어야 합니다. 그러나 하나님 앞에 엎드리는 시간이 많을수록 하나님이 일하신다는 사실입니다.

나가는 말

이런 말이 있습니다. “오랜 시간 엎드린 새가 높이 멀리 날아갈 수 있다.” 말을 바꾸면 “기도의 무릎이 강한 자가 큰일을 잘 할 수 있습니다.” 마귀는 우리에게 속삭입니다. “열심히 봉사해라 그러나 기도는 하지 말라, 열심히 충성해라 찬양해라, 성경보라 그러나 기도는 하지 말라”고 속삭입니다. 가나안농군학교의 고 김용기 장로(1908-1988)는 나라가 소용돌이 가운데 있을 때 이런 말을 했습니다. “조국이여 안심하라, 내가 기도하노라.” 말을 바꾸면 우리 가정을 위해서 이렇게 말해봅시다. “가족이여 안심하라, 내가 기도하노라”, “교회여 안심하라, 내가 기도하노라.”

사랑하는 성도 여러분! 기도하는데 승리한 사람은 모든 영역에서도 성공합니다. 그러나 기도에 패배한 사람은 모든 영역에서 실패합니다. 꼭 기억해 주시기를 바랍니다. 인생 모든 일의 성패는 결국 ‘모세 기도의 손’에 달려있습니다. 마찬가지로 내 주위의 모든 문제는 ‘나의 기도의 무릎’에 달려 있지 않은지요? 기도하면 태산 같은 문제라 할지라도, 문제가 좁쌀처럼 보입니다. 그러나 기도의 힘이 약하면 좁쌀만한 문제도 태산처럼 보이게 되어 있습니다. 이 험한 전쟁터 같은 세상을 살아가면서 기도의 무릎으로 여호와 닛시, 승리하시는 하나님을 경험하는 저와 여러분 되시길 기원합니다. 함께 찬양함으로 나아갑니다.

기도할 수 있는데 왜 걱정하십니까?

기도하면서 왜 염려하십니까?

주님 앞에 무릎 꿇고 간구해 보세요.

마음을 정결하게 뜻을 다하여

기도할 수 있는데 왜 걱정하십니까?

기도하면서 왜 염려하십니까?

V. 본문접맥식 주제 설교
(Textbezogene Themapredigt)

1. 설교 형태에 대한 이해

한국교회 강단에서 복음적인 설교의 중요한 두 가지 요소가 있다. 첫째, 설교가 성경적(Biblical) 이냐는 점이다. 파커(T. H. L. Parker)는 칼뱅의 설교에 대한 정의를 언급하고 있는 『하나님의 신탁』(*The Oracles of God*)에서 "설교란 하나님의 말씀이다. 성경을 주해하고 해석하기에 하나님의 말씀이다"[78]고 했다. 그래서 설교자는 칼뱅이 언급했듯이 "하나님의 대사"(ambassador of God)[79]이다. 그러므로 본문보다 설교자의 간증이나 세상 이야기로 경도된 설교나 '상황 설교'(life-situation preaching)를 성경적 설교라고 보기 어렵다. 또한 설

---

[78] T. H. L. Parker, *The Oracles of God: An Introduction to the Preaching of John Calvin* (Cambridge: James Clarke & Co. 2002), 50.

[79] T. H. L. Parker, *The Oracles of God*, 51. 이는 칼뱅이 고린도후서 5:20에 "그러므로 우리가 그리스도를 대신하여 사신(ambassador)이 되어"라는 구절에 근거한 것이다.

교자가 목회적 필요에 의하여 설교자의 사상이나 주장을 뒷받침하는 데 사용되는 증거자료(proof text)로서의 성경구절이 많다 하더라도 이를 성경적 설교로 말하기는 곤란하다.

이에 프린스턴 신학교의 설교학 교수였던 토마스 롱(Thomas G. Long)은 『증언하는 설교』(*The Witness of Preaching*)에서 "설교에서 성경 구절을 많이 인용했다는 것 때문에, 성경으로 시작해서 성경으로 마쳤다고 다 성경적 설교라고 볼 수 없다"[80]고 했다. 설교자가 자기주장을 강화할 목적으로 사용되는 본문을 성경적 설교라고 보기 어렵다는 뜻이다. 성경적 설교란 단순히 설교의 형태를 말하는 것이 아니라, '설교 철학'이다. 즉 성경 본문이 주인이 되어서 설교자의 사상과 생각을 지배하는 성언운반일념의 설교 철학이다.

둘째, 복음적 설교의 두 번째 요청은 '하나의 주제'(one topic 혹은 one point)를 가지고 처음부터 끝까지 설교해야 한다는 점이다. 그런데 "본문접맥식 주제 설교"[81]는 철저히 성경 본문과 함께 간다는 차원에서 성경적 설교이며, 원 포인트 식 형태를 가장 잘 충족시킬 수 있는 주제 설교 형태이다. 그리고 연역적 설교방식과 귀납적 설교 흐름이 융합된 실용적인 설교 형태이다.

---

80 Thomas G. Long, *The Witness of Preaching* 2nd ed. (Louisville, KY: Westminster/John Know Press, 2005), 52.

81 정인교, 『현대설교, 패턴으로 승부하라』 (서울: 청목출판사, 2005), 223-27.

2. 본 설교 형태의 장점

첫째, 연역적 설교나 삼대지 주제 설교가 개요를 일방적으로 주입하려 하고, 요점을 정리하며, 강의식으로 전달하고, 실천 방안이 없는데 비하여 본 설교 형태는 설교의 진행이 물 흐르듯 자연스럽다. 둘째, 설교가 처음부터 주제를 다 드러내어서 청중으로 하여금 설교가 식상하지 않도록 귀납적으로 진행함으로 이야기에 심취된 현대 청중의 취양에 적합하다. 특별히 영상 세대를 살아가는 젊은 이들이나 교회학교 세대들이 효과적으로 반응할 수 있는 설교 형태이다. 셋째, 처음부터 청중의 눈높이에 맞추어서 진행하지만, 세상의 지식으로 설교를 구성하는 것이 아니라, 성경 본문을 깊이 주석(what)하고, 본문에서 실천 방안(how)을 도출해 내기에 성경적 설교라는 인식을 청중이 갖게 된다. 넷째, 가장 중요한 장점으로는 구성이 쉽다는 점이다. 단 설교자의 논리적 사고와 설교 구성 능력이 치밀해야 한다는 숙제는 남아있다. 주의해야 할 것은 청중 삶의 문제에 대한 정확한 통찰이 먼저 필요하다.

3. 본문접맥식 주제 설교 준비단계와 작성원리

본분접맥식 수제 설교는 3가지 순비단계가 필요하다. 첫째, 청중 삶의 문제와 청중의 필요를 정확히 알아야 한다. 심방이나 성경 공부를 통해서 청중의 요구를 잘 살펴야 본문접맥식 설교를 할 수 있다. 둘째, 성경 본문의 깊이 있는 주석이다. 본문접맥식 설교에서 성경 저자의 의도를 잘 파악해서 깊이 있는 주석을 해야 성경적 설교가 될 수 있다. 셋째, 설교에 맞는 찬양으로 마무리한다. 지금은 포스트모더니즘 시대이기에 감성 터치가 매우 중요하다. 마무리 찬양이 감성 터치에 중요한 요소이다.

본문접맥식 주제 설교는 여느 설교와 마찬가지로 본문에 대한 깊이 있는 관찰과 주석적 작업(what)을 통하여 핵심 메시지와 주제를 추출한다. 연역적 방법을 사용할 경우 What- What's problem?-How로, 귀납법적으로 구성할 경우 What's problem? (문제 제기, 이는 서론과 다르며 좀 더 분량이 길다) - What(본문의 주석과 해석 특히 원어적 분석과 해석)-How(실천 방안을 본문 안에서 제시한다. 본문에서 찾을 수 없다면 성경 66권에서 가져온다. 이때 적절한 예화나 간증을 추가할 수 있다)로 구성한다. 후자를 적극적으로 추천한다.

본문 사 40:27-31　**제목** 피곤하십니까?

야곱아 어찌하여 네가 말하며 이스라엘아 네가 이르기를 내 길은 여호와께 숨겨졌으며 내 송사는 내 하나님에게서 벗어난다 하느냐 너는 알지 못하였느냐 듣지 못하였느냐 영원하신 하나님 여호와, 땅 끝까지 창조하신 이는 피곤하지 않으시며 곤비하지 않으시며 명철이 한이 없으시며 피곤한 자에게는 능력을 주시며 무능한 자에게는 힘을 더하시나니 소년이라도 피곤하며 곤비하며 장정이라도 넘어지며 쓰러지되 오직 여호와를 앙망하는 자는 새 힘을 얻으리니 독수리가 날개치며 올라감 같을 것이요 달음박질하여도 곤비하지 아니하겠고 걸어가도 피곤하지 아니하리로다.

What's problem?/문제 제기

언젠가 디도스(DDos) 바이러스가 우리나라 전역에 퍼졌습니다. 관공서와 학교 그리고 개인용 컴퓨터를 망가트리고, 하드디스크를 파괴 시킨다는 경보가 인터넷을 타고 널리 퍼졌습니다. 그래서 저도 백신을 받아서 설치하면서 한두 번 치료하였습니다. 그리고 이런 생각이 들었습니다. "설마! 내 컴퓨터야 문제가 있겠나?"하고는 안심했습니다. 그런데 웬일입니까? 컴퓨터 화면이 뜨지를 않았습니다. 여러 번 켰다가 끄기를 반복해도 전혀 나아지지를 않아서 걱정되었습니다. 컴퓨터 전문가에 문의했습니다. 그분이 말하길 디도스 바이러스 때문에 여러 대의 컴퓨터를 수리했다고 하면서 증상을 보고 이야기해 주겠다고 하고는 본체를 가져갔습니다. "설마가 사람 잡는다는 말이 있지 않습니까?" 모든 자료를 디도스 바이러스가 삼켜버렸습니다. 바람과 함께 모든 정보가 다 날아갔습니다. 정말 황당한 일이었습니다.

인생을 살다 보면 이런 일을 종종 겪게 됩니다. 개인뿐만 아니라 단체, 국가도 예외가 아닙니다. 언젠가 일본 열도를 통째로 삼켜버린 8.8도 강진과 10m 쓰나미의 위력을 기억하실 겁니다. 히로시마 원자폭탄의 5만 배 위력 앞에 달리는 열차가 탈선하기도 하고, 100여 명의 승객을 태운 여객선이 바닷속으로 침몰되고, 공항과 모든 열차를 완전 정지시켰고, 원자력 발전소를 붕괴시키고, 해안의 여느 도시는 실종되기도 했습니다. 2,000명 이상의 실종과 사상자를 낸 이 사건은 마치 할리우드의 재난영화를 보는 듯했습니다. 신문과 매스컴은 이렇게 대서특필하였습니다. 일본 침몰, 땅도 바다도 일어섰다, 모든 것이 무너졌다, 일본의 종말. 여느 분은 이렇게 이야기합니다. 이 모든 것은 태평양 지각판과 북미 지각판이 서로 충돌한 '지구의 피로현상', '자연의 피로현상'이라고 전문가들은 진단했습니다. 그런데 이런 피로현상이 자연뿐만 아니라 하나님의 형상을 입은 인간에게서도 쉽게 나타나 보입니다.

이게 무엇인지 아십니까? "오미자, 녹용보, 파워샷, 파워풀, 임팩

타민 파워." 모두 피로 회복제입니다. 이런 광고 보셨을 것입니다. "피곤! 일은 끊임없이 몰리고 시간은 턱없이 부족하고", "아휴! 피곤해 간 기능 피로제 우루사." 직장인들은 요사이 커피를 보통 2잔-5잔을 하루에 마신다고 합니다. 이유는 한결같이 "피곤해서요"라고 대답합니다. 커피가 몸을 빤짝 각성시키는 카페인이 들어있기 때문입니다. 육체적으로 항상 피곤한 분들에게 전문가들은 7가지 이유에 대하여 말하고 있습니다. 적은 물 섭취, 호르몬 이상, 비타민B 부족, 커피 과다 섭취, 인스턴트식품 과다 섭취, 운동 부족, 아침 식사 거르는 일등을 언급하고 있습니다.

그런데 인생을 사는 데 육체적인 피곤만 있는 것이 아닙니다. 인생 자체가 피곤하다고 하는 분들을 많이 보았습니다. 어느 분은 저에게 말하길 "사는 것이 너무 피곤해요. 그냥 빨리 일생을 마쳤으면 좋겠어요. 내가 목숨 끊으면 지옥 간다니까 그냥 빨리 인생이 마쳐졌으면 좋겠어요." 마음이 얼마나 아픈지 모릅니다. 피곤하다는 말은 인생을 살아가는 남녀노소 빈부귀천을 막론하고 현대인들이 가장 쉽게 내뱉는 말입니다. 개인만 피곤한 게 아닙니다. 가정에서 교회 공동체에서 그리고 요즈음 대한민국에서 살아가는 것이 너무 피곤하지 않습니까? 그런데 이렇게 인생을 피곤하게 사는 우리보다 더 힘들게 산 한 사람이 오늘 본문에 등장합니다. 바로 야곱입니다.

What/본문 주해

본문 27절에 다음과 같이 호명합니다. "야곱아." 야곱은 팥죽 한 그릇으로 형의 장자권을 샀고, 형에게 줄 축복권을 가로채고 야반 도주 한 사람입니다. 그리고 일생을 사기 치고, 도망 다니고, 쫓기는 인생을 산 장본인입니다. 황혼이 진 마지막에 이렇게 고백합니다. "내가 험악한 세월을 보내었노라." 정말 인생을 피곤하게 산 사람입니다. 그런데 야곱의 후손인 이스라엘 백성들도 마찬가지입니다. 이스라엘 백성들은 바벨론 포로 생활에서 오는 피곤함 때문에 아무것도 할 수 없을 정도의 무기력, 곤고함으로 가득 차 있었습니다. 그래서 이렇게 고백합니다. 30절입니다. "소년이라도 피곤하며 곤비하며 장정이라도 넘어지며 쓰러지되." 인생의 가장 왕성한 시기에 있는 소년일지라도 피곤해합니다. 그리고 피가 끓는 젊은이라도 자주 피곤해서 지쳐있습니다. 바로 이스라엘 백성들의 현주소를 말해주고 있는 것입니다. 그러면서 하나님이 어떤 분인지를 소개합니다. 28절입니다. "너는 알지 못하였느냐 듣지 못하였느냐 영원하신 하나님 여호와, 땅끝까지 창조하신 이는 피곤하지 않으시며 곤비하지 않으시며." 오늘 읽은 본문에서 '피곤'이라는 단어가 총 4번 등장합니다. 그리고 '곤비'라는 단어가 3회 나옵니다. 다 같은 말입니다. 총 7번 피곤하다는 단어가 등장합니다. 왜 그렇습니까? 인생을 사는 것이 피곤하기 때문입니다. 그러나 하나님은 어떤 분이십니까? "피곤하지 않으시며 곤비하지 않으시며." 하나님께서는 한순간이라도 피곤해하시거나 지치지 않으시는 '에너자이저'(energizer)입니다. 또한 29절에 하나님을 이렇게 소개하십니다. "피곤한 자에게는 능력을 주시며 무능한 자에게는 힘을 더하시나니.” 하나님은 피곤한 자에게 힘을 주시며 또한 약한 자에게 힘을 더하시는 분이십니다. 바벨론 포로 생활을 하면서 아무것도 할 수 없을 만큼 무기력하고 지친, 이스라엘 백성들에게 하나님은 강력한 힘이 되어주신다는 약속입니다.

우리는 인생길을 살아가면서 얼마나 많은 피곤한 문제들 속에 갇혀있습니까? 물질 문제로, 인간 관계로, 자녀 문제로, 건강 문제로, 진학 문제로, 그리고 신앙 문제로, 피곤한 나날을 보내고 있지 않으십니까? 그러면 힘들고 피곤한 인생길을 살아갈 때 어떻게 해야 하나님으로부터 새 힘을 받아서 살아갈 수 있을까요?

How/실천 방안

본문 31절입니다. “오직 여호와를 앙망하는 자는 새 힘을 얻으리니 독수리가 날개 치며 올라감 같을 것이요 달음박질하여도 곤비하지 아니하겠고 걸어가도 피곤하지 아니하리로다.” 예수님을 믿다 보면 시기별로 특성이 있습니다. 3단계입니다. 첫째는 ‘날아가는 시기’입니다. 이때는 첫사랑의 감격 가운데, 마치 구름에 붕붕 떠서 날아다니는 것처럼, 예배만 드려도 기쁘고, 찬송만 불러도, 성경만 읽어도 눈물이 나오는 시기입니다. 한 3년 정도입니다. 날아가는 시기입니다. 그런데 두 번째 단계는 ‘달려가는 시기’입니다. 하나님의 말씀을 통해서 다져지는 영적 도약기입니다. 어떤 면에서 날아가는 시기보다 속도는 떨어질 수 있습니다. 날아가는 시기보다 좀 더 기간이 깁니다. 세 번째 단계는 ‘걸어가는 시기’입니다. 이때는 영적 성숙기입니다. 보통 예수님을 10년 이상 믿다 보면 이 시기에 도달하게 됩니다. 박진감이 없어 보이지만 이 기간이 오랫동안 지속됩니다. 그런데 이 시기에 잘못하면 피곤함에 빠져버립니다. 타성에 젖습니다. 신앙이 습관화됩니다. 그래서 힘이 필요합니다.

찬송가(391장)에 이런 가사가 있습니다. "메마른 땅을 종일 걸어가도 나 피곤치 아니함은." 인생을 살다 보면 날아갈 때도 있지만 달려갈 때도 있습니다. 그러나 더 중요한 것은 꾸준하게 잘 걸어가야 합니다. 그런데 걸어가다 보면 피곤을 많이 느낍니다. 이때 힘을 받아야 합니다. 어떤 힘을 받으면 좋을까요? "오직 여호와를 앙망하는 자는 새 힘을 얻으리니 독수리가 날개 치며 올라감 같을 것이요." 독수리가 날개 치며 올라가는 새 힘을 받아야 합니다. 독수리는 '새 중의 제왕'입니다. 그래서 로마 군인들은 군대 깃발이나 무기에다가 독수리 그림을 새겨 넣은 것을 자랑스러워했습니다. 폭풍이 밀려오면 닭은 움츠러듭니다. 칠면조는 헛간 아래서 폭풍이 가까이 오지 않기를 바랍니다. 그러나 독수리는 자신의 둥지를 떠나서 폭풍을 정면으로 응시하며 폭풍의 바람을 타고 날개를 펴서 높은 곳으로 올라갑니다. 힘차게 바람을 이용하여 상공 5km까지 더 높이 올라가는 새입니다. 독수리를 보면 밀려오던 피곤이 한순간에 사라져 보이지 않습니까? 독수리와 같은 엄청난 힘을 공급받으시길 바랍니다. 그런데 누구에게 독수리 같은 새 힘을 주신다고 하십니까?

바로 "여호와를 앙망하는 자"입니다. '앙망'이라는 단어는 히브리어로 '카바'(קוה)라는 단어로 "비틀어서 하나로 함께 묶다"는 의미를 가지고 있습니다. 그만큼 사모하고 하나님께 집중하는 것을 '앙망'이라고 합니다. 하나님을 앙망하면 새 힘을 주신다고 하십니다. '새힘을 준다'는 '새롭게 한다', '재충전 한다'는 뜻이 있습니다. 핸드폰도 재충전해야 사용할 수 있음과 같이 하나님을 앙망함으로 인생을 재충전해서 새롭게 될 수 있다는 말씀입니다.

어느 목회자의 간증입니다. 그분은 주일 말씀 준비를 위해 토요일 저녁 11시 30분이나 12시 정도에 교회에서 퇴근합니다. 그리고 잠시 눈을 붙이고 주일 새벽기도를 인도하러 나옵니다. 그러면 몸이 다소 무겁습니다. 그리고 피곤합니다. 새벽기도 후에, 주일 오전 예배, 찬양 예배, 회의, 심방을 감당하려 하니 하루가 쉽지 않습니다. 그런데 잘 해내는 모습을 보았습니다. 체력이 좋아서가 아닙니다. 무언가 비결을 터득했습니다. 주일 새벽기도 후에 거의 1시간 정도 기도합니다. 교회를 위해, 성도를 위해, 나라를 위해 기도한 후 꼭 기도하는 제목이 있습니다. 바로 새 힘을 얻기 위한 기도입니다. "성령님! 제가 몹시 피곤합니다. 오늘 주일날 독수리가 날개 치며 올라감 같이 새 힘을 주시옵소서. 모든 피곤함은 제 몸 안에서 빠져나갈지어다. 영적 에너지를 충만히 공급하여 주시옵소서"하고 기도하면 어디서 나왔는지 힘이 솟구쳐 올라옵니다. 그리고 피곤이 싹 사라지고 넉넉히 주일을 감당할 수 있게 된다고 합니다. 무슨 말입니까? "영이 육을 지배하니 피곤이 사라진다"는 비결입니다. 맞습니다. 하나님께 집중하고 앙망하면 하나님께서는 독수리 날개 치며 올라감 같은 새 힘을 저와 여러분에게 주실 것입니다.

나가는 말

인생을 살아가는 것이 힘이 들고 늘 피곤합니다. 특히 걸어가는 단계에 속하신 분들은 더욱 피곤을 느낍니다. 어떤 경우는 매일 보는 남편과 아내 때문에 자식 때문에 피곤하고 어려움이 있을 수 있습니다. 또한 매일 직장에서 대면하는 직장 동료, 상사, 부하직원 때문에 피곤하고 힘이 들 때가 있습니다. 교회사역을 하느라, 학업을 연마하느라 피곤합니다. 그럼에도 불구하고 계속 잘 걸어가야 합니다. 나 혼자만의 힘으로는 불가능합니다. 하나님을 앙망함으로 하나님이 주시는 그 힘으로 걸어갈 수 있기를 바랍니다. 하나님을 사모하고 집중함으로, 앙망함으로 하나님이 주시는 독수리 같은 새 힘으로 인생길을 살아가실 수 있기를 기원합니다.

Ⅵ. 상관 설교
(Relevance Preaching)

올바르고 건강한 성경적 설교에 대하여 정의를 내린 토마스 롱은 『증언하는 설교』에서 설교에 대한 두 기둥에 대하여 언급하기를 "설교란 설교자가 본문과 씨름하면서 하나님의 음성을 들으면서 설교를 준비해야 한다. … 그리고 설교자는 신실한 공동체를 위하여, 세상을 위하여 나아가야 한다"[82]고 했다. 즉 건강한 성경적 설교란 성경 본문인 텍스트(text)에 대하여 정확하게 주석하고 해석하는 '성경적 충실성'과, 삶의 상황인 컨텍스트(context)에 구체적으로 적용하는 '상황적 적합성'이라는 두 양면을 지녀야 한다.

존 스타트(John Stott)는 『현대교회와 설교』(*Between Two Worlds*)에서 "설교란 다리 놓기(bridge-building)이다. 참된 설교란 성경의 세계와 현실 세계 사이에서 다리를 놓은 작업이다. 그리고 두 세계 사

---

82 Thomas G. Long, *The Witness of Preaching* 2nd ed. , 47-49.

이에 동등하게 접지되어야 한다"[83]고 언급했다. 올바른 성경적 설교란 하늘과 땅을 연결하는 신성한 소리로서, 성경의 세계에 대한 진리를 잘 석의하는 것뿐만 아니라, "현실 세계"[84]에 대하여 적절하게 적용을 잘하는 충실한 설교이다. 이에 가장 단순하면서 설교 현장에 상시 적용할 수 있는 설교 형태가 바로 "상관 설교"(relevance preaching)[85]이다. 과거에 기록된 성경 본문(then)을 설명해 주고, 현재(now)의 삶에 적용해 주는 설교라 하여 'Then-Now' 설교라고도 한다.

상관 설교는 성경의 세계와 현실의 세계를 균형 있게 말씀하는 설교 형태로서 새벽기도, 심방, 교회학교 설교 시 매우 간단하고 편리하게 설교할 수 있는 쉬운 설교 형태로 주목받고 있다. 구성은 첫째로 간단한 서론, 둘째로 Then(성경 본문의 내용), 셋째로 Now(지금 우리의 삶에 적용)로서 구성할 수 있다. 그러나 주의할 점이 있다. 상관 설교는 설교자가 쉽게 사용할 수 있는 설교 형태이지만 한글 성경만 가지고 간단하게 설명하여 영해(靈解)를 비롯한 잘못된 해석으로 나아가는 우를 범하면 안 된다. 성경 원어와 영어 성경을 비롯한 다른 한글 번역본들을 참고하여 깊이 있는 주석과 해석이 필수적임을 유의해야 한다.

---

83 John Stott, *Between Two Worlds*, 10.

84 사회 현안에 대한 설교 자료에 대하여 도움을 받고 싶다면 기독교윤리실천운동에서 주관하는 웹진인 '좋은 나무'를 이용할 수 있다.

85 relevance란 '관련성', '적절성'이라는 의미로서 relation(관계)과 유사어이다.

상관 설교 모델

본문 창 26:12-25 **제목** 절대 온유

이삭이 그 땅에서 농사하여 그 해에 백 배나 얻었고 여호와께서 복을 주시므로 그 사람이 창대하고 왕성하여 마침내 거부가 되어 양과 소가 떼를 이루고 종이 심히 많으므로 블레셋 사람이 그를 시기하여 그 아버지 아브라함 때에 그 아버지의 종들이 판 모든 우물을 막고 흙으로 메웠더라 아비멜렉이 이삭에게 이르되 네가 우리보다 크게 강성한즉 우리를 떠나라 이삭이 그곳을 떠나 그랄 골짜기에 장막을 치고 거기 거류하며 그 아버지 아브라함 때에 팠던 우물들을 다시 팠으니 이는 아브라함이 죽은 후에 블레셋 사람이 그 우물들을 메웠음이라 이삭이 그 우물들의 이름을 그의 아버지가 부르던 이름으로 불렀더라 이삭의 종들이 골짜기를 파서 샘 근원을 얻었더니 그랄 목자들이 이삭의 목자와 다투어 이르되 이 물은 우리의 것이라 하매 이삭이 그 다툼으로 말미암아 그 우물 이름을 에섹이라 하였으며 또 다른 우물을 팠더니 그들이 또 다투므로 그 이름을 싯나라 하였으며 이삭이 거기서 옮겨 다른 우물을 팠더니 그들이 다투지 아니하였으므로 그 이름을 르호봇이라 하여 이르되 이제는 여호와께서 우리를 위하여 넓게 하셨으니 이 땅에서 우리가 번성하리로다 하였더라 이삭이 거기서부터 브엘세바로 올라갔더니 그 밤에 여호와께서 그에

게 나타나 이르시되 나는 네 아버지 아브라함의 하나님이니 두려워하지 말라 내 종 아브라함을 위하여 내가 너와 함께 있어 네게 복을 주어 네 자손이 번성하게 하리라 하신지라 이삭이 그 곳에 제단을 쌓고, 여호와의 이름을 부르며 거기 장막을 쳤더니 이삭의 종들이 거기서도 우물을 팠더라.

들어가는 말

언젠가 저를 깜짝 놀라게 하는 이메일이 왔습니다. 바로 영국 구글(Google)에서 온 내용입니다. 내용인즉 "구글 회사에서 당신이 12명 중의 한 사람으로 복권에 당첨되어서 16억 6천만 원을 받게 되었고, 이제부터 구글의 홍보대사로 일하게 되었다. 그러므로 다른 사람에게는 이 비밀을 알리지 말고, 당신의 신상정보를 아래의 메일로 전송하기만 하면 됩니다. 다시 한번 축하드립니다." 그리고 구글 회장과 부회장의 친필 사인이 적혀 있었습니다. 제가 즉시 영국 구글 사이트에 들어가서 회장과 부회장의 이름을 검색해 보니 정확하게 맞았습니다. "어찌 이런 복이 나에게 오는가?" 제 눈을 의심했습니다. 혼자서 생각했습니다. 16억 6천만 원으로 먼저 무엇을 할까? 이걸 할까? 저걸 할까? 별의별 생각을 다 해 보았습니다. 그런데 아무래도 이상한 게 있었습니다. "나는 구글과 전혀 상관이 없는 사람인데, 어찌 나에게 이런 메일이 왔을까?" 컴퓨터를 잘 다루는 분에게 문의해 보았습니다. 그분이 알아보더니 "사기성 메일입니다.

다른 분들도 받은 적이 있데요. 당신의 정보를 빼내려고 하는 거예요." 그래서 저도 자세히 알아보니 그게 맞았습니다. 아니나 다를까 제가 곧바로 들어온 메일로 "이 메일이 진정성이 있느냐?" 회신했는데 전송 실패가 되었습니다. 그리고 곧바로 회개했습니다. "공짜에 내가 혹했습니다. 주님! 죄송합니다." 사랑하는 성도 여러분! 이 세상에 공짜는 없습니다. 다 대가(代價)를 지불해야 합니다. 살아가는 모든 일이 그렇습니다. 인간관계도 마찬가지입니다. 아름답고 신앙적인 인간관계를 원하십니까? 공짜점심은 없습니다. 다 정당한 대가를 지불해야 주님 보시기에 아름다운 인간관계를 할 수 있습니다. 오늘 본문의 말씀입니다.

Then/본문주해

오늘 본문은 이삭에 관한 기사입니다. 이삭은 아브라함이 100세에 낳은 아들입니다. 이삭의 이야기는 창세기 24장에서 26장 사이에 기록되어 있습니다. 성경에 기록된 분량으로는 아버지 아브라함이나 아들 야곱이나 손자 요셉에 비하여 짧은 내용입니다. 그러나 그에 관한 기록을 깊이 묵상하면 이삭은 아버지 아브라함이나 아들과 손자에 못지않게 대단한 믿음의 사람이었음을 알게 됩니다. 창세기 26장에서는 이삭이 우물 파는 이야기가 나옵니다. 이삭의 일생은 우물 파는 삶을 살았던 것 같습니다. 창세기 26장에 나오는 우물만도 6개나 됩니다. 먼저 26장에서 이삭이 농사를 지을 때 하나님께서 그에게 복을 주셔서 창대하고 왕성하게 되어 마침

내 거부가 되었습니다. 이삭이 그렇게 성공하게 되자 주위의 사람들이 그를 시기하여 해치려 했습니다. 14절입니다. "블레셋 사람이 그를 시기하여." 그래서 아브라함 때 종들이 판 우물들을 막고 흙으로 메웠습니다(15절). 그리고 그의 가족들과 가축들이 먹는 우물을 메우고는 떠났습니다.

중동지방을 사는 유목민들에게서 우물은 생존의 조건입니다. 건조하고 비가 적기 때문에 우물이 갖는 비중은 그만큼 컸습니다. 또한 우물은 번성의 필수조건입니다. 한 가정, 한 부족이 사느냐 죽느냐를 결정지을 만큼 중요합니다. 물이 귀한 곳인지라 우물이 없으면 죽게 됩니다. 그렇게 중요한 우물을 메워버리곤 떠나라고 핍박하니 얼마나 황당합니까? 고대사회에서 이처럼 중요한 우물을 막고 메우는 것은 전쟁을 선포하는 것과 다름이 없습니다. 물론 토착민인 불레셋 사람들의 텃세가 있습니다만 이건 너무 한 것 아닙니까? 이런 부당한 일을 당하고도 이삭은 아무런 항변 없이 조용히 떠났습니다. 감정적으로 화도 낼 수 있을 것이고, 아니면 뇌물로 문제를 해결할 수도 있을 터인데, 그랄이라는 다른 지역으로 가서 장막을 치고 거주하면서 또 우물을 팠습니다. 그때 샘 근원을 찾았습니다. 영어 성경에는 '신선한 물'(fresh water)이 나왔다고 기록하고 있습니다.

그런데 또 문제가 발생했습니다. 20절입니다. "그랄 목자들이 이삭의 목자와 다투어 이르되 이 물은 우리의 것이라 하매 이삭이 그 다툼으로 말미암아 그 우물 이름을 에섹이라 하였으며", '에섹'이란 '다툼'을 뜻하는 단어입니다. 이삭은 그 우물의 이름을 에섹 즉 다툼이라 말하며 그들에게 우물을 또 양보하게 됩니다. 전에도 양보했는데 또다시 떠나라고 할 때 상대방에게 어떻게 대해야 합니까? 그런데 무상으로 그들에게 또 우물을 넘겨주었습니다. 그리고 이삭은 또 우물을 찾아 땅을 파기 시작했습니다. 그리고 물을 발견하게 되었습니다. 하지만 얼마 지나지 않아 또 다툼이 일어났습니다. 이번에도 이삭은 '싯나'(대적함, 21절)라는 우물의 이름을 명명하고 그들에게 또 양보 합니다. 그리고 또 우물을 팠습니다. 그런데 이제는 우물 때문에 다투지 않아서 '르호봇'(장소가 넓음)이라는 이름을 지어서 우물을 가지게 되었습니다. 이삭은 가나안 토착 세력에게 우물을 세 번이나 빼앗기는 부조리한 압제를 당하면서 살아갔습니다. 떠나라 하면 떠나고, 우물을 메우면 또 다른 지역에 가서 우물을 파고, 이런 일을 반복했습니다. 바보이기에 그랬을까요? 이삭은 감정이 없어서일까요? 아닙니다. 하나님이 이삭을 붙잡고 계시다는 것을 알고 있었기에 사람들과의 관계에서 초연한 자세로 나아간 것입니다. 그 방법의 원칙이 무엇이었습니까? '절대 온유'입니다.

악을 악으로 갚지 않고, 절대 싸우지 않고 '절대 온유'로 문제를 해결했습니다. 이때 하나님께서 이삭에게 나타나셨습니다. 그리고 말씀하셨습니다. 24절입니다. "그 밤에 여호와께서 그에게 나타나 이르시되 나는 네 아버지 아브라함의 하나님이니 두려워하지 말라. 내 종 아브라함을 위하여 내가 너와 함께 있어 네게 복을 주어 네 자손이 번성하게 하리라 하신지라." 우물 문제로 세 차례나 거처를 옮긴 이삭을 향한 하나님의 위로 말씀입니다. 이삭은 지금 심신이 지쳐있었을 것입니다. 이때 하나님께서 들려주신 이 음성은 이삭에게 얼마나 큰 위로가 되었을까요?

뿐만 아닙니다. 하나님께서 준비하신 더 크고 좋은 우물을 선사받았습니다. 그리고 이삭의 원수들로부터 하나님의 사람으로 인정받기에 이릅니다. 28-29절입니다. "그들이 이르되 여호와께서 너와 함께 계심을 우리가 분명히 보았으므로 … 이제 너는 여호와께 복을 받은 자니라." 이는 인간 승리요, 신앙인의 승리요. 인간관계의 승리입니다. 무엇을 통해서입니까? '절대 온유'를 통해서입니다. "우물을 팠더라"를 다른 말로 하면 '절대 온유'입니다. 온유한 인간관계로 승리를 한 현대판 이삭을 소개해 드리겠습니다.

Now/적용

미국에 브라이언(Bryan)이라는 성도가 있었습니다. 어느 주일예배 시에 목사님의 설교가 마치자 이 브라이언은 다급하게 목양실로 찾아왔습니다. "목사님! 저는 보험회사 간부입니다. 부사장 0순위입니다. 주위의 동료들도 이런 사실을 다 알고 있습니다. 그런데 다른 사람이 부사장으로 승진했습니다. 이유는 그는 백인이고 저는 흑인이라는 이유 때문입니다. 저는 이번 주에 법적 절차를 밟을 것입니다. 그러나 오늘 "악을 악으로 갚지 말고 도리어 복을 빌라"(벧전 3:9)는 목사님의 설교 말씀 때문에 다 망쳐버렸습니다"

목사님이 말씀하셨습니다. "하나님의 방식대로 하시겠습니까? 당신 맘대로 하시겠습니까?", "물론 그리스도인이니까 하나님의 방식대로 하겠습니다." 그리고 브라이언은 마음속에 분노가 있었지만 출근하여서 마음을 가라앉히고 부사장실로 들어갔습니다. "부사장님! 승진을 진심으로 축하드립니다. 저는 부사장님의 충직한 직원이 되겠습니다"하고는 열심히 성실하게 낮은 자세로 일을 했습니다. 그러나 여전히 마음속에는 분노가 가시질 않았습니다. 그런데 다른 경쟁 보험회사에서 스카우트 제의가 들어왔습니다. 이 사실을 목사님과 상의했습니다. 그러자 목사님이 이런 말씀을 해주셨습니다. "지금은 다른 회사로 가지 마세요. 그렇게 하면 당신이 화가 나서 나간 것으로 오해받을 수 있습니다. 마음이 풀리고 더 섬기는 자세로 이 회사에서 일하십시오." 그래서 브라이언은 열심히 자기 일을 잘 감당하였습니다. 그런데 1년이 지난 어느 날 또 다른 경쟁 회사에서 전화가 걸려 왔고, 그리고 담당자와 함께 식사 했습니다. "당신이 회사에서 억울한 가운데 어떻게 처신하고 있었는지 우리는 잘 알고 있습니다. 그리고 고객들을 대하는 자세나 태도에 우리는 감동하고 있습니다. 당신을 스카우트하고 싶습니다." 그러면서 파격적인 제안을 했습니다. "연봉 액수는 부인과 상의해서 마음대로 정하세요." 그래서 그는 지금 받는 연봉의 두 배 정도만 하면 되지? 하고는 아내와 기도하면서 "주님! 어떻게 할까요?"하고 망설이고 있는데 주님께서 마음에 음성을 들려주시더랍니다. "내 사랑하는 아들아! 네 온유함이 내게 상달되었느니라. 가거라"하더랍니다. 그리고 다시 담당자를 만났습니다. 상대방이 이렇게 말했습니다. "당신이 연봉을 제시하기 전에 우리가 먼저 정하겠습니다. 당신이 현재 받는 연봉의 4배를 드리겠습니다." 놀라운 일입니다. 온유함으로 승리하고 복받은 사람입니다.

나가는 말

사랑하는 성도 여러분! 인생을 살아간다는 것은, 인간이라는 씨줄과 관계라는 날줄을 엮어서 살아가는 인간관계입니다. 그러나 두 사람 이상이 만나면 긴장과 갈등이 생기게 마련입니다. 오늘 하루도 이 한 주간도 이러한 긴장과 어려움 속에서 가정, 직장, 사업장과 믿음의 공동체에서 살게 될 것입니다. 불행한 사람은 이긴 것 같은데 마지막에 지는 사람입니다. 그러나 행복한 사람은 온유함 때문에 손해 보는 것 같은데 마지막에 웃는 자입니다. 이삭의 절대 온유한 인간관계 모습이 우리를 승리의 삶, 행복한 삶으로 만들어줄 것입니다. 이러한 축복이 우리 모두에게 있기를 기원합니다.

Ⅶ. 양극구조 설교
(Bipolar Preaching)

다원화된 사회에서 살고 있는 현대인들은 진리나 사실에 대하여 분석하는 자세가 단선적(單線的)이지 않고 복합적이다. 정보와 사실에 대하여 한쪽의 주장보다는 반대편의 주장 모두를 청취하고 자신이 결론을 내리고 싶어 한다. 영화나 드라마도 마찬가지이다. 주인공이 있으면 반드시 반대되는 역할을 하는 악역 배우가 있다. 그래야만 진행과 구성이 더 흥미진진하기 때문이다.

이런 점에서 설교도 양극구조(bipolar structure)로 전개한다면, 설교가 매우 효과적으로 전달이 될 수 있다. 양극구조 설교(Bipolar Preaching)에서 bipolar란 '양극에 있는', '정반대의'란 뜻이다. 이 설교 패턴의 창시자는 19세기 영국의 설교자인 로버트슨(F. W. Robertson)이다. 그는 주장하기를 "진리란 양극단 사이에서 변증법적으로 나온다. 한 본문 혹은 다른 본문을 가지고 설교하면 비교 혹은 대조기 되는 아이디어들이 나온다. 이런 방식의 설교는 다른 관점(different points of view)과 비평적 사고(critical thinking)를 하는 데 도움이 된다"[86]고 했다.

양극구조 설교는 단일한 본문, 혹은 각기 다른 본문들을 성경에서 선택해서 두 가지 사안을 대비시켜서 마지막에는 조화를 이루는 방식이다. 예를 들어 가인과 아벨, 오르바와 룻, 홉니와 비느하스 대 사무엘, 사울과 다윗, 유다와 베드로 등이다. 설교를 구성하는 방법은 다음과 같다. 첫째, 하나 혹은 두 개의 본문을 선택할 수 있다. 두 개 본문 선택 시에는 대립적인 본문을 선택한다. 둘째, 추출된 성경의 내용을 대조 및 병렬로 배열한다. 셋째, 첫 번째 관점(부정적 시도)-두 번째 관점(긍정적 시도)-조화의 시도(key point)로서 조화의 시도는 이 설교에서 가장 사활이 걸린 부분이다. 극단적인 두 가치가 어떻게 조화되고 실천될 수 있는지를 설득력 있게 펼쳐 보여야 한다.[87]

이 설교 형태의 장점은 다원화된 포스트모던 사회에서 호소력 있게 청중에게 쉽게 다가갈 수 있는 설교 형태이다. 그러나 유의할 점으로 모든 성경 본문이 다 양극구조 설교를 할 수 있는 것은 아니다. 그리고 설교자의 주관에 따라서 매우 주관적으로 견강부회(牽强附會)식으로 조화의 시도를 재단하려 한다면 매우 위험할 수 있다. 그럼에도 불구하고 다원화된 현대사회에서 현대 청중에게 잘 스며들 수 있는 설교 형태임은 틀림없다.

---

86   Ronald J. Allen ed., *Patterns of Preaching: A Sermon Sampler* (St. Louis, MO: Chalice Press, 1998), 49-50.

87   더 자세한 양극설교 작성원리는 정인교, 『현대설교, 패턴으로 승부하라!』, 198-99.

양극구조 설교 모델

본문 삼하 3:1, 5:10　**제목** 형통의 비결

사울의 집과 다윗의 집 사이에 전쟁이 오래매 다윗은 점점 강하여 가고 사울의 집은 점점 약하여 가니라(삼하 3:1) 만군의 하나님 여호와께서 함께 계시니 다윗이 점점 강성하여 가니라(삼하 5:10).

들어가는 말

언젠가 설렁탕 음식점에 간 적이 있었습니다. 늘 그 음식점은 손님들이 북적거렸습니다. 주인에게 이런 질문을 드렸습니다. "어떻게 이처럼 손님들이 많습니까? 7년 전이나 지금이나 변함없이 음식점이 잘 되는 비결이 무엇입니까?"라고 묻자 주인이 씩 웃으면서 "손님들이 맛있게 먹어주니까 그렇죠?" 제가 다시 한번 물어보았습니다. "아니 구체적으로 한번 말씀해주세요?"라고 말하니 이런 이야기를 들려주었습니다. "다 말씀드릴 수는 없고요. 단지 몇 가지만 말씀드리면 우리 식당은 최고의 한우를 사용합니다. 최고의 물, 최고의 정성을 들여서 설렁탕을 만듭니다. '처음처럼'이란 모토를 가지고 있습니다." 저는 혼자 생각을 했습니다. "이 음식점이 잘 되는 비결이 있구나." 많은 사람은 인생을 살아가면서 성공과 번창을 원합니다. 즉 형통을 원합니다.

형통(亨通)이란 무엇입니까? 뭔가 잘 통하는 것입니다. 국어사전적 의미의 형통이란 "모든 일이 뜻과 같이 잘 되어가는 감"[88]입니다. 그래서 영어적 표현으로는 '잘 되어간다'(go well)라고 합니다. 즉 "잘 가는 것, 잘 나아가는 것"을 말합니다. 오늘 본문은 불통한 사람과 형통한 사람의 모델을 보여주고 있습니다. 사울 왕과 다윗의 삶 가운데서 극한 대조를 보여주고 있습니다.

첫 번째 관점-부정적인 예

오늘 읽은 본문은 안되는 집과 잘되는 집을 대조시켰습니다. 잘되는 집안은 무슨 비결이 있는지? 또한 잘 안되는 집은 무슨 원인이 있는지? 말씀의 여행을 통해 상고하도록 하겠습니다. 본문 사무엘하 3장 1절입니다. "사울의 집과 다윗의 집 사이에 전쟁이 오래매 다윗은 점점 강하여 가고 사울의 집은 점점 약하여 가니라." 사울의 집과 다윗의 집 사이에 깊은 긴장 관계가 있음을 명시하고 있습니다. 삶을 살아간다는 것은 어차피 긴장과 갈등의 상황을 유발하기 마련입니다.

사울은 다윗과 같이 이스라엘 왕으로서 똑같이 40년을 통치했습니다. 그러나 사울 왕과 다윗은 큰 차이가 있습니다. 사울 왕은 아주 유수한 가문 출신입니다. 그리고 맨 처음에는 겸손하였습니다. 그러나 날이 가면 갈수록 하나님을 거역하였습니다. 한 예로 아말

---

88   국어국문학회, 『새로 나온 국어대사전』, 2765.

렉과 전쟁에서 승리한 후 모든 소유물을 진멸하라는 하나님의 명령이 있었습니다. 그러나 사울 왕은 값비싼 것은 취하고, 가치 없는 것들은 진멸하였습니다. 그리고 종종 하나님의 말씀을 무시했습니다. 급기야는 하나님께서 사무엘에게 말씀합니다. "왕이 여호와의 말씀을 버렸으므로 여호와께서도 왕을 버려 왕이 되지 못하게 하셨나이다"(삼상 15:23). 결국에는 하나님께서 사울 왕을 떠났습니다. 그래서 멸망의 길로 들어서게 되었습니다.

두 번째 관점-긍정적인 예

그런데 사울의 가문은 몰락의 조짐이 보이는데, 대조적으로 다윗의 가문은 점점 번성해 나아가고 있었습니다. 무슨 이유 때문입니까? 성경은 증언하고 있습니다. 사무엘하 8장 6절 하반 절입니다. "다윗이 어디를 가든지 여호와께서 이기게 하시니라." 사무엘하 8장 14절입니다. "다윗이 어디로 가든지 여호와께서 이기게 하셨더라." 다윗은 목동으로, 군인으로, 왕으로, 음악가로, 시인으로 살아가면서 이스라엘 모든 왕들의 표준이 되고, 모델이 되는 왕이었습니다. 다윗에 대하여 구약성경에서는 600번, 신약에서는 60번 정도 언급을 하고 있습니다. 예수님을 제외하고는 가장 많은 지면을 할애하고 있는 믿음의 인물입니다. 그래서 지금도 이스라엘 백성들은 '다윗의 후예'가 된 것을 자랑스럽게 생각하고 있습니다. 예수님도 나윗의 족보에서, 다윗의 후손으로 탄생하셨고, 수님 당시에 많은 사람들이 "다윗의 자손 예수여 나를 불쌍히 여기소서" 하면서 일컬었습니다. 정말 다윗은 형통의 삶을 살았습니다.

조화의 시도-Key Point

그런데 문제는 다윗의 가문은 점점 번성해 나가지만, 사울의 가문은 대조적으로 몰락의 조짐이 보였습니다. 무슨 차이점이 있었습니까? "하나님이 함께하시냐? 함께 하시지 않느냐?"의 차이입니다. 사무엘하 5장 10절 "만군의 하나님 여호와께서 함께 계시니 다윗이 점점 강성하여 가니라." 이 부분에서 사울과 다윗은 큰 대조를 보입니다. 하나님이 다윗과 늘 함께하셨습니다. 그리고 다윗은 하나님이 함께하시도록 하나님 중심의 삶을 실천했습니다.

사울은 다윗이 점점 인기를 얻자 시기와 질투심에 빠졌습니다. 여자의 시기에 대하여 "오뉴월에도 서리가 내린다"고 하지 않습니까? 그러나 남자의 시기는 더욱 무섭습니다. 왜냐하면 권력과 명예가 걸려있기 때문입니다. 그래서 사울 왕은 몇 차례나 다윗을 살해하려고 시도했습니다. 그런데 다윗은 사울 왕과 달랐습니다. 사울 왕을 죽일 기회가 여러 번 있었지만 절대로 죽이지 않았습니다. 그 이유는 사울 왕이 실수하였지만 "하나님으로부터 기름 부음 받은 자"라는 생각을 하였기 때문입니다. 이런 행동을 하나님께서 기뻐하지 않으셨을까요? 다윗은 하나님께 속한 사람을 함부로 대하지 않았습니다. 이유는 무엇 때문입니까? 하나님이 자신과 함께함을 알기에 함부로 행동하지 않은 것입니다.

인생을 살아가면서 형통의 중요한 요소는 하나님이 내 인생에 함께하시느냐? 아니면 하나님이 나를 떠났느냐? 입니다. 이것이 성공과 실패의 분수령입니다. 형통과 불통의 기준점입니다. 우리가 우리 인생의 삶 속에서, 가정에서 직장과 사업장에서, 학업의 장에서 열심히 노력하고 수고해야 합니다. 그러나 이것보다 더 중요한 것은 "하나님이 나와 함께 하느냐?"입니다. 정말 하나님이 나와 함께 하지 않으면 우리의 수고, 노력과 고생이 아무 소용이 없습니다. 시편 127편 1-2절 말씀입니다. "여호와께서 집을 세우지 아니하시면 세우는 자의 수고가 헛되며 여호와께서 성을 지키지 아니하시면 파수꾼의 경성함이 허사로다." 형통의 삶을 살기 원하십니까? 그러면 하나님이 함께하시는 삶이 관건입니다.

어느 할아버지가 계셨습니다. 그런데 아들이 죽고, 부인도 죽어서 살아갈 소망이 없었습니다. 그래서 자기도 죽어야겠다고 생각했습니다. 그런데 어느 날 저 멀리서 찬송 소리가 들려왔습니다. 가까이 가 보니 "너 근심 걱정 말아라 주 너를 지키리 주 날개 밑에 거하라 주 너를 지키리 주 너를 지키리 아무 때나 어디서나 주 너를 지키리 늘 지켜 주시리"라는 찬송 소리에 큰 위로가 되었습니다. 그때 자기 목숨을 마음대로 하려고 한 것을 회개하고 예수님을 구주로 믿고 힘을 얻어 신앙생활을 하기 시작했습니다. 그런데 살아갈 용기가 나지 않았습니다. 왜냐하면 돈이 없었습니다. 겨우 실업 연금 105불(14만 원) 정도 받아서 생활했기 때문입니다. 그래서 하나님께 기도했습니다. "하나님 저와 함께 해주세요. 저와 동업해 주세요. 저를 도와주세요." 기도하는 가운데 닭고기 요리가 생각났습니다. 그 당시 돼지고기나 소고기는 비쌌습니다. 그러나 닭고기는 가난한 사람들이 먹는 고기였습니다. 그래서 '목사 고기'라는 별명이 붙었습니다.

기도하면서 요리해서 바비큐도 만들고, 닭튀김도 요리해서 그 요리법을 가지고 이 사업장, 저 사업장 뛰어다녔지만 거절당했습니다. 1,008번을 거절당하고, 1,009번째 허락을 받아서 만든 사업장이 바로 KFC 1호점입니다. 그 사람이 바로 KFC의 커넬 샌더슨 할아버지입니다. 이 샌더슨 할아버지의 기도와 같이 "하나님 저와 함께 해주세요! 저의 동업자가 되어주세요"의 기도가 우리에게 필요하지 않겠습니까? 사업만 그렇습니까? 내 인생에도, 내 가정에도, 내 직장에도, 우리 믿음의 공동체에도, 혼란스러운 대한민국에도 "하나님이 함께 해주세요." 기도하심으로, 또한 하나님이 함께하심을 내 삶 속에서 경험하시면서 우리 모두 형통한 삶을 사시길 바랍니다.

Ⅷ. 이야기체 설교
(Narrative Preaching)

어느 IT기업의 종사자가 말하길 "저도 IT의 급속한 발전에 현기증이 날 정도입니다"라고 했다. 이는 현대 사회와 문화가 급속도로 급물살을 타면서 시시각각으로 빠르게 변화하고 있다는 증거이다. 특히 팬데믹(pandemic) 이후 가공할 만한 속도로 이 세상의 문화와 기술을 비롯한 모든 분야에서 변화가 진행되고 있다. 설교학도 예외는 아니다. 즉 '설교학적인 순환'이 일어나고 있다. '전통적인 설교학'과는 다른 차원의 설교학 운동이 전개되고, 새로운 설교 형태가 소개되었는데, 이를 '새로운 설교학 운동'이라고 한다.

1. 설교학적 순환(homiletic circle)

순환(循環)이란 용어의 사전적인 정의는 "끊임없이 되풀이하여 주기적으로 돎"[89]이다. 그러나 이는 해석학(解析學, hermeneutics)에서 주로 사용되는 학문적인 용어이다. '해석학적 순환'(hermeneutical circle)이란 텍스트와 독자(reader)간에 상호작용을 하며 계속적으로 순환의 과정을 거친다는 것을 의미한다.[90] 이에 리차드 젠센(Richard A. Jensen)은 『이야기를 말하다』(*Telling the Story*)에서 "해석학은 설교학에 근본적인 영향을 미친다"[91]라고 주장했다. 설교의 순환에 대하여 클라이드 팬트(Clyde E. Fant)는 말하길 "기독교 이천년 역사에서 설교는 일정한 순환의 과정을 거쳐왔다. 탐색(search), 발견(discovery), 최고의 상태(excitement), 관례(routinization), 권태(boredom), 환멸(disillusionment), 그리고 다시 탐색하는 것으로 설교가 순환 되었다"[92]라고 언급했다. 설교학에서는 설교의 내용 자체에 초점을 맞춘 시기가 있었고, 설교의 형식을 강조한 시기가 있었다. 또한 텍스트에 강조점을 둔 시기가 있었고, 상황(context)에 치중한 시기도 있었다. 설교학적인 관점에서 역사상 가장 큰 설교학의 패러다임 순환은 전통적인 설교학에서 새로운 설교학 운동으로의 변화일 것이다.

---

89 국어국문학회, 『새로 나온 국어대사전』, 1519.

90 Richard E. Palmer, *Hermeneutics: Interpretation Theory in Schleiermacher, Dilthey, Heidegger, and Gadamer* (Evanston, IL: Northwestern University Press, 1969), 12, 17, 34-35.

91 Richard A. Jensen, *Telling the Story: Variety and Imagination in Preaching* (Minneapolis, MN: Augsburg Publishing House, 1980), 26-27.

92 Clyde E. Fant, *Preaching for Today* (New York, NY: Harper & Row Publishers, 1977), 10-11.

2. 전통적인 설교학(the Old Homiletic)[93]

연합신학교(United Theological Seminary) 예배 설교학 교수인 리
차드 에스링거(Richard L. Eslinger)는 전통적인 설교학에 대하여
"전통적인 설교학은 주제적(topical), 개념적(conceptual) 접근과 명
제(proposition), 예화(illustration)중심의 설교 패러다임이다"[94]라고 서
술했다. 또한 설교학자 김운용은『설교의 새로운 패러다임』에서 전
통적인 설교의 특징에 대하여 다음과 같이 언급했다.

> 전통적인 설교학은 몇 가지 특징이 있다. 첫째, 가장 오래된 설
> 교 방법으로 설교학적 수사학인 어거스틴의『기독교 교리에
> 관하여』(*On Christian Doctrine*) 4부를 근거로 하여 1,500년(더
> 정확하게는 계몽주의 이래 300년간)을 지배하여 온 교육적이고
> 논리적인 설교형식이다. 둘째, 스콜라주의 영향으로 명료한
> 이해와 이성적 논리, 분석적인 사고를 중심으로 하는 연역적
> (deductive)이고 명제적(propositional)인 설교로 3~4개의 대지
> 로 나누어서 본문을 가르치고 단순하게 전달하는 것으로 설교
> 의 기본목표는 수사학적인 기법을 가지고 설교의 개념을 전달

---

93 설교학이란 원래의 학문적인 영어 표현은 'homiletics'이다. 그러나 전통적인 설교학 혹은
새로운 설교학 운동과 같은 고유명사에는 'homiletic'으로 사용하기도 한다. 한 예로 David
Buttrick의 설교학 도서를 'Homiletic'이라고 했다.

94 Richard L. Eslinger, *A New Hearing: Living Options in Homiletic Methods* (Nashville,
TN: Abingdon Press, 1987), 11.

하는 데 있다. 셋째, 설교자는 청중보다 뛰어난 존재로 인식되
고 권위적이고 수직적인 구조를 갖는다.[95]

즉 전통적인 설교학은 성경의 내용에 대하여 이성적인 차원으로 접근해서 성경의 정보와 명제를 청중에게 명확하게 잘 전달하는 것이 주요 목표였다. 그리하여 청중은 선명하고 명료한 이해를 가지게 되었다. '삼대지 주제 설교'의 경우가 대표적이다. 그러나 전통적인 설교학의 설교들은 많은 문제를 발생시켰다. 비성경적인 설교의 위험성이 늘 내포되어 있으며, 설교가 강의와 비슷한 형태로 진행되어 지식주의의 모습으로 자리매김하였다. 특히 포스트모던 사회를 살아가는 현대인들에게 지루하게 들리게 되고, 신선함과 기대감을 주지 못하는 설교의 많은 문제점을 야기시켰다. 이에 새로운 설교학 물결을 기대하게 되었다.

3. 새로운 설교학 운동(The New Homiletic)

전통적인 설교학의 장점은 명확한 주제, 선명한 개념, 분명한 대지, 효과적인 예화, 권위 있게 설교를 전달하는 장점이 있지만, 상대성이 강조된 포스트모던 사회로 진입하면서 청중의 설교 청취 성향

---

95   김운용, 『설교의 새로운 패러다임』 (서울: 장로회신학대학교 출판부, 2007), 117-19.

이 많이 변했다. 그리하여 주일설교도 주중에 수없이 들려오는 수많은 메시지 중의 하나로 스쳐 지나가고 파묻히는 경우로 전락하게 되었다. 한마디로 전통적인 설교 형태만으로는 '들리는 설교'가 되지 않으므로, 설교 난시청 부분이 발생한 것이다. 이에 새로운 설교의 패러다임을 요청하기에 이르렀다. 바로 '새로운 설교학 운동'이다.

새로운 설교학 운동이라는 용어는 에스링거의 『새롭게 듣기: 살아 움직이는 설교 방법론의 모색』(*A New Hearing: Living Options in Homiletic Methods*)의 서문에 나오는 용어이다.[96] 새로운 설교학 운동은 1960년대 말에서 1970년대 초에 일어난 운동으로, 초창기 대표적인 개척자들은 이야기 설교의 찰스 라이스(Charles Rice), 귀납적 설교 모델의 프레드 크래독(Fred Craddock), 내러티브 설교의 유진 라우리(Eugene Lowry), 현상학적 설교의 데이비드 버트릭(David Buttrick)등이다. 이 운동에 대하여 에스링거는 말하길 "설교에 있어서 코페르니쿠스 혁명"(A Copernican revolution in preaching).[97] 혹은 "설교학적인 종교개혁"(homiletical reformation)[98] 이라고도 했다.

이 운동의 중요한 특징에 대하여 김운용은 "새로운 설교학 운동의 주된 관심은 어떻게 하면 들리는 설교가 될 것인가에 주안점을 두고, 설교의 형태와 구성, 그리고 설교의 언어와 효과적인 매체들

96　Richard L. Eslinger, *A New Hearing: Living Options in Homiletic Methods*, 8.

97　Richard L. Eslinger, *The Web of Preaching: New Options in Homiletic Method* (Nashville, TN: Abingdon Press, 2002), 11-12.

98　Richard L. Eslinger, *A New Hearing: Living Options in Homiletic Methods*, 8.

을 추구하는 것이었다"[99] 라고 설교학적 특징을 언급했다. 그런데 이 새로운 설교학 운동에서 발견한 여러 강조점 중 하나가 '이야기 성'(narrativity)의 회복에 있다. 포스트모던 사회는 이야기에 깊이 매료되어 있기 때문이다.

1958년에 새로운 설교학 운동의 물고를 연 데이비스의『설교 디자인』에서 그는 이야기의 중요성을 강조하며 이르기를 "설교자는 복음서의 사람, 장소, 사건, 대화가 모두 이야기(narrative)라는 사실을 잊어버리고 있다. 복음서는 언어 해설(verbal exposition)이 아니다. 일반적으로 우리 설교의 9/10는 강해와 논증(arguments)이다. 그러나 복음서의 1/10만이 강해이다. 복음서는 주로 이야기 형식으로 전해지고 있다"[100]라고 했다. 또한 버트릭은 그의 대표적인 저작『설교학』(Homiletic)에서 "이야기가 설득력이 있음에도 불구하고 지난 수 세기 동안 대부분의 설교가 논설적(discursive)이라는 사실에 놀라지 않은가?"[101]라고 의문을 제기했다. 이야기가 성경적으로나 설교학적으로 얼마나 중요한가를 보여주는 좋은 지침들이다.

---

99 김운용,『설교의 새로운 패러다임』, 143.

100 Henry G. Davis, *Design for Preaching*, 157.

101 David Buttrick, *Homiletic: Moves and Structures* (Philadelphia, PA: Fortress Press, 1987), 12.

4. 이야기체 설교(Narrative Preaching)의 이론

오래전에 부산 해운대구 어느 노래방 앞에서 두 남자가 격렬하게 싸우고 있었다. 젊은 남자가 연세 드신 남자분에게 단호하게 말했다. "노인장, 나에게 설교하지 마세요." 충격이었다. 세상에서 설교는 지루한 '잔소리'나 고압적인 '훈계' 정도로 사용하고 있다. 여전히 설교는 교회에서 가장 중요한 요소이면서 '지루함'의 대명사가 되었다. 그래서 어느 평신도는 목회자들에게 "설교를 감동적으로 하든지, 아니면 재미있게 하든지, 이것도 저것도 아니면 짧게 해주세요"라고 하소연한다. 그런데 이와 정반대의 현상이 전개되고 있는데 바로 '이야기'에 세상은 열광하고 있다는 사실이다. 드라마나 영화는 모두 이야기이다. 성경도 예외가 아니다.

성경에는 이야기가 많이 담겨 있다. 구약의 대부분이 이야기로 구성되어 있다. 예수님도 청중을 향하여 말씀하실 때 논리적이고 조직적인 전개 방법을 사용하지 않으시고 비유로 말씀하셨다. 예를 들어, "우리의 이웃이 누구냐?"는 율법사의 질문에 주님은 이웃에 대한 정의와 개념은? 왜 이웃을 사랑해야 하는지에 대해 첫째로, 둘째로, 셋째로와 같이 구분하여 논리적으로 전개하지 않으셨다. 선한 사마리아인의 이야기를 빌려서 "어떤 사람이 예루살렘에서 여리고로 내려가다가 강도를 만나매 …"[102] 하면서 이야기를 들

---

102   눅 10:30 이하

려주어 결단하게 했다. 또한 나단 선지자는 다윗을 책망하기 위해 논리적으로 질책하지 않았다. 가난한 사람의 양을 빼앗은 부자의 욕심에 대하여 이야기를 들려주면서 스스로 결단을 유도하였다. 그리고 예수님은 기도의 교훈을 주시기 위하여 "불의한 재판관의 비유"로, 하나님 사랑의 깊이에 대하여 "선한 목자 이야기"로 접근하였다. 이처럼 이야기는 예수님의 방법이면서 성경의 접근 방식이다.

1) 이야기체 설교 구성하기[103]

새로운 설교학 운동의 성과는 '이야기의 중요성'을 재발견 한 점이다. 이야기식 설교에는 두 가지 방식이 있다. "이야기 설교"[104]와 이야기체 설교이다. 특히 후자인 이야기체 설교에서 가장 중요한 부분은 '플롯'(plot)으로서 청중들의 관심을 불러일으키는 움직임을 만들어 가는 형태이다. 이야기체 설교의 창안자는 성 바울 신학

---

103 장신대 설교학 교실에서는 서사(敍事) 설교를 두 가지로 구분했다. 첫째, 성경 본문을 재구성하는 설교를 '이야기 설교'(retelling method)로, 둘째, plot을 가지는 설교를 '설화체 설교'(plot method)로 구분했다. 서사, 설화, 이야기는 모두 다 같은 용어이다. 그러나 내러티브를 영어단어 그대로 사용하여 '내러티브 설교'로 하자는 의견도 있다. 김운용, "서사 설교," 『설교학 사전』, 정장복 외 (서울: 예배와 설교 아카데미, 2004), 789; 계지영, 『이 시대를 향한 설교학』 (서울: 한국장로교 출판사, 2014), 247-48. 본 연구에서는 이야기를 반복(retelling)하는 '이야기 설교'(Storytelling Preaching)와 플롯(plot)을 가지고 설교하는 '이야기체 설교'(Narrative Preaching)로 언급한다.

104 이야기 설교는 에드먼드 스타이몰(Edmund Steimle)과 그의 제자 찰스 라이스와 리차드 젠센의 설교이론이다. 설교는 성경의 이야기(The Story)와 우리의 이야기(our stories)를 함께 엮어가면서 구성된다. 이때 설교자는 풍성한 상상력과 문학성을 통해 등장인물의 심리묘사와 장면 묘사가 적절히 주어진다면 효과적이다. 김운용, "서사 설교," 『설교학 사전』, 787. 예를 들어 베드로의 예수님 부인 장면을 묘사하는 이야기 설교이다. "스산한 밤이었습니다. 저 멀리서 뚜벅뚜벅 로마 군병들의 발걸음 소리가 들려옵니다. 이때 가증스러운 주님의 제자 가룟 유다가 스승에게 다가왔습니다. '랍비여 안녕하십니까'라고 인사했습니다…".

교의 설교학 교수인 유진 라우리(Eugene Lowry)로서 플롯에 대하여 "끔찍한 모순과 모호함을 가지고 청중을 집중하게 하는 것"[105]이라고 했다. 플롯은 단순한 설교의 움직임이 아니라, 해결이라는 목표를 향하여 긴장과 모호함을 가지고 움직이는 움직임이다. 그리하여 라우리는 이 플롯을 가지고 처음에는 이야기체 설교를 다섯 단계로 구성할 것을 제안했다.

후에 라우리는 5단계 설교 구성에서 갈등(conflict), 심화(complication), 갑작스러운 전환(sudden shift), 해소(unfolding)라는 4단계 설교 구성으로 축약시켰다. 5단계의 3번과 4번을 통합시켰다.[107] 그런데 라우리의 이야기체 설교와 내용 면에서는 비슷하지만, 한국적인 상황에 적용하여 적절하게 변화를 준 설교학자 김수

---

105 Eugene L. Lowry, *The Homiletical Plot: The Sermon as Narrative Art Form* (Louisville, KY: Westminster John Knox Press, 2001), 25.

106 Eugene L. Lowry, *The Sermon: Dancing the Edge of Mystery* (Nashville, TN: Abingdon Press, 1997), 62-89.

107 Eugene L. Lowry, *The Sermon: Dancing the Edge of Mystery*, 62-89.

중의 "4C 설교"[108]를 소개하고자 한다. 한국교회의 목회적인 상황에 잘 적용할 수 있기 때문이다.

첫째, 갈등의 단계(conflict)이다. 이는 평형을 깨트리는 단계로, 잔잔한 호숫가에 돌멩이를 던지는 것과 같이 갈등을 유발하는 상태를 가져오기 위함이다. 예를 들어, 마태복음 20장의 품꾼의 비유에 대한 설교를 가정해 보자. "하나님은 참으로 공평하신 분이십니다"라고 서두를 시작한다면, 어느 청중도 반론을 제기하지 않을 뿐만 아니라, 무덤덤하게 설교를 경청할 것이다. 그러나 "제가 보기에는 하나님은 공평하신 분이 아니라, 아주 모호하고 불공평하신 하나님이라고 여겨집니다"로 서두를 시작한다면 청중은 매우 의아하게 생각하고 설교에 기대감을 가지고 경청하게 될 것이다. 여기서 주의할 부분은 성경 이외의 문제를 가지고 접근하면 안되며, 다음 단계인 갈등 심화를 염두에 두고 갈등 구조를 가져가야 한다.

둘째, 심화 단계(complication)로 갈등을 더 심화시키고 혼돈 가운데 빠지게 만드는 단계이다. 갈등이 더 심각하게 느껴질수록 플롯은 성공적이지만, 이때 주의할 점은 억지로 본문을 조작해서 갈등을 심화시켜서는 안 된다. 셋째, 복음 경험하기(conversion) 단계이다. 이는 설교의 '아하 포인트'(aha point) 단계로, 복음의 실마리를 제공하여 복음을 경험하게 하는 부분이다. 이곳은 이야기체 설교에서 가장 중요한 곳으로, 지금까지의 갈등과 모호함을 일시에

---

108   주승중, 『성경적 설교의 원리와 실제』, 253-56.

해결해 줄 수 있는 사막의 오아시스와 같은 절정의 단계이다. 그리하여 하나님의 은혜와 복음을 본문 말씀을 통해 깊이 체험하는 부분이다. 마지막으로, 대단원(confirmation)의 단계로, 복음을 경험한 청중이 어떻게 이 세상에서 살 것인지를 예화나 간증을 통해서 아름답게 맺어주면 청중은 기쁨과 확신을 가지고 세상에서 담대하게 살아가게 될 것이다.

2) 단점과 주의점

이야기체 설교는 청중으로 하여금 설교 초기부터 기대감과 긴장을 가지고 설교자와 함께 설교 여행을 하는 현대적 설교 형태이다. 그러나 특별히 주의할 점은 이야기체 설교는 설교 시작부터 종결까지 성경 본문이 중심이 되어서 치밀한 분석과 통찰력을 가지고 설교를 전개해야 한다. 전통적인 설교 형태에 여러 가지 예화나 간증과 이야기를 집어넣었다고 해서 이야기체 설교가 되는 것은 아니다. 이야기체 설교는 "성경 이야기가 중심이 되어서 성경과 삶의 상황이 자연스럽게 오가면서 어우러지는 설교이다."[109] 그러나 단점으로는 이야기 본문이 아닌 잠언, 시편, 서신서 등의 장르를 가지고 설교하기는 쉽지 않아 보인다. 토마스 롱은 그의 명저『증언하는 설교』에서 이야기체 설교의 문제점을 다음과 같이 지적했다.

---

109 김운용,『설교의 새로운 패러다임』, 280.

복음은 본질적으로 이야기이다. 성경의 모든 부분은 하나의 통일성 있는 이야기로 구성되어 있다는 주장이 맞지만, 문제는 성경이 이야기체로 되어있지 않은 부분도 있다. 성경 저자는 언제나 이야기로만 기록하는 것은 아니다. 그 이유는 신앙의 전달은 이야기보다 시나 교훈 및 잠언과 같은 형식이 효과적일 수 있다. … 설교는 이야기를 기본 축으로 할지라도 이야기 형식만이 최상의 방식은 아니다.[110]

또한 이야기체 설교를 잘못 전개하면 하나님의 이야기가 아니라, 인간의 이야기로 전락할 위험성이 늘 존재한다. 이러한 약점이 있음에도 불구하고 이야기가 대세인 현시대에 이야기체 설교는 계속될 것이다.

110　Thomas G. Long, *The Witness of Preaching* 2nd ed., 44.

이야기체(4C) 설교 모델

본문 렘 27:1-8　**제목** 주님 뜻대로

유다의 왕 요시야의 아들 여호야김이 다스리기 시작할 때에 여호와께서 말씀으로 예레미야에게 임하시니라 여호와께서 이와 같이 내게 말씀하시되 너는 줄과 멍에를 만들어 네 목에 걸고 유다의 왕 시드기야를 보러 예루살렘에 온 사신들의 손에도 그것을 주어 에돔의 왕과 모압의 왕과 암몬 자손의 왕과 두로의 왕과 시돈의 왕에게 보내며 그들에게 명령하여 그들의 주에게 말하게 하기를 만군의 여호와 이스라엘의 하나님께서 이와 같이 말씀하시되 너희는 너희의 주에게 이같이 전하라 나는 내 큰 능력과 나의 쳐든 팔로 땅과 지상에 있는 사람과 짐승들을 만들고 내가 보기에 옳은 사람에게 그것을 주었노라 이제 내가 이 모든 땅을 내 종 바벨론의 왕 느부갓네살의 손에 주고 또 들짐승들을 그에게 주어서 섬기게 하였나니 모든 나라가 그와 그의 아들과 손자를 그 땅의 기한이 이르기까지 섬기리라 또한 많은 나라들과 큰 왕들이 그 자신을 섬기리라 여호와의 말씀이니라 바벨론의 왕 느부갓네살을 섬기지 아니하며 그 목으로 바벨론의 왕의 멍에를 메지 아니하는 백성과 나라는 내가 그들이 멸망하기까지 칼과 기근과 전염병으로 그 민족을 벌하리라.

갈등의 단계/conflict

이 세상에는 이해가 안 가는 일들이 많이 있습니다. 그런데 성경에서도 도저히 이해할 수 없는 일이 있다는 사실을 아십니까? 바로 오늘 읽은 본문의 말씀입니다. 오늘의 말씀은 유대의 시드기아 왕 시대를 배경으로 하는 말씀입니다. 하나님께서는 예레미야 선지자에게 말씀하십니다. 본문 6절입니다. "이제 내가 이 모든 땅을 내 종 바벨론의 왕 느부갓네살의 손에 주고 또 들짐승들을 그에게 주어서 섬기게 하였나니." 이게 무슨 말씀입니까? 이스라엘 나라가 그 당시 우상의 나라인 바벨론에 속국이 되고, 바벨론 왕 느브갓네살 왕의 손에 유대를 넘겨주겠다는 말씀입니다. 그리고 예레미야 선지자는 목에다 줄과 멍에를 메고 이스라엘이 바벨론에 포로가 되리라는 것을 몸으로 보여주라는 것입니다(2-3절). 포로 생활을 나타내는 상징적인 행동입니다.

거기다가 우상을 섬기는 바벨론 왕을 어찌 '내 종 느브갓네살'이라고 하시는지 도대체 이해가 가지 않습니다. 어찌하여 하나님이 선택하신 선민 이스라엘을 하나님을 알지 못하는 우상의 나라 바벨론에게 주시겠다고 하시는지 상식적으로 도무지 이해가 가지 않습니다.

(적용)

우리가 인생을 살다 보면 하나님이 내 편인 줄 알았는데 그렇지 아니한 것처럼 느낄 때가 많지 않은지요? 이해가 가지 않을 때가 있지 않습니까? 그런데 오늘 읽은 본문의 상황은 더욱 우리의 지성으로 이해할 수 없는 지경으로 치닫고 있습니다.

심화의 단계/complication

본문 7절 말씀입니다. "모든 나라가 그와 그의 아들과 손자를 그 땅의 기한이 이르기까지 섬기리라 또한 많은 나라들과 큰 왕들이 그 자신을 섬기리라." 후반 절의 말씀을 영어 성경(NASB)에서는 "많은 나라들과 위대한 왕들은 그를 그들의 노예로 삼을 것이다"(many nations and great kings will make him their servant)로 번역했습니다. '모든 나라'란 유대를 포함한 그 당시 고대 근동의 여러 나라를 말합니다. 특별히 유대가 바벨론과 느부갓네살 왕 그리고 후대의 왕들을 섬기게 하겠다는 것입니다.

역사적으로 보면 70년 동안 이스라엘 백성들은 바벨론을 섬기게 됩니다. 오늘 본문에서 '(바벨론)을 섬기리라'는 구절이 27장에서 무려 9번이나 언급되고 있습니다. 여기서 '섬기다'는 뜻은 " …을 위하여 일하다. 봉사하다"는 의미를 가지고 있습니다. 바벨론과 그 이방 왕들을 위하여 일하고 봉사하라는 말씀입니다. 그런데 더 이해가 가지 않는 것은 그들을 섬기지 않으면 "하나님께서 진멸하시겠다, 멸망시키겠다"는 경고입니다. 8절입니다. "여호와의 말씀이니라 바벨론의 왕 느부갓네살을 섬기지 아니하며 그 목으로 바벨론의 왕의 멍에를 메지 아니하는 백성과 나라는 내가 그들이 멸망하기까지 칼과 기근과 진염병으로 그 민족을 벌하리라." 하나님께서는 이스라엘 백성들이 바벨론에 속박당하고 포로가 되고, 식민지의 삶을 살아가기를 바라고 계십니다.

현대적으로 해석하자면 이런 것입니다. 하나님을 믿는 하나님의 자녀는 우상의 나라에 굴복하고, 그들의 식민지가 되어서 고통을 당하고, 불신자에게 쩔쩔매고 굽실거리며 고통스럽게 살아가는 것을 하나님이 원하시는 것이 아니냐는 의구심을 낳고 있습니다. 어느 가정의 이야기입니다. 빚에 쪼들려 힘들게 살아가면서, 불신자 직장 주인 때문에 주일조차 지키기 힘든 상황이 되었습니다. 대화하는 중에 저에게 이렇게 말합니다. "하나님이 정말 원망스럽습니다. 저에게 왜 이렇게 고통을 주시는지 모르겠습니다"라고 말하면서 한숨을 푹~푹~ 내쉬는 모습을 보면서 마음이 안타까웠습니다. 하나님을 이해할 수 없을 때 우리는 어떻게 하면 좋습니까?

복음 경험하기/conversion

그러면 하나님에 대한 의문점을 가지고 성경으로 돌아가겠습니다. 본문 5절입니다. "나는 내 큰 능력과 나의 쳐든 팔로 땅과 지상에 있는 사람과 짐승들을 만들고 내가 보기에 옳은 사람에게 그것을 주었노라." 개역개정 성경만으로는 이해가 되지 않는 구절입니다. '옳은 사람'이란 문맥상 '바벨론'을 지칭할 수 있습니다. 그러나 바벨론 왕이 옳은 사람이 아닙니다. 이것은 단지 사람의 성품이나 자질이 옳은 사람을 가리키는 것이 아닙니다. 전지전능하신 하나님의 판단과 뜻이 옳다는 말씀입니다. '옳은'이란 '야사르'(יָשָׁר)로

'바로 행하다'는 뜻입니다. 누가 바로 행합니까? 하나님이시죠. 그래서 개역 성경에서는 "나의 소견에 옳은 대로"로 번역했습니다. 즉 "하나님이 기뻐하시는 대로", "하나님의 뜻대로"라는 말입니다.

이스라엘 백성들이 하나님께 우상숭배를 함으로 하나님께서 참고 인내하시다가 드디어 바벨론이라는 심판의 도구를 들고 이스라엘을 풀무 불 가운데 집어넣으시는 것이 하나님의 뜻이었습니다. 그리고 이스라엘이 70년간 바벨론에서 연단을 받게 한 후, 바벨론을 멸망시키시고, 이스라엘 백성들을 정금같이 회복시키시는 것이 '하나님의 뜻'이요. '하나님의 계획'이었습니다.

(적용)

현대를 살아가는 많은 사람은 "주님 보기에 옳은 대로"보다는 "내가 보기에 옳은 대로", "내 생각이 옳은 대로" 살아가길 원합니다. 그러나 올바로 신앙생활 한다는 것이 무엇입니까? 내 뜻 버리고, 내 생각 버리고 하나님의 뜻대로 살아가는 것 아닙니까?

어느 분은 주의 길을 가는 것이 하나님의 뜻인 줄 알면서도 주의 길을 회피하면서 이 장사, 저 장사 했지만 하는 사업마다 망했습니다. 그분에게는 장사하는 것이 하나님의 뜻이 아니었습니다. 개인에게 향한 하나님의 뜻이 있습니다. 인생을 향한 하나님의 뜻이 있습니다. 가정을 향한 하나님의 뜻, 교회공동체를 향한 하나님의 뜻 그리고 민족과 세계 열방을 향한 하나님의 뜻이 분명히 있습니다. 그러나 많은 사람은 형통, 건강, 장수, 명예, 물질의 복을 얻고 싶어 합니다. 그리고 거기에 하나님의 뜻이 있기를 원합니다. 물론 하나님의 뜻이 있을 수 있습니다. 그러나 어느 경우는 우리의 삶 속에서 당하는 정신적 고통, 고난, 질병, 사업 실패, 승진누락, 삐거덕거리는 인간관계, 물질적 손해, 교통사고, 시험 등이 하나님의 뜻일 수도 있다는 사실을 절대로 잊어서는 안 될 것입니다.

그러나 하나님은 좋으신 분이시기에 이 고난이 유익 되게 해주십니다. 시편 119:71절입니다. "고난당한 것이 내게 유익이라 이로 말미암아 내가 주의 율례들을 배우게 되었나이다." '율례'란 decree라는 말로 '주님의 뜻'입니다. 고난을 통하여 주님의 뜻을 더 확실히 알게 되었다는 말씀입니다. 우리가 당하는 고난과 고통이 현재에는 아프지만 이를 통하여 하나님께서는 모든 것을 아름답게 조정해서 더 선하게, 더 행복하게 해주시는 좋으신 하나님이십니다. 그래서 우리의 끝은 행복한 결론(happy ending)입니다. 그러면 어떻게 하면 하나님의 뜻을 우리 인생 가운데 알 수 있을까요?

대단원/confirmation

여러 가지로 하나님의 뜻을 알 수 있습니다. 성경 말씀을 읽을 때, 설교 말씀을 들을 때, 신비한 성령의 은사나 꿈을 통하여 하나님의 뜻을 알 수 있습니다. 그러나 가장 확실히 우리가 쉽게 피부로 느낄 수 있도록 주님의 뜻을 알 수 있는 방법은 두 가지입니다.

첫 번째가 '내적 평안'입니다. 요한일서 4:18 절입니다. "사랑 안에 두려움이 없고 온전한 사랑이 두려움을 내어쫓나니." 두려움과 불안, 초조는 대체로 하나님께서 원하시는 길이 아닙니다. 그러나 문제를 결정하기 전에 아직 문제는 해결되지 않았지만, 마음에 평안이 오면 대체로 하나님의 뜻일 경우가 많습니다. 언젠가 중요한 결정을 내려야 할 때가 있었습니다. 기도하는 데 마음이 얼마나 불안하고, 초조한지 모르겠습니다. 분명 나에게 유익하고, 좋은 것인데 불안해서 견딜 수 없었습니다. 평안함이 전혀 임하지를 않았습니다. 그래서 상대방에게 거절(NO) 했습니다. 그런데 지금 와서 생각해 보니 정말 잘한 결정이었습니다. 아무리 좋아 보여도 평안함이 임하지 않으면 주님의 뜻이 아닐 것입니다.

주님의 뜻을 아는 또 다른 하나는 '환경적 증거'입니다. 사도 바울은 사도행전 16장에서 소아시아(지금의 튀르키예) 지방에 가서 복음을 증거하고 싶었습니다. 그래서 비두니아(튀르키예 북쪽)로 가고자 했습니다. 그러나 성령이 막았습니다. 그리고 밤중에 환상 중에 마게도니아 지방 사람이 "건너와서 우리를 도우라"(행 16:9) 함으로 유럽에 가서 복음을 증거 하게 되었습니다. 이 환경적인 증거는 복음이 유럽으로 넘어가는 중요한 전환점이 되었습니다. 성령님이 환경적으로 길을 열어놓으신 것입니다. 그래서 이런 말이 있습니다. "제일 좋은 기도 응답은 환경적 증거다." 맞습니다. 하나님의 뜻이 있으면 한길은 막으시고, 다른 길은 열어 놓으십니다.

그러므로 우리 인생의 삶 속에서 가장 아름다운 일은 하나님의 뜻을 좇아서 믿음의 삶을 살아가는 것입니다. 그것이 최선이요. 가장 행복한 삶입니다. 1970-80년 부흥회 시간미디 한국교회 교인이 가장 힘 있게 부른 복음성가가 있습니다. 바로 이 찬양입니다. "주님 뜻대로 살기로 했네. 주님 뜻대로 살기로 했네. 주님 뜻대로 살기로 했네. 뒤돌아서지 않겠네." 이 찬양대로 많은 성도가 주님 뜻대로 살기를 간구하고 그렇게 살았습니다. 그래서 기도의 소리가 전국 방방곡곡에 울려 퍼졌고, 가정은 든든해졌고, 개 교회마다 부흥의 불길이 충만했습니다. 그리고 나라는 강성해졌습니다. "주님 뜻대로 살기로 했네." 이 찬송의 고백이 우리 모두의 고백 되기를 기원합니다.

IX. 네 페이지 설교
(The Four Pages of the Sermon)

전통적인 설교학에 반기를 들고 일어선 '새로운 설교학 운동'(the New Homiletic)은 전통적인 설교학을 극복하고 현대 청중에게 효과적으로 설교하기 위해 1960년대 말과 1970년대 초에 출현한 '설교에 있어서 코페르니쿠스 혁명' 혹은 '설교학적 종교개혁'이라고 불렸다. 그리고 대단한 영향력으로 설교학계의 강력한 호응과 지지를 받았다. 그러나 새로운 설교학 운동이 한참 무르익으면서 여러 가지 문제점이 야기(惹起)되었다. 회중에게 '들리는 설교'를 지나치게 강조하다 보니 성경 본문의 텍스트는 간과되고 무시되며, 신수사학(新修辭學)적인 흐름으로, 예수님의 정체성이 간과되며, 청중 상황과 청중 중심의 설교가 되었다.

후기 새로운 설교학 운동(A Post-New Homiletic)

새로운 설교학 운동은 텍스트보다는 청중의 기호, 텍스트의 내용보다는 인간의 경험, 설교 방법론과 전달 수사학을 지나치게 강조함으로 성경 사용과 주석이 부차적으로 밀려나고, 본문을 경시함으로 많은 문제점이 도출되었다. 이에 '후기 새로운 설교학 운동'이 태동 되는 원인을 제공하였다. 설교학자 최진봉은 이 운동에 대하여 다음과 같이 언급했다.

> 프레드 크래독의 '귀납적 설교'와 유진 라우리의 '이야기 설교'로 대표되는 북미의 '새로운 설교학 운동'(The New Homiletic)은 설교의 전달방식과 청중의 반응을 설교의 주된 의제로 삼는 일종의 '새로운 수사학'(a new rhetoric)이다. 즉 현대설교를 '수사적 효율성'(a rhetorical effectiveness)으로 편중시켰다는 비판을 받고 있다. 그리하여 "어떻게 들려지는가?" 보다 "무엇을 말하고 있는가?"란 본질적인 과제를 가지고, 설교의 신학적 본질과 역할을 회복하려는 움직임이 1997년 몇몇의 설교학자에 의해 시작되었다. 공동체의 대화를 강조한 루시 로즈(Lucy Atkinson Rose), 탈 자유주의적 설교학(Postliberal Holimiletics) 이론에 근거해 '예수님 이야기', '예수님의 정체성'에 대하여 설교해야 한다고 주장한 찰스 캠블(Charles L. Campbel)의 『프리칭 예수』(*Preaching Jesus*), '성례전적 설교'를 언급한 로마가톨릭의 조직신학자인 메리 케더린 힐커트(Mary Catherin Hilkert), '곤경과 은혜'(trouble and grace)의 설교학으로 대표되는 폴 스캇 윌슨(Paul Scott Wilson)으로 시작된 '후기 새로운 설교학 운

동'은 새로운 설교학의 수사적 효율성에 희생된 기독교 복음의 고유성과 설교의 신학적 진정성을 회복하고자 나타났다. 즉 설교의 방향을 '수사학'에서 '신학'으로, 설교의 '효율성'에서 '진정성'으로 바꾼 방향 전환이었다.[111]

종합하면 후기 새로운 설교학 운동은 예수님, 복음, 그리고 성경 본문을 떠나지 않고, '들리는 설교'에서 '예수님 이야기'로 복음의 본질을 강하게 주장하는 중요한 설교학 흐름이다.

네 페이지 설교(The Four Pages of the Sermon)

후기 새로운 설교학 운동의 대표적인 주자는 1990년 중반 이후에 북미의 유명한 설교학자인 "폴 스캇 윌슨"(Paul Scoot Wilson)[112]에 의

---

[111] 최진봉, "후기 새로운 설교학의 등장에 관한 연구,"「신학과 실천」22(2010), 175-203를 보라. 그러나 후기 새로운 설교학 운동도 새로운 설교학 운동의 큰 흐름을 반영하는 설교 방법론이라는 주장도 있다. 주승중,『성경적 설교의 이론과 실제』, 233.

[112] 폴 스콧 윌슨(Paul Scott Wilson)은 University of Toronto(B. A.) University of Victoria(M. Div.), University of London(Ph. D.)을 졸업하였다. 캐나다 토론토 대학의 신학부인 임마누엘 대학(Emmanuel College)에서 설교학을 가르친 교수로 지금은 은퇴했다. 그는『설교의 실제』(*The Practice of Preaching*, 1994),『설교와 상상력』(*Imagination of the Heart*, 1988),『설교와 설교학적 이론』(*Preaching & homiletical Theory*, 2004),『네 페이지 설교』(*The Four Pages of the Sermon*, 1999),『설교의 역사』(*A Concise History of Preaching*, 1992) 등의 설교학에 관한 다수의 서적과『부러진 말씀들』(*Broken Words*, 2004)이라는 설교집을 저술했다. Ronald J. Allen ed., *Patterns of Preaching: A Sermon Sampler* (St. Louis, MO: Chalice Press, 1998), 82. 2010년 11월 1일 윌슨은 두란노 바이블 칼리지에서 주최한 네 페이지 설교 컨퍼런스에서 "보이는 설교, 들리는 설교"라는 주제로 강연했다. 또한 2025년 5월 28-29일, "설교를 위한 예술적 상상력"이라는 주제로 서울에서 심포지움 강연을 했다.

해서 새로운 설교학 방법론이 소개되었다. 바로 '네 페이지 설교'이다. 가장 중요한 핵심은 "오늘날의 청중은 영화에 의해 매료되고 있다. 이를 설교에 적용하면, 설교가 에세이 작성의 흐름을 따르기보다는, 영화를 만들 듯(movie making)이 설교가 진행되면, 영상에 익숙한 현대인에게 더욱 효과적인 설교가 된다"[113]는 점이다. 1990년대 이후의 문화는 '읽는 문화'에서 '영상을 통해 보는 문화'로 변화된 '시각적인 세대'(visual generation)이므로, 네 페이지 설교는 상당한 설교의 커뮤니케이션을 이룰 수 있다고 보았다.

1. 장점

첫째, 전달과 복음의 양 날개를 가진 '후기 새로운 설교학 운동'의 결정판이다. 둘째, 한국적인 상황에서 잘 적용될 수 있는 연역법과 귀납법을 통합한 설교이다. 셋째, 단순 명료하면서 변화무쌍한 형태로 영상 세대에 가장 유용한 성경적이며 현대적인 설교이다. 넷째, 바쁜 사역 가운데 설교 준비 시간을 효율적으로 안배할 수 있다. 즉, 설교 준비를 토요일에 한꺼번에 하지 않고, 매일 한 페이지씩 작성해 나갈 수 있기에 설교 준비에 아주 효과적이고 실제적이다. 다섯째, 에스링거는 언급하길 "윌슨의 네 페이지 설교 방법은

---

113 Paul Scott Wilson, *The Four Pages of the Sermon: A Guide to Biblical Preaching* (Nashville, TN: Abingdon Press, 1999), 9-11.

교육적으로 매우 탁월하다. 학생이나 설교자가 설교에 대하여 쉽게 배우고 실습을 할 수 있다. 왜냐하면 초점이 명확하고 긴밀하게 각 페이지가 잘 연결이 되어있기 때문이다"[114]고 했다.

2. 네 페이지(Four Page)의 의미

네 페이지(Four page)에서 페이지(page)란 단순히 숫자를 말하는 '쪽'(literal page)이 아니다.[115] 인터넷상에서 웹페이지(web page)는 글(words), 그림(pictures), 정보(information), 그리고 영화(movies)를 포함한다[116], 설교학자 알렌(Ronald J. Allen)은 말하길 "네 페이지 설교는 영화제작(film making) 과정과 거의 비슷하다"[117]고 했다. 그래서 '쪽'이라 함은 영화의 대본(script)과 같은 것이며, 설교자는 영화 감독으로, 설교문은 영화 대본의 4장면이라 불 수 있다.

114　Richard L. Eslinger, *The Web of Preaching*, 236.

115　Paul Scott Wilson, *The Four Pages of the Sermon*, 15.

116　Paul Scott Wilson, *The Four Pages of the Sermon*, 11.

117　Ronald J. Allen ed., *Patterns of Preaching*, 80.

3. 네 페이지(Four page) 설교 구성하기[118]

첫째, 성경 속의 문제(Trouble in the Bible)로 성경 안에서의 곤경을 깊이 주석하고 해석하는 단계이다. Page one에서는 성경 본문에만 집중해야 한다. 둘째, 세상 속의 문제(Trouble in the world)로 Page one과 연관을 지어, 세상 속에서 일어나는 많은 문제를 구체적으로 청중에게 적용한다. 이때는 삶의 곤경에 대해서만 언급한다. 셋째, 성경 속의 은혜(God's action in the Bible 혹은 Grace in the Bible)로 하나님께서 본문을 통하여 나타나신 하나님의 구원 행동, 은혜의 사건을 본문을 중심으로 집중적으로 주석하고 해석하면서 언급한다. 이 부분이 본 설교에서 가장 핵심적인 단계이다. 넷째, 세상 속에서의 은혜(God's action in the world 혹은 Grace in the world) 단계로 Page three와 연관되는 부분으로 하나님의 섭리와 은혜가 어떻게 세상을 살아가는 청중의 삶 속에 나타나는지를 적용하는 부분이다. 이때는 삶의 이야기(예화, 간증 등)를 통하여 청중이 말씀을 가져갈 수 있도록 한다.

---

118 Paul Scott Wilson, *The Four Pages of the Sermon*, 73-212.

4. 단점과 주의점

본 설교 형태에서는 서론을 다루되 심각하게 접근하지 말고 일반적인 서론으로 작성한다. 결론 시에도 일반적인 결론과 같이 새로운 개념을 도입하지 말아야 한다. 특히 각 페이지를 이동할 때마다 '전환 문장'(transition phrase)을 잘 연결해서 사용해야 설교가 자연스럽고 무리 없이 흘러갈 수 있다. 본 설교 형태는 많은 장점이 있지만, 문제점에 대해 주승중은 "설교를 에세이 형식으로 작성하는 데 익숙한 설교자들이, 설교를 영화처럼 각본화하는 것은 현실적으로 쉬운 작업이 아니다. 그리고 이야기체가 아닌 시, 잠언, 역사서 등의 문학적인 형태인 본문을 영화화하는 것을 어려워할 수 있다"[119]고 지적했다.

또한 치명적인 단점으로는 성경 모든 본문을 율법과 복음, 고난과 은혜의 도식으로 처리하는 윌슨의 설교형식에는 무리가 있을 수 있다. 이에 대하여 이야기체 설교의 주창자인 유진 라우리는 다음과 같이 지적했다.

> 나는 폴 스캇 윌슨이 율법과 복음을 50 : 50 비율로 양분해서 설교해야 한다는 사실에 동의할 수 없다. 이것은 어휘의 분량으로 만(율법과 은혜)을 측량한다는 것은 적절하지 않다. 충격의

---

119 주승중, 『성경적 설교의 이론과 실제』, 232-33.

윌슨의 율법과 은혜의 구조를 기계적으로 도식화한다는 한계점
은 분명히 제기될 수 있는 질문이다. 그럼에도 불구하고 영상 세대
를 살아가는 현대 설교자와 새로운 설교 감각을 원하는 설교자에
게 네 페이지 설교는 신선함과 도전을 주기에 조금도 부족하지 않
을 것이다.

---

120 Eugene L. Lowry, *The Sermon: Dancing the Edge of Mystery*, 78.

네 페이지 설교 모델

본문 왕상 19:1-8 제목 로뎀나무 아래서

아합이 엘리야가 행한 모든 일과 그가 어떻게 모든 선지자를 칼로 죽였는지를 이세벨에게 말하니 이세벨이 사신을 엘리야에게 보내어 이르되 내가 내일 이맘 때에는 반드시 네 생명을 저 사람들 중 한 사람의 생명과 같게 하리라 그렇게하지 아니하면 신들이 내게 벌 위에 벌을 내림이 마땅하니라 한지라 그가 이 형편을 보고 일어나 자기의 생명을 위해 도망하여 유다에 속한 브엘세바에 이르러 자기의 사환을 그곳에 머물게 하고 자기 자신은 광야로 들어가 하룻길쯤 가서 한 로뎀나무 아래에 앉아서 자기가 죽기를 원하여 이르되 여호와여 넉넉하오니 지금 내 생명을 거두시옵소서 나는 내 조상들보다 낫지 못하니이다 하고 로뎀나무 아래에 누워 자더니 천사가 그를 어루만지며 그에게 이르되 일어나서 먹으라 하는지라 본즉 머리맡에 숯불에 구운 떡과 한 병 물이 있더라 이에 먹고 마시고 다시 누웠더니 여호와의 천사가 또 다시 와서 어루만지며 이르되 일어나 먹으라 네가 갈 길을 다 가지 못할까 하노라 하는지라 이에 일어나 먹고 마시고 그 음식물의 힘을 의지하여 사십 주 사십 야를 가서 하나님의 산 호렙에 이르니라.

들어가는 말

요사이 현대를 살아가는 남성들은 세 분 여자의 말을 잘 들어야 살 수 있다고 합니다. 첫째로는 어머님 말씀. 둘째는 아내 말씀. 셋째는 누구일까요? '내비녀 말씀'입니다(요사이는 티맵 혹은 카카오맵을 주로 사용하시더군요). 티맵 처녀음성을 잘 못 들으면 나중에 낭패 보는 일이 종종 생기곤 합니다. 어느 목사의 이야기입니다. 언젠가 친구 목사와 만나기 위해서 약속된 장소로 가고 있었습니다. 티맵을 정확히 찍고 갔지만 그 장소가 안 나왔습니다. 나중에 친구 목사에게 전화해서 알아보았더니 "잘못 갔어요. 예전 건물로 가셨습니다"라고 했습니다. 그래서 30분을 지각해서 겨우 만나게 되었다고 합니다. 철썩같이 믿었던 티맵에 대한 신뢰가 땅에 떨어졌습니다. 인생을 살다 보면 작든 크든 실망스러운 사건들이 종종 생깁니다. 그런데 이 실망의 정도를 벗어나서 절망적인 사건으로, 심지어 탈진(burn out)되었을 때는 참으로 헤어 나오기가 어렵습니다. 오늘 본문은 절망스러운 사건으로 인해 탈진한 한 주인공에 대한 이야기입니다.

엘리야의 절망적인 상황/성경 속의 문제/Page 1

이스라엘에 3년간 가뭄이 있었습니다. 이 가뭄은 국가적 재난이었습니다. 그리고 그것이 신으로부터 말미암은 것이라는 점을 아무도 부인할 사람이 없었습니다. 문제는 누가 참신이며 이스라엘에 재앙을 내린 이유가 무엇이냐는 것입니다. 엘리야의 입장에서는 아합왕과 추종자들이 하나님을 버리고 바알과 아세라 우상을 섬긴 것에 대한 하나님의 징벌이라고 생각했습니다. 그러나 아합왕은 이스라엘 땅에 하나님 신앙을 완전히 제거하지 않아서 바알 신이 저주를 내린 것이라고 주장했습니다. 그래서 드디어 엘리야는 바알과 아세라 선지자 850명(왕상 18:19)과 "누가 참신인지, 바알인지? 하나님인지?"를 가름하기 위하여 갈멜산상에서 역사적인 영적 전투를 시작했습니다. 결과는 엘리야의 간절한 기도로 여호와께서 불을 내려주셔서 모든 제물을 다 태워버려 엘리야가 승리했습니다.

엘리야는 생각하기를 이제부터 우상을 완전히 타파하고 여호와 신앙으로 이스라엘을 재건할 수 있는 좋은 기회라고 생각했습니다. 그런데 이게 웬일입니까? 아합왕의 부인인 이세벨이 850명 바알과 아세라 선지자를 죽인 보복을 하겠다고 위협하면서 내일 이맘때 엘리야의 생명을 취하겠다고 살해위협을 했습니다. 엘리야를 죽이기 위해 사람을 보내 내일 살해하겠다는 경고였습니다. 엘리야는 이 위협이 실현 가능하다는 것을 잘 알았습니다. 왜냐하면 이세벨이 여호와의 선지자들을 상당히 많이 살해한 사실을 알고 있었기 때문입니다(왕상 18:4, 13). 그래서 엘리야는 낙심했고, 광야로 외로운 피난길을 떠났습니다. 2절 말씀입니다. "이세벨이 사신을 엘리야에게 보내어 이르되 내가 내일 이맘때에는 반드시 네 생명을 저 사람 중 한 사람의 생명과 같게 하리라 그렇게 하지 아니하면 신들이 내게 벌 위에 벌을 내림이 마땅하니라 한지라." 이에 엘리야는 남쪽으로 142Km 떨어진 '브엘세바'까지 도망갔습니다. 엘리야는 되도록 이세벨로부터 멀리 떨어져야 안심이 될 것 같다는 판단이 돼서, 그 먼 거리로 도망했습니다. 3절에서 영어 성경은 다음과 같이 번역했습니다. "엘리야는 두려워하여 생명을 유지하기 위하여 도망갔습니다"(Elijah was afraid and ran for his life). 그 후 엘리야는 한 나무에 앉아서 죽기를 구합니다.

4절입니다. "자기 자신을 광야로 들어가 하룻길쯤 가서 한 로뎀 나무 아래에 앉아서 자기가 죽기를 원하여 이르되 여호와여 넉넉하오니 지금 내 생명을 거두시옵소서 나는 내 조상들보다 낫지 못하니이다." 쉬운 번역 성경에서는 후반부를 이렇게 번역합니다. "여호와여 이제는 다 되었습니다. 내 목숨을 거두어 가십시오. 나는 내 조상보다 더 낳은 것이 없습니다." 엘리야는 심각한 절망적인 상황으로 빠져들어 갔습니다. 이 사건은 하나님을 안 믿는 불신자들의 이야기가 아닙니다. 하나님을 잘 믿고 대단한 이적도 경험한 믿음의 사람 이야기입니다.

현대판 이세벨/세상 속의 문제/Page 2

엘리야가 당한 어려움과 절망은 언제든지 우리에게 발생할 수 있는 일이 아닐까요? 인간은 아무리 믿음이 좋다고 해도 하루아침에 흔들릴 수 있는 연약한 존재입니다. 이유는 딱 한 가지입니다. 바알 숭배자들과 싸워 승리했지만 이세벨같은 악한 사람을 만나면 어쩔 수 없이 절망에 빠지는 것이 인간입니다. 우리 삶 속에도 이세벨이 있는지요? 이세벨이 악한 어둠의 영일 수도 있습니다. 그러나 어떤 경우에는 이세벨이 사람일 수도 있습니다. 가족 중에 누구일 수 있습니다. 심지어 남편이 될 수도 있습니다. 아내일 수도 있습니다. 아니면 자식일 수도 있습니다. 함께 신앙 생활하는 아무개 성도일 수도 있습니다. 직장의 상사나 부하직원 아니면 동료가 이세벨일 수도 있습니다. 그 이세벨 같은 사람 때문에 절망의 나락으로 빠지는 경우가 종종 있습니다. 어떤 경우는 물질일 수도 있습니다. 최근 소상공인 설문조사에 따르면, 자영업자 중 상당수가 '장사를 해도 손해'라고 느끼는 것으로 나타났습니다, 우리나라가 겉으로는 아무 일이 없는 것처럼 보여도, 갈수록 상대적 빈곤의 문제, 비교 의식이 날로 심각해지고 있습니다.

어느 분이 이런 이야기를 합니다. "그놈의 돈 때문에" 돈은 나쁜 것도 아닙니다. 그렇다고 좋은 것도 아닙니다. 어떻게 사용하느냐에 따라 좋기도 하고 나쁘기도 합니다. 아무튼 물질 때문에 부부들이 티격태격 합니다. 우리가 인생을 살면서 우리를 절망의 구렁텅이로 빠트리는 이세벨이 지난 한 주간 동안은 없으셨습니까? 지금도 우리의 삶 속에 도사리고 있어서 우리를 괴롭히고 힘들게 하고 있지는 않은지 모르겠습니다.

로뎀나무 아래서 회복시키시는 하나님/성경 속의 은혜/Page 3

그런데 하나님께서 고통과 절망을 주는 이세벨로부터 엘리야를 어떻게 다루시는지 성경은 보여주고 있습니다. 엘리야는 도망하다가 몸과 마음이 매우 지쳐서 기진맥진한 상태가 되었습니다. 그래서 나무 아래서 깊이 누워 잠을 자고 있었습니다. 그런데 하나님께서 천사를 보내셔서 엘리야의 지친 육체를 회복시켜 주셨습니다. "먹고 또 먹고", "자고 또 자고" 5-8절까지 '먹고'라는 단어가 무려 4번이나 나옵니다. '자고'라는 단어는 2번 나옵니다. 5-7절 말씀입니다. "로뎀나무 아래에 누워 자더니 천사가 그를 어루만지며 그에게 이르되 일어나서 먹으라 하는지라 본즉 머리맡에 숯불에 구운 떡과 한 병 물이 있더라 이에 먹고 마시고 다시 누웠더니 여호와의 천사가 또 다시 와서 어루만지며 이르되 일어나 먹으라 네가 갈 길을 다 가지 못할까 하노라 하는지라."

무엇을 먹었습니까? '숯불에 구은 떡'입니다. 이는 그 당시 유목민들이 먹는 음식입니다. 나무를 태워서 돌을 달굽니다. 그리고 그 위에 떡을 구워서 먹습니다. 배가 고파 있는 엘리야에게 천사는 재차 음식을 권합니다. '또다시 와서', '먹이고 재우고' 하시면서 고단한 몸을 하나님께서 회복시키셨습니다. 그런데 몸만 회복시켜 주시는 것이 아닙니다. '어루만지며'(touched)하십니다. 5절입니다. "로뎀나무 아래 누워 자더니 천사가 그를 어루만지며 그에게 이르되 일어나서 먹으라 하는지라." 여기서 사용된 히브리어 나가(יגע)는 직접적인 의미로 '접촉하다', '어루만지다'는 뜻이며 콘텍스트를 고려해볼 때 엘리야의 마음이 이세벨 때문에 괴로워하고, 상처 가운데 있을 때, 하나님께서는 엘리야의 마음을 보듬어 주시고, 감싸주시고, 위로해 주며 격려해 주신 것으로 해석할 수 있습니다. 우리가 지쳐 있을 때, 상처받아 괴로워할 때, 하나님께서는 누구보다도 먼저 우리를 찾아오셔서 우리를 회복 시켜주시는 분이십니다. 그래서 우리는 하나님 때문에 감동합니다.

그런데 이 회복과 위로의 역사가 어디에서 일어났습니까? '로템 나무 아래'입니다. 그래서 오늘 말씀의 제목이 "로템나무 아래서"입니다. 로템나무가 어떤 나무입니까? '로템'(רֹתֶם)이라는 나무는 사해바다나 유대 광야에서 흔히 자랍니다. 약 2m 높이까지 자라는 나무입니다. 잎이 많이 있지는 않지만, 잔가지가 많기 때문에 광야에서 바람과 햇빛을 차단해서 그늘을 만들어주는 나무입니다. 로템나무는 광야에서 바람과 햇볕을 잘 막아주기 때문에 사막에서 장사하는 대상(隊商)들에게 매우 환영받는 나무입니다. 광활한 광야에서는 유일하게 나무 그늘을 경험하려면 로템나무밖에 없다고 성서학자들은 말합니다.

로템나무는 엘리야가 심신이 지쳐있을 때 쉼과 삶의 그늘을 주는 나무였습니다. 엘리야가 피곤하고 절망 속에 있을 때 희망을 주는 나무였습니다. 엘리야가 죽음을 생각했는데 살아갈 용기를 주는 나무였습니다. 엘리야가 탈진되고 에너지가 방전되었을 때, 재충전의 기회를 주는 나무였습니다. 엘리야에게 은신처와 피난처가 되게 한 나무였습니다. 그러면 이런 로템나무가 누구입니까? 바로 쨍쨍 내리쬐는 삶의 고통 속에서 삶의 쉼과 그늘을 주는 "예수그리스도"[121]가 아닐까요? 이 로템나무는 '예수 그리스도의 그늘'일 수

---

[121] 성경을 해석할 때 문자적으로, 문법적으로, 신학적으로 해석하는 것이 일반적이다. 그러나 어떤 경우는 성경을 '구속사적'으로, '영적'으로 해석하는 것도 필요할 때가 있다. 왜냐하면 성경은 예수 그리스도에 관해서 말해주는 책이기 때문이다.

있습니다. 엘리야처럼 탈진되고 절망 속에 있는 성도들에게 주님께서 말씀하십니다. "수고하고 무거운 짐 진자들아 다 내게로 오라 내가 너희를 쉬게 하리라"(마 11:28)하십니다. 찬송 415장에서 다음과 같이 표현합니다. "십자가 그늘 아래 나 쉬기 원하네. 저 햇볕 심히 뜨겁고 또 짐이 무거워, 이 광야 같은 세상에 늘 방황할 때에 주 십자가의 그늘에 내 쉴 곳 찾았네."

그렇습니다. 인생 광야를 살아가면서 지치고 힘들 때 우리 주님은 우리의 그늘이 되어주십니다. 거기에 쉼이 있고, 안식이 있고 회복이 있기 때문입니다. 로뎀나무는 우리의 피난처와 안식처가 되시는 분이십니다. 이 로뎀나무는 지친 몸과 마음을 회복할 수 있는 '은혜의 장소'입니다. 이 영적인 로뎀이신 예수 그리스도에게 오셔서 우리 영혼이 쉼을 얻고, 울분을 털어버리고, 하나님의 위로를 받고, 영적인 양식을 먹어 기운을 얻어 회복의 은혜를 경험할 수 있습니다.

위로와 회복을 경험한 예/세상 속의 은혜/Page 4

로뎀나무 아래서 하나님의 위로와 회복을 경험한 두 분을 소개하고 싶습니다. 제주도 서귀포에서 음식점을 운영하시는 어느 분의 이야기입니다. 어느 목사님이 그 음식점에 갔더니 그분이 다음과 같이 고백 하셨습니다. "목사님! 저는 물질의 복은 있는지 몰라도, 처복은 없나 봅니다"라고 신세 한탄을 했습니다. "32살에 이혼하고, 40살이 되어 재혼해 잘 사는 듯했습니다. 그런데 아내가 심한 우울증 때문에 내 아이를 낙태까지 하면서 다른 곳으로 도망갔습니다."

요새 이런 생각이 듭니다. "이게 인생인가?"하면서 삶에 대하여 회의가 느껴졌습니다. 그런데 교회학교 시절에 가지고 있었던 알량한 믿음이 있기에, 사는 것이 매우 힘든지라 한 번은 가까운 교회에 나갔습니다. 그런데 마음에 평안이 물밀듯 밀려오면서, 기쁨이 솟구쳐 오는데 "바로 내 인생을 맡길 곳이 바로 여기구나"하고는 교회를 계속해서 잘 출석하고 계시다는 간증이었습니다. 바로 로뎀나무를 찾은 것입니다. 십자가 그늘 밑에 인생의 무거운 짐을 내려놓을 때, 주께서 삶의 의미를 더하시고, 심령을 회복게 하신 것입니다.

또 한 분이 계십니다. "낮엔 해처럼 밤에 달처럼"을 작사 작곡하고, 『찬미 예수 2000』을 작곡한 CCM 작곡가 겸 가수인 최용덕 간사의 이야기입니다. 갑자기 인생에 대한 고통으로, 좌절감으로, 더욱이 주님께 매우 죄송한 일을 행함으로 곤고하여 엎드러져 있었습니다. 그런데 어느 날 새벽에 하나님께서 자기 등 뒤에서 새 힘을 주시면서 '일어나라'는 환상을 보여주시고 하나님의 음성이 들렸습니다. 그러면서 영감을 주시는 대로 받아 작사한 것이 "일어나 걸으라"는 찬양이라고 간증했습니다.

나가는 말

우리는 우리가 너무 고통스러울지라도 우리 자신을 회복시킬 수 없습니다. 그러나 주님께서는 우리를 주님의 등에 업고, 우리를 육체적으로, 정신적으로, 영적으로 회복시켜 주시길 원하십니다. 우리가 넘어지고, 곤하여 쓰러져 있을지라도 주님은 엘리야에게 다

가오듯이 우리에게도 살며시 다가오셔서 "아무개야 일어나 걸으
라"고 붙잡아주시는 회복의 주님이십니다. 우리가 할 수 있는 일은
아무것도 없습니다. 단지 예수 그리스도이신 '로뎀나무'아래 거하
기만 하면 됩니다. 혹시 가정의 문제로, 자녀의 문제로, 건강의 문
제로, 물질의 문제로, 인간관계의 문제로, 신앙의 문제로 어려움 가
운데 계신 분은 안 계십니까? IMF보다 더 어렵다는 이 불황의 시대
에 로뎀에서 회복시켜 주시는 하나님의 은혜를 경험하여 다시 한
번 일어서시는 저와 여러분 되시기를 바랍니다.

X. 현상학적 전개식 설교
(Phenomenological Move Preaching)

1. 현상학적 전개식 설교의 출현 배경

첫째, 현상학적 전개식 설교란 '전통적인 설교학 운동'에 반발해서 1970년대부터 나타난 '새로운 설교학 운동'의 일환이다. 새로운 설교학 운동은 "어떻게 설교가 잘 들려지는가?"에 초점이 맞추어져 있다. 귀납적 설교, 이야기체 설교, 네 페이지 설교, "현상학적 전개식 설교"(phenomenological method)[122] 등이다.

둘째, 버트릭은 1987년에 『설교학: 움직임과 구조』 (*Homiletic: Move and Structure*)[123]를 저술했다. 그는 자타가 공인하는 가장 심오

---

122 현상학적 전개식 설교라는 명칭은 새로운 설교학 운동의 설교학 이론을 정리한 에스링거가 버트릭의 설교 방법론을 현상학적 방법론(phenomenological method)라고 명명했다. Richard Eslinger, *A New Hearing: Living Options in Homiletics Method*, 133-65.

123 버트릭(1927-2017)은 미국 밴더빌트 대학(Vanderbilt University, 1982-2000)의 설교학 교수였다. 현재는 은퇴했다. 버트릭의 *Homiletic: Move and Structure*는 두 개의 기둥으로 구성되어 있다. Part 1은 움직임(Move)에 대하여, Part 2는 구조(Structure)에 대하여 서술했다. 각주가 없는 것이 특징이다. 그러나 추가 참고도서 목록(further reading)은 있

하고 고차원적인 설교 이론신학자 중의 한 분이다. 이 도서가 현상학적 전개식 설교를 잘 설명하는 책이다. 그는 주장하기를 전통적인 설교학은 정돈된 정물화와 같다. 대지를 나누고 논증만 하는 정물화라고 했다. 전통적인 설교는 연역적인 구조로서 현대 청중에게 흥미를 반감시키고 본문 전달에 심각한 장애를 가져옴으로 설교의 난시청 부분을 발생한다고 했다.

그는 현대 설교는 살아 움직이는 역동적인 말씀이 되어야 한다고 주장했다. 즉 버트릭의 설교학은 전통적인 설교학에 대한 불만으로부터 시작되었다. 전통적인 설교학은 청중의 머리와 가슴, 지성과 감성의 간격을 벌려놓았지만, 새로운 설교학은 이러한 간격을 최대한 좁히는 역할을 하였다. 그래서 현대설교는 청중에게 효과적으로 들려지는 설교가 되어야 한다고 주장했다. 특히 현상학적인 설교에서 중요한 것은 '현상'에 대한 이해이다.

2. 현상에 대한 이해

일반적으로 현상(現像, development)이란 사진, 필름, 인화지를 노

다. 그의 저작에서 인상 깊은 중요한 두 구절은 다음과 같다. 첫째, "믿음은 들음에서 나온다"(Faith comes from hearing, Ro 10:17)로서 '의식'(consciousness)을 중요시하는 그의 현상학적인 설교의 이론을 성경적으로 함축한 표현이다. 둘째, 마지막 페이지에서 설교에 대한 총체적인 결론으로 "설교는 두려움이면서 즐거움이다"(Preaching is terror and gladness)라는 구절이다. David Buttric, *Homiletic: Move and Structure* (Philadelphia, PA: Fortress Press, 1987), 154-59.

출한 후 감광된 할로겐 화은(化銀)을 환원시켜서 금속 은으로 변하게 하여 화상(畵像)을 나타내는 것이다. 즉 노출된 필름이나 인화지를 약품으로 처리하여 상이 나타나도록 하는 것을 뜻한다. 그러나 본 설교학에서 의미하는 현상(現象, phenomenon)이란 본질이나 본체와 반대되는 개념으로, 인간이 지각할 수 있는 사물의 모양이나 상태 혹은 외면에 나타나는 상을 의미한다. 현상학(phenomenology)이란 철학적 용어로서 본체와 본질과 상반된 현상에 관해 연구하는 학문이다. 현상에 대해서 묘사하고 분류하는 학문의 한 분야이다. 즉 인간 의식에 직접적으로 나타나는 현상의 구조를 분석하고 기술하는 학문이다.[124]

3. 현상학적 전개식 설교의 중요 요소들

현상학적 전개식 설교에서 핵심 단어(key word)가 있다. 첫째, "의식"(consciousness)[125]이다. 설교가 들려질 때 청중의 의식 속에 무엇이 일어나는가에 대한 연구가 현상학적인 설교의 핵심 주제이다. 버트릭은 말하길 "나는 언어로 전달되는 설교가 설교자와 청중의 의식 안에서 어떻게 전달되고 일어나는지에 대하여 묘사하려고

---

124 국어국문학회, 『새로 나온 국어대사전』, 2755.

125 의식이란 깨어있을 때 또렷한 정신이나 사물을 깨닫고 자각하는 일이다. 그러나 본 설교 형태에서 의미하는 의식이란 단순한 생각 이상으로 '생생한 경험'을 의미한다.

노력했다."[126] 예를 들어 피아노 건반에서 A 코드를 치면 A 음악이 울려 퍼지는 것 같이, A라는 설교의 언어를 사용할 때 청중의 의식 속에서는 어떠한 변화가 일어나는지에 대한 설교 연구이다. 즉 설교언어를 통해서 마음의 건반을 누를 때 청중에게 무엇이 일어나는가에 대한 연구이다. 그러므로 설교자는 청중의 의식 속에 그림을 그려주고 영상화 작업을 하는 활동 사진작가와 같다.

둘째, '움직임'(move)이다. 설교는 움직임이라 불리는 구성(plot)으로 나아가야 한다. 움직임이란 한 개념(대화의 내용)에서 다른 개념(대화의 내용)으로 이동하는 언어의 움직임이다. 그러므로 설교는 "텔레비전의 짧은 장면"[127]과 같은 move 1, move 2, move 3, move 4로 이동하면서 아하 포인트로 나아간다. 그래서 버트릭은 "하나의 move에 3~4분 정도의 시간을 할애하라"[128]고 추천한다. 왜냐하면 한 주제에 청중의 주의 집중력은 3~4분 정도가 가장 적절하기 때문이다.

예를 들어보자. 첫 장면(move 1)에서 학부모들이 모 카페에서 커피를 마시고 있다. 둘째 장면(move 2)에서 학부모들은 자녀들의 교육 문제에 대하여 대화하고 있다. 셋째 장면에서(move 3) 학부모들

---

126 David Buttric, *Homiletic: Move and Structure*, XⅡ.

127 텔레비전에 나오는 드라마의 장면들은 한 가지 주제를 가지고 전개된다. 그러나 대부분의 드라마는 3~5분 정도의 대사와 장면에서 다른 장면으로 전개되고 또 전개된다. 그때 시청자의 의식 속에는 '상'(象)이 존재한다. 그리고 전개되는 '움직임'으로 인하여 더욱 시청자는 드라마 속으로 몰입된다.

128 David Buttric, *Homiletic: Move and Structure*, 28.

은 학교 교육의 부정적인 모습을 논하고 있다. 특히 공교육의 몰락에 대하여 열띤 성토를 하고 있다. 넷째 장면(move 4)에서 학부모들은 불가피하게 사교육이 필요하다고 의견으로 정리하면서 자녀 교육의 중요성을 피력함으로 마친다.

결론적으로 현상학적 전개식 설교란 청중에게 설교가 전달이 잘 되든지, 안 되든지 무조건 전하는 것이 아니다. 설교의 난시청 부분을 최대한 해소하기 위해 설교가 청중의 '의식' 속에 어떻게 '움직이고' 나타나는지를 주의 깊게 살펴서 효과적으로 들려지는 설교가 되도록 하는 데 목적이 있다. 그리고 이러한 의식이 움직임을 통해 전개되어 아하 포인트에 이르도록 전개하기에 '전개식'이라 한다.

4. 현상학적 전개식 설교 방법론

버트릭은 현상학적 전개식 스타일로 "20분용 설교를 한다면 도입(beginning), 4~6개의 움직임(moves), 결론(ending)으로 구성한다. 움직임은 3~4분 정도로 한다"[129]고 했다.

첫째, 시작부(opening statement): 핵심 문장을 가지고 중심개념을 말해야 한다. 시작부에서 청중을 집중하게 하려면 적어도 2~4개의 짧고 직접적인 문장이 필요하다. 동일한 의미를 각기 다르게 표현

---

129   현상학적 전개식 설교 방법은 다음의 책에서 간략하게 제시했다. Ronald J. Allen ed., *Patterns of Preaching: A Sermon Sampler*, 87-88.

해야 한다. 예를 들어 "우리는 죄인이다. 죄인이라는 말이 진부하게 들릴지 모르지만, 이것은 사실이다. 우리는 모두 죄인이다."[130]

둘째, 전개(development): 시작부에서 서술한 부분을 분명하고 분석적인 언어로 중심개념을 상세하게 설명한다. 이 전개 부분이 가장 핵심이다.[131]

셋째, 이미지화(image): 청중이 시작부와 전개 부분을 효과적으로 가져갈 수 있도록 이미지화를 시도한다. 실제적인 방법으로 청중이 효과적으로 이해하고 들리는 설교가 되기 위하여 예화, 비유, 실예, 간증 등과 같은 것들을 동원한다.

넷째, 종결부(closure): 시작부와 같이 핵심 단어와 주요 개념을 다시 반복하고 요약한다. 버트릭은 "종결부에서는 처음의 움직임을 시작할 때 진술 개념으로 항상 돌아가야(return) 한다"[132]고 했다.

나가는 말

본 현상학적 전개식 설교는 새로운 설교학 운동의 결정판 중의 하나이다. 또한 이 설교 형태는 인터넷, 유튜브, SNS에 익숙한 현대 청중에게 매우 적합한 설교이다. 본 설교 형태로 설교할 경우 설교 시 "설교가 뭔가 다르다"는 평을 받는다. 그리고 설교가 자연스럽게 움직이고 전개되는 파도와 같이, 청중은 설교자와 설교 여행을

130　David Buttric, *Homiletic: Move and Structure*, 39.

131　Ronald J. Allen ed., *Patterns of Preaching: A Sermon Sampler*, 88.

132　David Buttric, *Homiletic: Move and Structure*, 51.

떠난다는 장점이 있다.

그러나 단점으로는 첫째, 과연 인간의 의식 속에 각 움직임마다 설교의 이미지 형성이 잘 될 수 있는지에 대해서는 긍정과 부정이 동시에 존재한다. 둘째, 전통적인 삼대지 주제 설교 작성에 익숙한 설교자에게 설교 작성이 난해할 수 있다. 셋째, 청중이 처음부터 각 움직임에 집중하지 못하면 마지막까지 성공적인 설교 여행을 할 수 없게 된다. 최진봉의 언급과 같이 "새로운 설교학 운동이 북미 청중의 기독교적 문화권을 전제로 한 수사적인 방법론이기에 한국 청중의 설교 상황을 고려해야 한다"[133]는 지적은 참고할 만한 가치가 충분히 있다. 그러나 청중에게 설교가 들려지기 위하여 부단히 창의적으로 도전하는 설교자의 자세는 무던히 필요하다고 본다.

---

[133] 최진봉, "후기 새로운 설교학의 등장에 관한 연구," 203.

현상학적 전개식 설교 모델

본문 수 6:1-5 제목 네 손에 붙였으니

이스라엘 자손들로 말미암아 여리고는 굳게 닫혔고 출입하는 자가 없더라 여호와께서 여호수아에게 이르시되 보라 내가 여리고와 그 왕과 용사들을 네 손에 넘겨 주었으니 너희 모든 군사는 그 성을 둘러 성 주위를 매일 한 번씩 돌되 엿새 동안을 그리하라 제사장 일곱은 일곱 양각 나팔을 잡고 언약궤 앞에서 나아갈 것이요 일곱째 날에는 그 성을 일곱 번 돌며 그 제사장들은 나팔을 불 것이며 제사장들이 양각 나팔을 길게 불어 그 나팔 소리가 너희에게 들릴 때에는 백성은 다 큰 소리로 외쳐 부를 것이라 그리하면 그 성벽이 무너져 내리리니 백성은 각기 앞으로 올라갈지니라 하시매

들어가는 말

중학교 때의 일입니다. 중간고사가 끝나서 친구들과 영화를 보러 갔습니다. 예전 같으면 학교에서 시험 끝나면 으레 단체로 영화 관람하라고 하는데 이상하게 그런 지시가 없었습니다. 친구들과 "이것이 법이다"는 재미있는 서부활극을 보았습니다. 다음날 점심 시간 전에 체육주임 선생님께서 어제 영화관에 갔던 학생들은 운동장에 집합하라고 하셨습니다. 영화 보라는 지시도 없었는데 영

화 관람했다는 것입니다. 운동장에서 엎드려진 상태에서 야구방망이로 세게 한 대 맞았습니다. 작은 별 큰 별이 제 앞에서 빤짝빤짝했습니다. 그리고 400m 운동장 10바퀴를 돌라는 겁니다. 엉덩이는 아프죠. 힘은 들죠. 4km를 뛰고 나니 입에서 단내가 났습니다. 거의 초죽음이었습니다.

그런데 이와는 전혀 다른 돌기가 성경에 기록되어 있습니다. 바로 '여리고 성 돌기'입니다. 여리고 성은 이중벽 구조를 가진 성입니다. 외벽은 자연 암석 기초위에 두께가 1.8m, 내벽과 외벽 사이는 4~5m 간격으로 되어있고, 내벽 두께는 3.5m인 난공불락의 성입니다. 그런데 이스라엘 백성들이 가나안땅(현 이스라엘 땅)을 정복하기 위해서는 첫 번째 관문이 바로 여리고성이었습니다. 이 여리고 성 사람들과의 전쟁에서 승리해야 가나안 땅으로 들어갈 수 있기에 아주 중요한 전쟁이 된 셈입니다. 그러면 타임머신을 타고 기원전 1,400년 전으로 상상의 나래를 동원해서 말씀을 여행하도록 하겠습니다.

Move 1

(도입부, opening statement)

하나님께서는 여호수아에게 여리고 성 정복 방법에 대하여 말씀하십니다. 그런데 전혀 이성적으로 이해할 수 없는 전술 전략입니다.

(전 개, development)

"여리고 성 주위를 6일 동안 하루에 한 바퀴씩 돌고, 제7일에는 일곱 바퀴를 돈 후 외치라 그러면 성이 무너질 것이다"라는 말씀입니다. 3-4절입니다. "너희 모든 군사는 성을 둘러 성 주위를 매일 한 번씩 돌되 엿새 동안을 그리하라 제사장 일곱은 일곱 양각 나팔을 잡고 언약궤 앞에서 나아갈 것이요 일곱째 날에는 그 성을 일곱 번 돌며 그 제사장들은 나팔을 불 것이며." 사실 군사 전술적으로 보면 삼척동자도 이런 전술 전략에 코웃음 칠 것입니다. 군사적으로는 우매하고 어리석은 공격전술임에는 틀림이 없습니다. 그런데 이 비이성적 방법이기는 하지만, 하나님의 말씀이니 여호수아를 중심으로 이스라엘 백성들이 이렇게 행하라는 것입니다. 종종 하나님께서는 이해할 수 없는 이런 식의 순종을 요구하실 때가 있습니다.

(이미지화, image)

전도양양한 젊은이가 있었습니다. 서울대학교 학부와 대학원을 졸업하고, 미국으로 유학해서 하버드대학교에서 중동지역학 및 역사학으로 박사학위를 받은 이용규 박사가 있습니다. 안락한 미래와 수입이 보장되는 길을 내려놓고, 몽골 선교사(현재는 인도네시아 선교사)로 가라는 주의 말씀이 들려온 것입니다. 인간적으로 보면 얼마나 억울합니까? 그런데 척박한 땅 몽골에서 부인과 함께 선교사로 헌신하고 있었습니다. 이분의 이야기입니다. "우리는 세상적으로 중요한 것을 내려놓으면 빼앗긴다고 생각하고 선뜻 순종하지 못합니다. 그러나 이해가 되지 않지만 무조건 내려놓으면 하나님이 더 좋은 것을 주십니다.” 이용규 선교사가 쓴『내려놓음』,『더 내려놓음』책자는 순식간에 베스트셀러가 되었습니다. 하나님이 이분을 국내외적으로 얼마나 높여주시는지 모릅니다.

(마무리, closure)

하나님께서는 종종 우리가 이해할 수 없는 것을 말씀하십니다. 그때 우리가 ‘내려놓고’ 순종만 한다면 더 놀라운 일이 일어날 것입니다.

Move 2

(도입부)

여호수아와 이스라엘 백성들은 하나님의 명령을 이해할 수는 없었지만 하나님께서 좋게 해주실 것을 믿고 첫 번째 여리고성 돌기를 ‘기대감’을 가지고 시작했습니다.

(전 개)

행군순서는 이렇습니다. 완전무장한 군사들이 제일 앞장서고, 다음으로 7개의 양각나팔을 불며 제사장들이 진행합니다. 그리고 언약궤(법궤), 마지막으로 후발대가 여리고성을 돌고 있었습니다. 그런데 원칙은 아무소리도 내지 말고, 침묵하며 성을 돌아야 합니다. 그렇게 여리고성을 한 바퀴 돌았습니다. 11절 말씀입니다. “여호와의 궤가 그 성을 한번 돌게 하고 그들이 진영으로 들어와서 진영에서 자니라.” 첫날 여리고 성을 이렇게 도니 얼마나 감회가 새로운지 모릅니다. 예전에 홍해를 가르시고, 아모리 두 왕을 격파시키신 하나님께 대한 기대감을 가지고 말씀위에서 든든히 서서 여리고 성을 돌았을 것입니다. '기대감'이 사람을 신나게 합니다.

(이미지화)

언젠가 부산에서 결혼한 한 신혼부부가 있었습니다. 회사에서 서로 눈이 맞아서 결혼을 약속했습니다. 그러나 양가의 반대가 만만하지 않았습니다. 특히 여자 쪽에서 사사건건 반대했습니다. 그러나 1년 이상을 서로가 기다리고 설득한 결과 드디어 결혼 허락을 받아냈습니다. 제주도 신혼여행을 하고 온 후 우리 집에 인사하러 왔는데 정말 아름다워 보였습니다. 연신 서로를 쳐다보면서 싱긋싱긋 웃고, 제 앞에서도 서로 손을 꼭 잡고, 결혼반지 자랑하고, 서로만 보아도 사랑의 전류가 가히 3만 5,000V는 넘는 것 같았습니다. 왜 그럴까요? 서로에 대해 기대하고 있기 때문일 것입니다. 행복은 '기대감'이 있을 때 우리를 풍성하게 해줍니다.

(마무리)

이스라엘 백성들은 사기충천, 기대 충천함으로 기분 좋게 여리고 성 돌기를 시작했습니다. '기대감'이 그들을 행복하게 한 것입니다.

Move 3

(도입부)

그러나 이 기대감을 가지고 여리고 성 돌기를 시작했지만, 문제가 생겼습니다. 같은 일을 반복하면서 첫날의 감격이 사라져가고 있었기 때문입니다.

여리고 성은 아주 넓고 큰 성이기 때문에 한 바퀴를 도는데 1시간 30분 정도 소요된다고 학자들은 이야기합니다. 이것을 두 번째 날도 똑같이, 세 번째 날도 똑같이, 네 번째 날도 똑같이, 다섯째 날도 똑같이, 그리고 여섯 번째 날도 똑같이 돌다 보니 이스라엘 백성들 사이에서 기대감은커녕 타성에 젖기 시작했을 겁니다. 긴장감이 사라집니다. 12-14절 말씀입니다. "또 여호수아가 아침에 일찌기 일어나니 제사장들이 여호와의 궤를 메고 제사장 일곱은 양각나팔 일곱을 잡고 여호와의 궤 앞에서 계속 진행하며 나팔을 불고 무장한 자들은 그 앞에 행진하며 후군은 여호와의 궤 뒤를 따르고 제사장들은 나팔을 불며 행진하니라. 그 둘째 날에도 그 성을 한번 돌고 진영으로 돌아 오니라 엿새 동안을 이같이 행하니라."

그런데 문제는 타성도 타성이거니와 6일째 되던 날 이스라엘 백성들 사이에서 문제가 폭발해 버렸을 것입니다. 두 파로 나누어졌을 것입니다. 한쪽은 이성파입니다. "6일째 되면 성 위에 먼지라도 딸싹해야하지 않습니까? 아니면 금이 가는 모습이라도 보여야지요? 여리고 성 병사들이 우리를 쳐다보는 눈이 우리가 병정놀이하는 아이들처럼 보이지 않습니까? 그만둡시다." 다른 한쪽은 말씀파입니다. "무슨 말이냐? 우리가 뭐 허깨비를 본 것도 아니고 하나님의 말씀을 받았는데 무슨 말이냐? 6번 째밖에 안 돌았다. 7바퀴다 돌고 이야기하자. 하나님이 지금까지 인도하셨는데 말씀만 믿고 나가면 기적이 일어난다. 해보자." 심각한 대립양상이 보였을 것입니다. 이성이냐? 말씀이냐?는 언제나 신앙인에게 고민거리입니다.

어느 믿음 좋은 분이 1년을 직장 얻기 위해 작정 기도를 했습니다. 그런데 좋은 직장이 났습니다. 잘 아는 분의 소개로 직장에 들어갔는데 규모는 좀 작았지만 기도한 대로 하나님께서 응답하셨음을 믿고 어찌나 기뻤는지 모릅니다. 1년을 잘 다녔습니다. 그런데 회사원들과 인간관계에서 삐그덕거리면서 회의가 들기 시작했습니다. "다른 회사에 비해 규모도 작고, 내 야망을 채우기에는 너무 보잘것없어, 그리고 정말 하나님이 인도하신 것 맞나?"하며 심각한 고민에 빠진 분을 보았습니다. 이성이냐? 말씀이냐? 이런 갈등이 신앙인의 삶에 늘 존재하지 않습니까?

그렇습니다. 우리가 계속적으로 똑같은 일을 반복하다 보면 타성에 빠지기도 하고, 하나님의 인도에 대한 고민과 회의에 빠질 수 있습니다. 그러나 하나님께서 약속하신 것이라면 하나님이 역사하시고 도와주실 것입니다. 다음 장면을 보십시다.

Move 4

여호수아와 이스라엘 백성들이 하나님께서 약속하신 하나님의 명령에 무조건적으로 순종하자 놀라운 기적이 일어났습니다.

(전 개)

마지막 7일째 7바퀴를 순종함으로 성을 돌았습니다. 15-16절 말씀입니다. "일곱째 날 새벽에 그들이 일찍이 일어나서 전과 같은 방식으로 그 성을 일곱 번 도니 그 성을 일곱 번 돌기는 그날뿐이었더라 일곱 번째에 제사장들이 나팔을 불 때 여호수아가 백성에게 이르되 외치라 여호와께서 너희에게 이 성을 주셨느니라." 그 결과 어떻게 되었습니까? 20절입니다. "이에 백성은 외치고 제사장들은 나팔을 불매 백성이 나팔 소리를 들을 때에 크게 소리 질러 외치니 성벽이 무너져 내린지라 백성이 각기 앞으로 나아가 그 성에 점령하고." 난공불락의 여리고 성벽이 정말 무너져 내렸습니다. 그때 이런 찬양이 있었다면 불렀을 것입니다. "여호수아 성을 쳤네 여리고 여리고 여리고 여호수아 성을 쳤네 여리고 나팔 소리에 무너졌네."

이것은 옛날 전설 따라 삼천리 이야기가 아닙니다. 고고학자들의 발굴에 의하면 실제로 BC 1,500-1,400년경 여리고 성이 파괴된 것으로 판명 났습니다. 파괴 원인은 지진 6.0도에 의한 큰 진동으로 붕괴하였습니다. 무너진 이유는 전적으로 하나님께서 하신 것입니다. 이스라엘 백성들의 믿음으로 인해 하나님께서 권능으로 역사하셨습니다. 그런데 주목해야 할 구절이 있습니다. 2절입니다. "여호와께서 여호수아에게 이르시되 보라 내가 여리고와 그 왕과 용사들을 네 손에 넘겨주었으니." 개역 성경에는 "네 손에 붙였으니"라고 빈역했습니다. 오늘 설교의 제목입니다. 하나님께서는 미리 여리고 성을 주시기로 이스라엘 백성들에게 계획하셨습니다. 쉬운 성경에서는 "여리고를 너에게 주겠다"로, NIV 영어 성경에서는 "여리고를 너의 손안에 취하게 하겠고"라고 번역했습니다. 즉 승리를 주시겠다고 약속하신 것입니다. 이스라엘 백성들이 여리고 성을 돌았기 때문에 승리한 것이 아니라, 이미 하나님께서 승리를 약속하셨고 백성들은 그저 순종한 것뿐입니다.

이스라엘에는 두 종류의 나팔이 있습니다. 하나는 은 나팔입니다. 이는 이스라엘 사람들과 병사들을 소집할 때 부는 나팔입니다. 또 다른 나팔은 양각 나팔입니다. 희년 때 자유, 기쁨, 승리를 외치는 나팔입니다. 여리고 성 전투에서 제사장들이 이 양각 나팔을 사용한 것은 의미가 있습니다. 하나님께서 이미 승리를 허락하셨다는 말입니다. 7명의 제사장, 7바퀴, 7양각 나팔이란 모두 완전수이면서 승리의 수입니다. "내가 승리를 주겠다. 걱정하지 말라"는 의미입니다.

우리는 매일매일 여리고를 돌고 있습니다. 학업, 건강, 성공을 위해서 여리고를 돕니다. 그런데 하나님께서 말씀하십니다. "네 손에 붙였으니." 승리는 이미 우리 것입니다. 왜냐하면 주님께서 십자가 상에서 이미 "다 이루었다."(I finished)하셨기에 이미 우리는 승리한 전쟁을 싸우고 있는 것뿐입니다. 단지 우리는 수고만 하고 주님만 바라보면서 순종만 하면 됩니다.

(이미지화)

우리나라가 낳은 세계적인 외교적 인물은 반기문 UN 사무총장입니다. 그런데 한국이 낳은 세계적인 경제계 인물이 있습니다. 바로 미국의 '세계 무역센터 수석 부총재'로 근무하고 있는 이희돈 장로입니다. 영국 옥스퍼드대 종신교수이면서, 워싱턴 성광교회 시무 장로이신 이희돈 장로의 생생한 간증입니다. 2001년 미국에서 전무후무한 큰 대형 사고가 일어난 것을 기억하시는지요? 바로 이슬람 테러범들이 뉴욕의 쌍둥이 빌딩을 비행기로 폭파해 미국과 전 세계를 경악시킨 사건입니다. 그날이 바로 2001년 9월 11일입니다. 그래서 '9 · 11 테러'라고 합니다. 9월 11일 화요일 아침에 바로 세계 무역센터에서 이사회가 모이기로 되어 있었습니다. 이희돈 장로의 집은 워싱턴에 있기에 늘 비행기로 워싱턴과 뉴욕을 비행기로 출퇴근했습니다. 그러나 한 번도 지각을 해본 적이 없다고 합니다. 그런데 그날 워싱턴 공항에서 주스를 한잔 얼음 가득히 채워서 마시고 비행기를 타고 뉴욕공항에 내렸는데 갑자기 복통이 일어났습니다. 화장실 신세를 지느라 제시간 안에 쌍둥이 빌딩까지 갈 수 없었습니다. 그래서 자기의 부하직원들에게 아침 회의를 연기시켰습니다. 그리고 세계무역 센터 밖에 나와서 자기가 시키는 일을 먼저 하라고 지시하였습니다. 또 20명의 이사에게도 천천히 도착하도록 연락해놓았습니다. 그리고 택시를 타고 세계 무역센터에 도착했을 때 놀라운 일이 벌어졌습니다. 바로 자신이 근무하던 83층 건물에 첫 번째 테러 비행기가 돌진했습니다. 그리고 두 번째 비행기가 이사들과 회의할 110층 회의실로 돌진했습니다. 그리고 쌍둥이 빌딩은 처참하게 산산조각이 나며 무너져 내렸습니다.

이희돈 장로는 간증합니다. 하나님은 하나님을 진실하게 찾고자 하는 자, 하나님 중심으로 말씀에 순종하는 사람을 늘 보호하시고 인도하시고 원수들의 목전에서도 자기의 생명도, 부하직원들의 생명도, 귀한 인재 20명까지도 다 살려주셨다고 간증합니다. 이희돈 장로에 대하여 아시는 분이 이렇게 말씀하십니다. "이 장로는 정말 하나님만 바라보는 믿음의 사람입니다. 하나님 말씀에 순종하는 사람입니다. 하나님께서 말씀하시면 무조건 순종하는 사람입니다. 기도의 무릎이 강한 사람입니다." 바로 믿음의 여리고를 잘 돌고 영적인 여리고를 정복한 사람입니다. 주님께서 말씀하십니다. "네 손에 붙였으니." 주님만 절대적으로 신뢰하면 주님께서 우리에게 승리를 허락해 주실 것입니다.

(마무리)

하나님께서 약속하신 말씀과 명령, "네 손에 붙였으니." 이는 여리고 성 돌 때나 지금이나 앞으로 닥칠 환란에 하나님께서 함께하시고 붙잡아 주시겠다는 중요한 말씀입니다.

나가는 말

인생은 마치 여리고 성 돌기와 같습니다. 우리 삶의 모든 영역에서 이해되지는 않지만, 주님께서 말씀하신 "네 손에 붙였으니." 승리와 힘주시는 말씀을 붙잡고 살아갑시다. 그리고 말씀대로 수고하고 순종할 때 주님은 문제의 여리고, 고통의 여리고를 해결하시고 오늘도 내일도 영원토록 승리를 허락해 주실 것입니다. 이 축복이 우리에게 함께 하시기를 기원합니다.

XI. 성서정과 설교
(Lectionary Preaching)

종교개혁 시대의 기수인 마틴 루터(Martin Luther, 1483-1546)는 중세의 미사 중심에서 성찬 성례전과 설교의 균형을 강조하며 교회력을 충실히 따르는 예전적 설교를 하였다.[134] 이에 따라 전 세계 주류 교회의 흐름은 두 가지로 요약된다. 첫째는 성경에 기록된 초대교회와 같이 설교와 성찬 성례전의 조화와 균형을 이루는 흐름이다. 둘째는 교회력에 따른 성서정과의 사용이 보편화된 예전적인 교회들이다. 로마가톨릭, 동방정교회, 성공회, 루터교를 위시하여 미국의 장로교(PCUSA)를 비롯하여 주요 교단들이 그러하다. 이에 성서정과 설교를 함께 연구해 보자.

---

134   조성현, 『설교로 보는 종교개혁』, 85-86.

1. 본문선택의 세 가지 방법

주일설교 본문을 선택하는 방법은 세 가지이다. 첫째, 설교자가 임으로 본문을 선택(preacher's choice)하는 방법이다. '선택적 읽기' 혹은 '선택적 방법'인 lectio selecta(selective reading)이다.[135] 이는 설교자의 주관과 목회상황에 따라서 본문을 무작위로 선택하여 주일에 설교하는 방식으로 한국교회 설교자가 주로 사용하는 방법이다. 이는 본문 선택 시 설교자가 영감받은 본문으로 설교하기에 은혜성, 융통성, 상황성이 있다는 장점이 있다. 그러나 단점이 더 많다. 목회상황에 맞추어서 설교하다 보니 무계획적으로 본문을 선택할 가능성이 크며, 장기목회 시 한 번도 설교를 안 한 본문이 다수로 존재할 수 있기에 본문의 심각한 '영적 편식'이 가장 큰 문제이다.

둘째, 연속강해 설교 시 사용하는 방식으로 '연속적 본문' 혹은 '통독으로 읽기'인 lectio continua(continuous reading)이다. 이는 유대교 회당에서 모세오경을 차례대로 읽어나가던 방법이다. 그리고 이 lectio continua는 "초대교회의 예배에서 사용하던 방식이며, 종교개혁자들은 매 주일 설교에서 성경을 한 장씩 풀어나가는 방식을 사용했다."[136] 종교개혁자 가운데 칼뱅과 츠빙글리(Ulrich Zwingi)가

---

135 lectio는 '독서' 혹은 '읽는 행위'를 의미하는 라틴어이다. 영성에서 흔히 사용하는 lectio divina는 '영적 독서'로 번역된다. 또한 lectionary는 lectio에서 온 단어로 성경을 읽는 봉독집 혹은 성구집이라 번역할 수 있다.

136 Horace T. Allen, Jr., *A Handbook for the Lectionary* (Philadelphia, PA: The Geneva Press, 1980), 13.

사용한 방법이다. 츠빙글리는 종교개혁을 감행하면서 1519년 1월 1일부터 그로스 뮌스터(Grossmnuster) 교회에서 주일예배 시 마태복음 강해 설교를 시작하여 6년 만에 신약성경 전체를 강해했다. 그리고 칼뱅도 연속강해 설교로 성경 전체(Scriptura Tota)를 강해하여 역사에 남을 주석을 출판했다.[137]

이 방식은 설교자가 주일 본문을 선택하는 데 시간을 소요하지 않으며, 성경을 깊이 연구할 수 있고, 청중이 말씀에 집중하게 할 수 있는 장점이 있다. 그러나 교회력을 무시할 가능성이 있고, 청중의 상황을 간과하고 청중이 지루함을 느낄 수 있다. 예를 들어 50장으로 구성되어 있는 창세기를 강해한다면 1년 이상의 시간이 소요됨으로 청중은 설교의 편식과 지루함을 느낄 가능성이 있다. 이에 설교자의 지혜로움이 필요한 방식이다.

셋째, 성서정과(lectionary)[138]로 본문을 선택하는 방식이다. 토마스 롱은 "예전적 교회들은 성서정과의 사용이 정착되었다. 그러나 불과 한 세대 전만 하더라도 이 방식을 잘 알지 못했던 많은 개신교 교단에서 점점 성서정과를 활용하는 사례가 증가하고 있다. 일반적으로 성서정과는 설교 본문을 선택하는데 가장 훌륭한 방식이

---

137   조성현,『설교로 보는 종교개혁』, 102-3, 120-21.

138   성서정과(聖書定課), 성무일과(聖務日課), 성구집(聖句集), 독서일과(讀書日課), 성구 선별집(聖句選別集) 등으로 불리는데 '정해진 본문'이라는 뜻의 성서정과기 가장 합당한 용어이다. 통합 측 제 96회기 총회(2011년)에서는 교회에서 사용할 수 있도록 공동성서정과(共同聖書定課)를 제정했는데 본 교단의 현실에 맞게 '성서정과'로 통일해서 사용하기로 했다. 조성현,『성경적 설교』, 147.

다"[139]라고 했다. 왜냐하면 이는 교회사적으로, 예배 신학적으로 검증된 본문 선택 방식이기 때문이다.

2. 성서정과(lectionary)와 성서정과 설교(lectionary preaching)

1) 성서정과 정의

성서정과는 "교회력"[140]과 밀접한 관련이 있다. 토마스 롱은 "성서정과란 교회력(The Church Calendar)에 있는 정해진 날들에 사용할 성경 구절의 목록이다"[141]라고 했다. 즉 성서정과란 주일예배에 정해진 본문을 가지고 교회력에 따라 설교할 수 있도록 미리 정해놓은 '성경 본문 모음집'이다. 따라서 성서정과 설교란 성서정과의 본문을 가지고 설교하는 행위를 의미한다. 교회력에 따라서 설교하는 성서정과 설교는 '그리스도 중심적 설교'(Christ-centered preaching)가 자연스럽게 된다. 예수 그리스도의 탄생, 사역, 죽음, 부활, 승천, 재림에 설교의 초점이 모아진 결과로, 청중이 그리스도 중심적인 신앙의 삶을 살 수 있도록 교훈하고 격려할 수 있는 설교이다.

---

139 Thomas G. Long, *The Witness of Preaching* 2nd ed., 72.

140 교회력이란 예수님의 생애에 초점을 맞추어서 제정한 것으로서, 부활절을 중심으로 예수 그리스도의 생애를 구속사적으로 분류한 교회의 달력이다. 교회력에 대한 한국교회의 심각한 오해는 성탄절, 부활절, 그리고 추수감사절을 교회의 3대 절기로 인식하고 있다는 사실이다. 교회의 중요한 6대 절기는 대림절, 성탄절, 주현절, 사순절, 부활절, 오순절이다. 조성현, 『성경적 설교』, 149.

141 Thomas G. Long, *The Witness of Preaching* 2nd ed., 71.

2) 성서정과의 내용

성서정과는 A, B, C로 분류하여 한 단원을 1년 동안 계속 사용하도록 했다. 정장복은 성서정과의 구성에 대하여 "A(첫째 년도), B(둘째 년도), C(셋째 년도)로 큰 단원을 분류하였는데, A 단원은 하나님의 구속적 사건과 그 실현을 중심으로, B 단원은 그리스도인 삶의 내용을 취급하고, C 단원은 하나님 자녀들의 역사와 오늘의 현실을 관심 깊게 보는 각도에서 구성되었다"[142] 라고 했다. 주승증은 "첫째 주기는 마태복음을, 둘째 주기는 마가복음을, 셋째 주기는 누가복음을 사용하였으며, 요한복음은 사순절과 부활절, 성탄절 주위에 배치하였다"[143]고 했다.

성서정과 본문은 구약,[144] 복음서, 서신서이다. 구약의 말씀은 메시아 구원에 대한 예언이 중심이며, 복음서는 예수님의 생애와 구원 사역이, 서신서는 예수님의 구원 사역의 계승에 초점이 있다. 성서정과는 3년이 되면 성경 66권을 모두 설교할 수 있다. 혹은 구약과 복음서를 함께 사용할 수 있다. 그러나 매주 하나의 본문만을 사용한다면 9년간을 사용할 수 있다.

성서정과는 성탄주기(The Christmas Cycle)와 부활주기(The Easter Cycle)로 구분된다. 성탄주기는 대림절-성탄절-주현절이며, 부활

142　정장복,『예배학 개론』(서울: 예배와 설교 아카데미, 1999), 311.

143　주승증,『은총의 교회력과 설교』(서울: 장로회신학대학교 출판부, 2009), 305-6.

144　구약의 말씀에는 시편이 항상 구약의 말씀과 연관 지어서 선택된다. 그러므로 구약의 말씀 후에 응답송(혹은 성시교독)으로 사용할 수 있다. 혹은 예배의 부름으로 사용되기도 한다. 주승증,『은총의 교회력과 설교』, 306.

주기는 사순절-수난주간-부활절-오순절로 구성된다.[145] 그러나 주현절(1월 6일)부터 사순절 전까지, 성령강림 주일 이후부터 대림절 전까지를 비절기 기간(Ordinary Time)이라 부른다. 이 기간에는 성탄주기와 부활주기 시 미처 설교하지 못한 주제들을 가지고 설교할 수 있다.

3. 성서정과의 역사

성서정과는 유대교의 회당에서부터 사용했다. 성경을 체계적으로 읽는 것이 유대교회의 회당에서 온 것이기 때문이다. 이 회당예배의 영향을 받은 초대교회도 성서정과의 사용이 있었다는 주장이 있기도 하나, 이런 주장을 뒷받침할 만한 성구집이 발견되지는 않았다. 그러나 4세기에 이르러 설교자 크리소스톰(John Chrysostom)을 비롯한 교부의 설교에서 성서정과를 사용한 흔적이 있다. 불행하게도 중세시대를 거치면서 교회력과 성서정과는 마리아를 비롯한 성자숭배 사상으로 인해 주일을 성자 축일로 변모시켰다. 이에 염증을 느낀 종교개혁자들은 교회력과 성서정과를 배격하기에 이르렀다.[146]

20세기에 이르러서 성서정과의 원조는 19세기 말에 장로교의 본

---

145 총회예식서개정위원회, 『대한예수교장로회 예배 예식서』 (서울: 한국장로교출판사, 2010), 550.

146 주승중, 『은총의 교회력과 설교』, 301.

산인 스코틀랜드 교회가 예배회복 운동(The Liturgical Movement)을 주창하면서 초대교회 때부터 있었던 성구집에 대한 관심이 다시 고조되었다. 그리하여 스코틀랜드 장로교는 1940년대에 구약, 복음서, 그리고 서신서를 잘 배열하여 2년 주기의 성서정과를 만들었다. 스코틀랜드 장로교회는 그동안 영국교회가 지켜오던 대부분의 성자 축일을 배제하고 예수 그리스도의 구속사와 관련된 교회력 전통만을 회복하여 성서정과를 개발하여 다른 개신교 진영은 물론 로마가톨릭교회에까지 큰 도전과 영향을 주었다.[147] 정장복은 스코틀랜드 성서정과에 대하여 다음과 같이 언급했다.

> 이 성서정과는 교회력에 따라 2년 동안 사용할 수 있도록 구성되었다. 주일 낮 예배를 위하여 세 성구가 제시되었다. 하나의 성구는 구약에서, 두 개의 성구는 신약으로 배열했다. 마지막 성구는 언제나 복음서에서 읽도록 했다. 주일 저녁 예배 시에는 구약의 말씀과 신약의 말씀을 읽도록 하였다. … 그리고 시편은 주일에 드리는 아침·저녁의 예배에서 모두 읽게 하였다.[148]

스코틀랜드 성서정과는 로마가톨릭의 성서정과(1969년) 보다 무려 30년 전에 만들어진 쾌거였다. 주목할 만한 부분이 있다. 제임

---

147   조성현, 『성경적 설교』, 148-49.
148   정장복 편저, 『교회력과 성서일과』 (서울: 대한기독교서회, 1996), 539.

스 화이트(James F. White)는 『기독교 예배 전통』(*Christian Worship in Tradition*)에서 "개신교의 성경 연구 열이 로마가톨릭 설교에 주는 선물인 것과 같이, 로마가톨릭 교회의 성서정과는 개신교 설교에 주는 최대의 선물이다"[149] 라고 했다. 설교를 예배의 중심으로 여겼던 개신교회에 엄청난 충격을 준 사건이 등장했다. 바로 제2차 바티칸 공의회(1962~1965년)에서 자국어 미사를 비롯하여 획기적인 변화를 결정했다. 교회의 예식과 설교가 박물관과 같이 보존해야 할 것이 아니라, 우리 시대를 정확하게 해석하고 시대에 부응해야 한다는 교황의 교시에 따라 새로운 성서정과의 탄생을 알렸다. 이는 스코틀랜드 장로교의 성서정과를 기초로 만든 1969년 성서정과(The Roman Lectionary for Mass)였다. 정장복은 로마가톨릭 성서정과의 영향에 대하여 다음과 같이 주장했다.

> 1969년에 성서정과를 공포하자 세계교회는 깊은 관심을 기울이고 즉각적인 반응을 보였다. 미국의 감독교회(Episcopal Church), 루터교회, 장로교회 등이 처음으로 로마가톨릭의 성서정과를 받아들이거나 기존의 것을 수정하여 사용하게 되었다. 미국의 남·북 장로교회는 1970년에 공동으로 발행한 예식서에 로마가톨릭 교회가 사용하던 성서정과를 수정해서 사용했다. 이후에 미국교회는 교회 일치를 위한 협의회 산하에 공

---

149 James F. White, *Christian Worship in Tradition* (Nashville, TN: Abingdon, 1976), 139.

동본문위원회를 설치하고 성서정과를 만들 것을 결의하였다. 그 후 북미와 캐나다의 영어권 12개 교단 대표에 의하여 5년간의 연구 결과 공동성서정과(Common Lectionary)를 제작하고 1992년에 완결판이라고 할 수 있는 3년 주기의 '개정판 공동 성서정과'(The Revised Common Lectionary)를 발행했다.[150]

이 성서정과는 독일교회를 제외한 전 세계 개신교의 공통 성서정과이다. 그 후 2012년에 통합교단은 개정판 공동 성서정과에 기초하여 통합교단 성서정과를 발행했다. 이 성서정과에 근거해서 한국에서는 정장복이 1984년부터 지금까지 『예배와 설교 핸드북』을 매년 제작하여 설교자에게 제공해 오고 있다.

4. 성서정과 설교의 문제점 및 목회적 유익성

1) 문제점

첫째, 연속 강해 설교나 임의로 본문을 선택하던 설교자는 맨 처음에 새로운 틀을 깨기가 쉽지 않다. 그래서 변화에 잘 적응하지 못하는 경우가 종종 있다. 이유는 남에 의하여 선택된 본문이기에 설교자의 설교 본문 선택의 자유를 잃어버렸다는 점이다. 둘째, 성서

---

150 정장복, 『예배학 개론』, 313.

정과 본문이 청중의 삶과 무관하다는 생각으로 설교의 현장성과 시대성이 약하다는 지적이다. 예를 들어 나라마다 민족 절기가 있는데 현장성이 무시 될 수 있다. 셋째, 3개의 본문을 연결해 설교를 작성하는 것이 설교자에게 익숙하지 않다. 구약, 서신서, 복음서를 연결하는 데 초점을 어디에 두어야 할지를 파악하지 못해 혼란스러워한다. 또한 본문 주석을 하는 데 많은 시간이 필요하다.[151] 넷째, 토마스 롱은 지적하기를 "성서정과가 주로 사 복음서를 중심으로 구성되어 있기 때문에 구약과 신약의 나머지 성경보다는 복음서를 설교하게끔 강요당하는 느낌"[152]이 있을 수도 있다고 했다. 그러나 이러한 문제점이 있음에도 불구하고 상당한 목회적 유익들이 있다.

2) 목회적 유익성과 적용

첫째, 설교자의 본문과 주제 편식을 예방할 수 있다. 대부분의 설교자는 자신의 취향에 맞는 성경 본문과 주제들을 의식적이든 무의식적이든 사용하기를 좋아한다. 그래서 청중도 설교자의 편식에 따라서 균형 잡힌 영적 영양을 충분히 공급받지 못하는 경우들이 많다. 그러나 성서정과를 사용하면 구약과 신약, 선호 본문과 비선호 본문 모두 설교할 수 있기에 설교자나 청중에게 더욱 풍성한 영적 식탁이 될 수 있다.

---

151 첫째, 둘째, 셋째 문제점에 대하여 조성현, 『성경적 설교』, 150.

152 Thomas G. Long, *The Witness of Preaching*, 2nd ed., 72.

둘째, 설교 준비를 계획적으로, 효과적으로 할 수 있다. 성서정과 본문은 신학적으로 역사적으로 검증된 본문들이기에 일 년 목회계획이나 교육 프로그램까지 통일성 있게 미리 수립이 가능하다. 셋째, 본문 선택 시간을 단축할 수 있기에 더 빠른 속도로 설교 준비를 할 수 있게 된다. 대부분 설교자의 고민은 본문 선택의 문제이다. 본문을 일찍 선택하지 못해서 전전긍긍하는 많은 사례가 설교자들의 어려움이기에 성서정과 설교는 설교자가 한 달 전이나 두 달 전부터 미리 설교를 준비할 수 있는 여유를 제공해 준다. 넷째, 설교자들 간의 상호협력과 연대를 통하여 설교 준비를 풍성하게 할 수 있다. 이미 주어진 본문자료를 기초로 서로 묵상한 본문을 서로 나눔으로써 설교자와 청중에게도 큰 유익이 되고 강단은 풍성해진다.[153] 요사이 주요 교단 목회자들은 지역별로 성서정과 모임을 통하여 설교의 풍성함을 누리고 있다는 소식을 종종 접하고 있다.

다섯째, 예배 전체가 일관성 있게 흐르도록 해준다. 예를 들어 설교와 찬양대의 조화를 시도할 수 있다. 또한 장년과 교회학교 간의 예배와 교육이 연계성을 가진다. 여섯째, 교회 일치를 가져온다. 미국에서는 공동 성서정과를 각 교단과 교파의 목회자들이 함께 설교 준비하면서 교회 일치를 가져온다. 일곱째, 성서정과는 우리가 믿고 고백하는 사도신경의 모든 내용을 다 포함하고 있기에 기독

---

153   첫째, 둘째, 셋째, 넷째의 유익성에 대하여 조성현, 『성경적 설교』, 151.

교의 중요한 교리를 설교 시 가르치는 유익이 있다.[154] 그러나 가장 중요한 장점은 설교가 목회적 상황으로부터 시작되는 설교자의 자의적 성경해석(eisegesis)이 아니라, 본문으로부터 상황으로 가는 석의(exegesis)가 되므로 성경적 설교가 될 수 있다는 점이다. 또한 성서정과 설교는 예배 안에서 찬송, 기도, 찬양, 본문, 설교 등 예배의 순서와 요소가 통일성과 연관성을 가짐으로 예전적인 조화와 감동을 줄 수 있다.

나가는 말

홍수가 나면 정작 마실 물이 없다. 마찬가지로 현대는 설교의 홍수 속에 살고 있지만 청중의 마음에 감동을 주는 성경적 설교가 무던히도 필요하다. 성서정과 설교는 복음의 전체성을 가지고 하나님의 말씀 전부를 전하기에 강단의 개인주의적 혼돈과 무질서를 예방할 수 있는 여과장치임은 틀림없다. 성서정과 설교의 약점으로 시대성과 청중의 현장성을 거론했지만 이를 불식시킬 만한 강력함이 성서정과 설교 안에 있다. 처음 대하는 본문임에도 불구하고 하나님의 성령께서 직접 개입하셔서 청중에게 가장 필요한 말씀, 청중에게 필요한 현장성이 있는 말씀으로 역사하기 때문이다. 규모 있는 세계교회들이 성서정과 설교로 발맞추어 나가고 있는 시점에서 다시 한번 설교자들의 방향 전환이 필요할 것이다.

---

154   주승중, 『은총의 교회력과 설교』, 308-11.

XII. 성령이 이끄는 설교
(Spirit-Led Preaching)

화룡점정(畵龍點睛)이라는 단어가 있다. 용을 그린 뒤 마지막으로 눈동자를 그려 넣었더니 그 용이 구름을 타고 하늘로 올라갔다는 고사(故事)에서 유래한 말이다. 이는 어떤 일을 하는데 가장 긴요한 부분을 완성 시킴을 비유적으로 이르는 고사이다.[155] 설교는 여러 단계를 거쳐 진행된다. 첫째, '묵상'의 단계이다. 둘째, 발견한 메시지를 어떤 설교의 '형태'를 따라 작성할 것인가를 결정해야 한다. 셋째, '전달'의 차원이다. 언어적 전달, 비언어적 전달이다. 그런데 세 가지의 단계를 다 거쳤다고 설교가 완성되는 것이 아니다. 바로 점(鮎)을 찍어야 한다. 그 점은 바로 '성령이 이끄는 설교'이다. 성령으로 완성되지 않으면 온전한 설교라고 보기 어렵다. 왜냐하면 설교는 감동적 사건이므로 성령께서 설교자와 청중에게 감동을 주어야 설교가 되기 때문이다.

155　국어국문학회, 『새로 나온 국어대사전』, 2788.

1. 성령이 이끄는 설교의 이해

'성령이 이끄는 설교'란 설교자가 설교의 주(主)가 아니라, 성령께서 설교의 처음과 마지막까지, 심지어 청중의 마음과 삶 속에 열매를 맺히는 것까지 성령께서 주관하도록 의탁하는 설교를 말한다. 즉 성령이 이끄는 설교란 성령 하나님이 설교의 주인 되신다는 신앙고백이 있는 설교이다. 영어 단어에서 보여주듯이 '성령께서 주도하는 설교'(Spirit-Led Preaching)이다. 이는 단순한 설교의 형태를 말하는 것이 아니다. 한편의 설교가 완성되기 위해서는 설교자의 꾸준한 학문적 노력, 본문에 대한 깊은 연구, 효과적인 설교 전달력, 본문을 잘 드러낼 수 있는 설교 형태론, 현대와 청중의 상황을 이해할 수 있는 통찰력, 청중에게 들리는 음성, 적절한 제스처, 설교자의 건강 등 모든 부분이 종합적으로 필요하다. 그러나 이 모든 것들 위에 한 가지가 더해져야 감동적인 설교가 되어서 청중에게 전달된다. 바로 '성령이 이끄는 설교'이다.

설교 공간은 성령이 가장 창조적으로 일하실 수 있는 곳이다. 설교의 능력과 은혜도 설교자를 통하여 나타나지만 설교의 가장 큰 걸림돌도 설교자이다. 설교자는 은혜의 통로도 되지만 은혜의 방해물이 되기도 한다. 그러므로 설교보다 더 중요하게 다루어져야 하는 부분이 바로 '설교자'이다. 성령에 감동되고 성령 충만한 설교자가 되는 것이 필요하다. 특히 위로부터 임하는 성령의 능력에 온전히 사로잡히는 '성령이 이끄는 설교'가 무엇보다도 더욱 중요하다.

2. 성령이 이끄는 설교의 성경적, 교회사적 실례

성령이 이끄는 설교를 하게 되면 청중의 지성, 감성 그리고 청중의 삶 속에 자발적인 움직임이 일어난다. 이에 성경 속의 실례와 교회사 속의 두 가지 실례를 고찰하자. 첫째, 성경 속의 예이다. 3년 동안 예수 그리스도의 제자훈련을 받은 주님의 제자들은 십자가 지시기 전에 한 명은 스승을 팔고서 죽고, 다른 제자들도 다 뿔뿔이 흩어지고 배반하고 예수님을 실망하게 하셨다. 골고다 산상에서 십자가에 돌아가신 예수님 곁에는 12명 중에서 단지 한 제자만 자리를 지키고 있었다. 그러나 3일 만에 주님의 부활사건을 경험한 제자들은 주님의 유언과도 같은 명령을 접했다. "예루살렘을 떠나지 말고 내게서 들은바 아버지의 약속하신 것을 기다리라 요한은 물로 세례를 베풀었으나 너희는 몇 날이 못 되어 성령으로 세례를 받으리라. … 오직 성령이 너희에게 임하시면 너희가 권능을 받고 예루살렘과 온 유대와 사마리아와 땅끝까지 이르러 내 증인이 되리라 하시니라"(행 1:4-5, 8) 이들은 마가의 다락방에 모여 성령 받기를 10일 동안 간절히 사모하고 기도했다. 그때 성령의 불과 바람이 하늘로부터 급하게 임하여 저들은 모두 다 성령의 충만을 받고 성령의 말하게 하심에 따라 방언했다.

그 후 베드로가 말씀을 전하니 3,000명씩 불신자가 회개하는 역사가 나타났다. 나면서부터 앉은뱅이 된 사람이 예수님의 이름으로 일어나는 등 기적이 속출했다. 주님을 끝까지 지키겠다고 호언

장담하고는 어린 계집종 앞에서 3번이나 그것도 주님을 저주하면서 부인하던 사람이 베드로가 아니었던가? 그러나 성령 충만을 받고 권능을 받게 되니 고난도, 죽음도 문제가 되지 않았다. 그리하여 겁 없이 하나님의 나라를 전파하고, 교회는 든든히 서가고, 사랑의 공동체가 되었다. 그리고 많은 기적과 이적이 태풍과 같이 예루살렘과 유대와 사마리아와 온 땅을 강타했다. 세상을 변화시키는 증인이 되었다. 베드로를 비롯하여 여러 제자가 순교까지도 두려워하지 않고, 사랑으로 미움을 이기는 '진짜 제자'가 되었다. 무엇이 이렇게 사람을 변화시켰는가? 성령이 임했기 때문이며, '성령이 이끄는 설교'가 있었기에 가능했다.

둘째, 교회사 속의 예이다. 감리교를 창시한 요한 웨슬리(John Wesley)의 경우이다. 웨슬리는 전형적인 영국 사람으로 감정적인 동요가 거의 없으며 매우 엄격하고 이성적이며 종교적이며 지성적인 학자였다. 그는 대서양을 횡단해서 미국의 조지아(Georgia)주에 선교하러 갔으나 실패하고 영국으로 돌아왔다. 그의 신앙적인 상태는 절망적이었다. 그러나 1738년 5월 24일 런던의 올더스게이트 가(Aldersgate Street)의 작은 모임에 참석해서 한사람이 루터의 로마서 주석 서문-주석이 아닌 서문-을 읽고 있었을 때 웨슬리는 고백하기를 '자기의 마음이 이상하게 따뜻해지는 느낌'(was strangely warmed)을 받았다고 했다. 자기의 죄를 용서받았다는 확신과 함께 '안에서 무언가 녹아내리는 것'(to melt within him)을 경험했다. 그후 웨슬리는 새로운 능력으로 설교하게 되었고 하나님께 크게 쓰

임을 받았다.[156]

성령이 이끄는 설교의 또 다른 역사적인 예는 조나단 에드워드(Jonadan Edward)의 "분노하시는 하나님의 손에 있는 죄인들"(Sinners in the Hands of Angry God)이라는 제목의 설교는 제1차 대각성 운동의 선구적인 성령 운동의 기폭제가 된 설교이다. 1741년 7월 미국 메사추세츠(Massachusetts) 주의 엔필드(Enfield)에서 특별집회 시 설교한 것으로 사도행전에 나타난 베드로의 성령 설교 이후에 청중에게 강력한 성령의 폭발적인 회개의 역사를 나타나게 한 성령이 이끄는 대표적인 설교이다. 이 설교의 상황에 대하여 패티슨(T. Harwood Pattison)은 그의 저서 『기독교 설교의 역사』(*The History of Christian Preaching*)에서 그 당시 설교의 상황을 다음과 같이 묘사하고 있다.

> 청중 중의 한 분은 에드워드의 설교를 들으면서 하늘이 열리고 심판자(the Judge)가 내려와서 의로운 자들과 악한 자들을 분리하는 모습을 보았다. … 에드워드의 설교를 듣고 있었던 그 교회 담임목사는 뒷좌석에서 그의 옷자락을 잡아당기면서 "에드워드 목사님! 에드워드 목사님! 하나님은 자비로우신 분이 아니십니까?"라고 울부짖었다.[157]

몸도 허약하고 시력이 좋지 않아서 원고를 가까이서 읽으며 단지

---

156 Martyn Lloyd-Jones, *Preaching and Preachers*, 318-19.

157 T. Harwood Pattison, *The History of Christian Preaching* (Philadedelphia, PA: American Baptist Publication Socity, 1903), 355-57.

원고를 넘길 때만 청중을 바라보았고 시선 접촉이 거의 없던 그의 설교, 활발한 제스처도 없이 목소리도 가냘픈 그의 유약한 설교[158]가 강력한 성령의 바람과 회개의 태풍을 밀고 온 것은 인간의 지성으로는 도저히 납득이 되지 않는 '성령이 이끄는 설교'임에는 틀림없다.

3. 성령이 이끄는 설교의 필요성

첫째, 영감 있는 설교를 위하여 성령이 이끄는 설교가 필요하다. 다음과 같은 유머가 있다. "혼자 사는 할머니와 성령 받지 못한 목사의 공통점은 무엇인가?", "영감이 없다"이다. 성령의 영감과 능력이 없이도 여러 좋은 서적을 참고하여 설교를 잘 준비하고 효과적으로 전달 할 수 있다. 왜냐하면 설교란 연설의 한 형태를 취하고 있기 때문이다. 그러나 성령의 이끄심이 없는 설교는 설교자 자신에게 먼저 설교의 감동이 없다. 그리고 청중을 변화시킬 수 있는 영감과 능력은 경험할 수 없다. 그러므로 "성령 없이 설교 없다"는 말과 같이 성령의 이끄심을 받는 설교를 통해서만 설교의 영감과 감동이 나타난다. 사도 바울은 자신의 지식과 지혜로 설교하지 않겠다는 그의 의지에 대하여 "내 말과 내 전도함이 설득력 있는 지

---

158   T. Harwood Pattison, *The History of Christian Preaching*, 355.

혜의 말로 하지 아니하고 다만 성령의 나타남과 능력으로 하여"[159] 그리고 "이는 우리 복음이 너희에게 말로만 이른 것이 아니라 또한 능력과 성령과 큰 확신으로 된 것임이라"[160]고 신앙고백 했다. 그러므로 감동과 영감 있는 설교가 되기 위해서는 성경 본문을 잘 주석하고, 효과적인 전달을 잘하는 것뿐만 아니라, 성령이 이끄는 설교가 되어야 한다.

둘째, 일반적인 성경적 설교 혹은 강해 설교의 약점 때문이다. "강해 설교는 우리가 설교해야 할 성경 본문의 절대적인 권위를 회복한 점은 높이 평가하지만, 성경 본문과 성령의 밀접한 상호관계를 충분히 살리지 못한 문제점, 즉 청중이 살아가야 할 동기와 능력을 제공해주지 못한 약점을 가지고 있다."[161] 그러므로 온전한 설교가 되기 위해서는 성경적 설교의 다른 한 면인 성령의 역사에 대한 강조는 매우 필수적이다. 『성령이 이끄는 설교』(*Spirit-Led Preaching*)의 저자인 하이슬러(Greg W. Heisler)는 강해 설교에서 성령에 대한 강조가 얼마나 중요한지를 다음과 같이 강력하게 피력하였다.

1980년대에 해든 로빈슨의 성경적 설교를 필두로 하여 복음주의 진영에서 성경 본문을 중심으로 하는 설교(biblical text for preaching)가 시작되어 성경적 설교(expository preaching)

---

159 고전 2:4

160 살전 1:5

161 권성수, 『성령설교』(서울: 국제제자훈련원, 2009), 10.

의 르네상스가 시작되었다. 이는 그동안 오랫동안 성경 본문을 소홀히 했기 때문이다. 그 이후 존 맥아더(John MacArthur), 존 스타트(John Stott), 브라이언 채플(Bryan Chappell) 등 성경적(강해) 설교자들이 등장했다. 이는 성경 본문으로 돌아가자는 설교학에서의 종교개혁이었다. 그러나 이 성경적 설교에서 본문의 중요성은 매우 강조하였지만, 설교에서 성령의 역할(the Spirit's role)은 간과했었다. 그러므로 하나님의 말씀을 능력 있게 증거하기 위해서는 '본문이 이끄는 설교'(Text-Driven Preaching)와 더불어 성령의 역사를 함께 강조하는 '성령이 이끄는 설교'(Spirit-led Preaching)가 되어야 한다. 본문과 성령, 성령과 본문을 함께 강조하는 목소리가 필요하다.[162]

지성적 사고와 철저한 본문 분석에 방점을 둔 성경적 강해 설교의 약점으로 지적되는 성령의 강조는 아무리 강조해도 지나치지 않을 것이다.

---

162 Greg W. Heisler, *Spirit-Led Preaching: The Holy Spirit's Role in Sermon Preparation and Delivery* (Nashville, TN: B&H Publishing Group, 2007), xv-xvi. 본서는 Preaching. com에서 올해의 우수한 도서(Winner Book of the Year)로 선정되었다. 이는 성경 본문과 성령의 신학적 융합에 대하여, 설교 준비와 전달에 관한 성령의 역할에 대하여 비교적 잘 정립된 우수한 책으로 평가받았다.

4. 성령이 이끄는 설교의 방법론

설교란 성령의 고유한 사역이지만 설교자의 인간적인 책임을 무시하면 안 된다. 설교자의 설교 준비와 성령의 기름 부음을 받는 것은 선택적인 것이 아니라, 서로 상호보완적이다. 성령님을 전적으로 의지하면서 설교 준비하고, 전달하고, 그 결과를 성령님께 맡기는 것이다. 마틴 로이드 존스는 설교 준비와 성령을 의지하는 것에 대하여 다음과 같이 언급했다.

> 많은 설교자가 양극단에 서 있다. 어떤 설교자는 성령의 능력을 의지하지 않고 자신의 실력으로만 설교를 준비하는 경우이다. 다른 경우의 설교자들은 설교 준비는 소홀히 하고 오직 성령의 기름 부으심만 의지하는 경우이다. 그러나 설교는 양자택일(either/or)이 아니라, 설교 준비와 성령을 신뢰하는 것이 함께(both/and) 가야 한다.[163]

그러므로 성령이 이끄는 설교를 하려면 설교자의 신실성이 전제(全提)되어야 한다. 베델 신학교의 설교학 교수였던 바우만(J. Daniel Baumann)은 "성령은 우리가 해야 할 일을 대신 해주지 않는다"[164]

---

163 Martyn Lloyd-Jones, *Preaching and Preachers*, 305.

164 J. Daniel Baumann, *An Introduction to Contemporary Preaching* (Grand Rapids, MI: Baker Book House, 1972), 284.

고 했다. 그래서 어느 설교가는 말하길 "성령이 없는 것처럼 최선을 다해서 설교를 준비하고, 설교 시에는 성령만 존재하는 것처럼 성령을 온전히 신뢰해야 한다"고 했다. 그러므로 성령의 기름 부음과 설교자의 최선의 노력이 늘 함께 가야 한다. 그러면 성령이 이끄는 설교의 구체적인 설교 방법론을 살펴보자.

첫째, 본문 묵상 시이다. 설교자에게 월요일 새벽은 쉬는 날이 아니라, 설교를 미리 준비하는 날이다. 특히 성령 하나님과 깊은 교제 속에서 질문을 해야 한다. "성령님! 무슨 말씀을 이번 주일에 전할까요?" 영감이 오는 즉시 메모지에 적어서 설교 자료로 활용한다. 설교는 말하기 전에 먼저 들을 수 있어야 한다. 본문을 통해, 청중의 울부짖는 소리를, 그리고 시대적인 상황을 들을 수 있어야 한다. 그래서 설교는 말하는 것이 아니라, 성령의 능력 안에 있는 '청각적 사건'임을 명심해야 한다.

둘째, 본문 선택 후 본문 앞에서 기도한다. "성령님! 오늘의 본문을 하나님의 감동된 말씀으로 믿사오니, 내 눈을 열어 주의 기이한 말씀을 보게 하소서." 그리고 정해진 한글 성경 본문을 기도하는 마음으로 10번 이상 소리 내어 읽는다. 그리고 원어 성경을 위시하여 여러 번역본을 성령을 의지하는 마음으로 계속 읽는다. 그리고 어떤 주석이나 자료를 의지하지 않은 상태에서 '초벌구이 설교'를 3~4장 준비한다.

셋째, 원고 작성할 때이다. 초벌구이 설교를 기초로 설교원고를 작성할 때 가장 중요한 것은 성령의 인도하심에 따라 작성하는 것이다. 여느 설교자의 경우 토요일에 설교 준비를 할 때 중보 기도 팀이 설교자의 설교원고 작성을 위하여 중보기도를 한다고 한다. 이는 설교원고 작성 시 성령의 가장 강력한 인도함을 받아야 하기 때문이다.

넷째, 설교 전달 시이다. 아무리 설교원고가 잘 작성되어도 성령 께서 설교자와 함께하지 않으면 무기력한 설교가 된다. 그래서 어 느 설교자는 "성령님의 도움 없이는 저는 아무것도 아닙니다. 저는 원고도 영상매체도 의지하지 않습니다. 오직 성령님만 100% 신뢰 하고 의지합니다"라고 설교 전 개인 기도를 하고 설교단에 선다고 한다. 결국 설교는 성령님께 달려있기 때문이다.

다섯째, 설교가 전달된 후에도 청중의 삶에 열매가 맺히도록 성 령님의 도움을 요청해야 한다. 설교 시 청중이 은혜와 감동을 받는 것은 매우 중요하다. 그러나 더 중요한 것은 그 설교가 회중의 삶 속에 열매가 주렁주렁 맺히는 것이다. 이 일을 위해서도 설교자는 본인을 위시해서 청중의 삶이 성화의 삶에 이르도록 성령께 의탁 하며 기도하는 것이 필요하다.

마지막으로, 로이드 존스는 영감 있는 설교자가 되기 위하여 그 의 저작『설교와 설교자』에서 설교자가 성령의 기름 부으심을 얻기 위하여 어떤 자세를 가져야 하는지에 대하여 잘 언급했다.

그러면 우리가 이 일(성령의 기름 부으심)에 대하여 무엇을 해 야 합니까? 단 한 가지 분명한 결론이 있습니다. 그를 구하십시오!(Seek Him) 성령을 구하십시오! 우리가 성령의 도움이 없이 무엇을 할 수 있겠습니까? 그를 구하십시오! 항상 그를 구하십시오. 그를 구하는 것을 넘어서 그가 하실 일을 기대하십시오. 당신은 강단에 설교하러 올라갈 때 무엇이 일어날 것을 기대하십니까? 준비한 설교원고를 원고대로 설교해야지. 청중이 이 설교를 좋아할까? 좋아하지 않을까? 그런 차원에 머무십니까? 자신의 설교가 누군가의 삶에 전환점(turning point)이 되기를 기대하지 않습니까? 설교는 이런 목적을 위해서 있는 것입니다. … 그의 능력을 구하십시오. 그 능력을 기대하십시오. 그 능력을 열망하십시오. 그리고 성령의 능력이 임할 때 성령께 의탁하십시오. 거부하지 마십시오. 필요하다면 당신이 준비한 설교를 다 잊어버리십시오. 성령이 자유롭게 역사하시도록 하십시오. 성령이 당신 안에서 당신을 통하여 능력이 나타나도록 하십시오. 여러 번 언급한 바와 같이 설교에서 성령을 구하는 일보다 더 중요한 일은 없습니다. 성령의 능력으로 설교하는 것이 진정한 설교(true preaching)를 만듭니다. 그리고 이것이 오늘날 설교자에게 가장 필요한 것입니다.[165]

나가는 말

설교자는 모두 훌륭하고 좋은 설교자가 되기를 원한다. 여기에

---

165 Martyn Lloyd-Jones, *Preaching and Preachers*, 325.

설교자의 삼중주가 있다. 본문이 이끄는 설교, 효과적인 언어 및 비언어 전달력, 그리고 가장 중요한 '성령이 이끄는 설교'이다. 이런 말이 있다. "설교자 혼자 준비하는 설교가 설탕 맛 설교라면, 성령이 이끄는 설교를 하는 설교자의 설교는 꿀맛 설교와 같다." 성령이 이끄는 설교는 설교의 마스터키와 같다. 설교 시 성령님을 간절히 사모하고, 성령님을 기대하고, 기도하며, 기다리는 영감 있는 설교자가 되기를 고대해 본다.

XIII. 성경적 상담 설교
(Biblical Counseling Preaching) [166]

본 연구의 배경은 수년간 코로나 19를 거치면서 최근 한국교회 안에 불고 있는 심리적 또는 상담적 설교 이해와 접근방법이 성경 본문보다 청중의 상황에 치우치고 있는 심각한 문제를 학문적으로 해결할 필요를 인식하고 있기 때문이다. 최근 한국사회는 점점 복잡해지고 한국인의 정신건강에 적신호가 켜지고 있다. 지금은 웰빙(well-being)을 넘어서 힐링(healing)이 대세이다. 먹고 살 만하니까 마음이 크게 고장 난 것이다. 신앙인도 예외는 아니다. 교회는 나오고 예수님은 믿지만, 마음과 감정에 탈이 난 그리스도인이 얼마나 많은지 모른다. 수없이 많은 말씀을 듣지만 마치 바늘이 그 자리에 머물러 있는 망가진 레코드판과 같다. 이유가 무엇일까? 상처 때문이다. 이는 한국 사회에서 상담(counseling)이 주목을 받는 이

---

166 이 논문은 2021년 정부(교육부)의 재원으로 한국연구재단의 학술연구비 지원을 받아 수행된 연구이다(NRF-2021S1A5B5A17058771). 원제는 "성경적 상담 설교를 위한 통전적 설교 신학의 이해: 포스딕(Harry E. Fosdick)과 바르트(Karl Barth)의 설교 신학을 중심으로"이다.

유이기도 하다. 이에 한국교회 강단도 고통받고 상처받는 이들을 치유하고 위로하기 위하여 "상담 설교"(counseling preaching) 혹은 "상담적 설교"(preaching of counseling)[167]가 한국교회 강단에 주류를 이루고 있다. 그러나 상담 설교는 긍정성, 대중성과 함께 현대인에게 필요한 현대감각적인 설교임에는 틀림 없지만, 많은 한계와 취약점을 지니고 있다. 상담설교가 현대인들을 돕기 위하여 '삶의 상황'(life-situation)으로부터 출발하지만, 심리학적 접근이 성경의 권위보다 앞서므로 비성경적인 설교로 전락할 우려가 충분히 있기 때문이다. 이에 한국교회 강단에 유행하는 불균형적인 상담 설교의 건강성을 불어넣기 위해서는, 단순히 증상을 완화시키는 치료의 차원을 넘어서, 성경의 권위를 가지고 하나님의 말씀을 통하여 삶의 궁극적인 문제까지도 치유하고 해결해 주는 '통합적 설교 신학의 이해'가 필요하다.

---

167 전형준은 '상담 설교'(counseling preaching)는 상담주제를 설교하는 것이며, '상담적 설교'(preaching of counseling)는 상담적 관점으로 성경을 해석하고 심리상담기법을 반영하여 설교하는 것이라고 한다. 이 두 가지 설교의 공통점은 심리상담의 원리와 기법을 활용한다고 주장했다. 전형준, 『성경적 상담 설교』(서울: CLC, 2013), 14. 전요섭은 상담적 설교에 대하여 "새로운 설교의 유형이라기보다는 종래의 강해 설교 형태를 훼손하지 않으면서 적용점을 풍성하게 이끌어주는 설교이다"라고 언급했다. 전요섭, "상담적 설교를 위한 상담과 설교의 통합 방안" (박사학위 논문, 단국대학교, 2005), 10-11. 본 연구에서는 상담적 설교가 아니라, 상담 설교로 명칭을 통일하겠다.

1. 상담 설교에 대한 이해

기독교는 말씀의 종교이다. 그리고 기독교가 말씀의 종교라 함은 기독교는 설교의 종교라는 말과 같다. 그러므로 16세기 종교개혁자들이 "설교 없이는 구원 없다"라고 한 말은 지당하다. 그래서 설교 역사학자인 다간(Edwin C. Dargan)은 "교회사는 설교사"[168]라고 했다. 칼 바르트는 "설교란 하나님 자신의 말씀이다"[169]라고 설교의 정의를 내렸다. 정장복은 "설교란 택함 받은 설교자가 당대의 커뮤니케이션을 통하여 청중에게 하나님의 말씀인 성경의 진리를 성령님의 능력 아래 선포하고, 해석하고 청중에게 적용하는 것이다"[170]라고 했다. 종합하면 설교란 하나님으로부터 부름을 받은 종이 예수 그리스도를 하나님의 말씀인 성경을 가지고 올바른 주석과 해석을 통하여 성령의 능력 아래서 현대 커뮤니케이션의 방법으로 청중에게 적용하는 선포와 증언이다.

특별히 상담 설교란 설교의 "네 가지 설교의 목적"[171]중의 한 가지로, 치유 설교(therapeutic preaching)를 의미한다. 상담 설교란 "상담

---

168   Edwin C. Dargan, *A History of Preaching*, Vol. I (Grand Rapids, MI: Baker Book House, 1974), 13.

169   Karl Barth, *The Preaching of the Gospel*, trans. B. E. Hooke (Philadelphia, PA: The Westminster Press, 1963), 9.

170   정장복, 『설교학 개론』 (서울: 예배와 설교 아카데미, 2001), 70.

171   설교의 네 가지 목적이란 선포적인 설교(kerygmatic preaching), 교훈적 설교(didactic preaching), 치유적 설교(therapeutic preaching), 그리고 예언자적 설교(prophetic preaching)이다. J. Daniel Baumann, *An Introduction to Contemporary Preaching*, 206.

과 설교를 접목시킨 설교의 형태"[172]로 상담과 설교 모두 '변화'를 목적으로 하고 있다. 상담은 내담자의 변화를 목적으로 대화하는 것이며, 설교는 청중의 변화를 목적으로 선포하는 것이다. 즉 상담 설교란 인간의 삶 가운데 어려움, 고통, 그리고 깊은 상처를 가진 현대인들에게 성경 말씀을 가지고 위로와 힘을 줌으로, 영적으로 감정적으로 치유하여, 하나님 앞으로 가까이 나오게 하는 설교이다. 이를 목양 설교(pastoral preaching), 치유 설교(therapeutic preaching), 문제 해결식 설교(problem-solving preaching), 삶의 상황 설교(life-situation preaching) 용어로 이미 오래전에 개념화했다.[173] 이는 현대 목회에서 가장 주목받고 있는 설교의 형태 중의 하나이다. 이 상담 설교

---

172   김만풍, 『상담 설교』 (서울: 크리스찬 서적, 1955), 125. 하재성은 말하길 "설교는 설교자가 마이크를 사용하는 것이고, 상담은 성도가 마이크를 사용하는 것이다. 설교는 설교자가 하나님의 말씀을 권위 있게 선포하는 것이고, 상담은 성도가 상담자인 목회자에게 자기 삶에 대하여 자신의 어려움을 소통하고 목회자와 더불어 그 어려움을 통찰해 가는 과정이다"라고 했다. 하재성, "목회 상담과 설교," 「헤르메니아 투데이」 43(2008), 38.

173   미국과 유럽에서는 '상담 설교'와 같은 유사한 형태의 설교가 이미 사용되어왔다. 헨리 슬론 카핀(Henry Sloan Coffin)은 1926년에 발간한 그의 저서 *What to Preach*에서 'Pastoral preaching'이라는 명칭을 사용했다. Henry Sloan Coffin, *What to Preach* (New York, NY: Harper and Brothers, 1926), 119. 해포드 루카스(Halford E. Luccock)는 1944년에 펴낸 그의 저서 *In the Minister's Workshop*에서 'Life-situation preaching'이라는 명칭을 사용했다. Halford Luccock, *In the Minister's Workshop* (Nashville, TN: Abingdon Press, 1944), 50-72. 'Life-Situation Preaching'을 전문적으로 체계화 한 저자는 미국 네브래스카 주 링컨에 있는 제일기독교회에서 목회 생활을 한 찰스 캠프(Charles F. Kemp)이다. 그는 *Life-Situation Preaching*이라는 단행본을 내놓았다. 웨인 오우츠(Wayne E. Oates)는 1951년에 펴낸 그의 저서 *The Christian Pastor*에서 'Therapeutic Preaching'이라는 명칭을 사용했다. 김만풍, 『상담 설교』 27-28. 이와 같은 면에서 볼 때 pastoral preaching은 목회 현장에서의 문제를 중심으로 설교하는 목양 설교로, therapeutic preaching은 의학적 관점이 강조된 치유 설교로, counseling preaching은 상담이 중심이 되는 상담 설교로, life-situation preaching은 청중 삶의 정황에서 출발하는 삶의 상황설교로 차이점을 규명할 수 있다. 그러나 이 명칭들은 미세한 차이는 있지만, 큰 흐름으로 볼 때 동일한 설교 형태를 가리키는 서로 다른 표현이라 볼 수 있다.

의 효시는 뉴욕의 리버사이드 교회(Riverside Church)의 담임목사이면서, 유니온 신학교의 설교학 교수인 해리 에머슨 포스딕(Harry E. Fosdick)[174]이다.

2. 상담 설교의 한계

이에 더 구체적으로 상담 설교의 한계와 취약점을 살펴봄으로 '통합적 설교 이해'의 필요성을 제기하고자 한다. 첫째, 상담 설교가 심리학과 심리 상담에 기초를 두고 있다는 점이다. 상담 설교라는 용어는 단지 심리 상담과 설교를 통합하고자 하는 의미에서 사용해 왔다.[175] 그러나 심리학자인 폴 비츠(Paul1 C. Vitz)는 말하길 "현대 심리학은 하나님을 거절하고 자아를 숭배하는 것에 기초한 세속적 인본주의의 한 형태가 되어버렸다"[176]고 규명했다. 즉 종교

---

174 포스딕은 20년(1926-1946) 동안 미국 뉴욕에 위치한 리버사이드 교회 담임목사로 사역했으며, 뉴욕의 유니온 신학교의 설교학 강사(1911)로 시작하여, 설교학 교수로 봉직(1915-1946)했다. 그는 그 당시의 강해 설교 흐름을 따르지 않고, 교회 전통과 성경, 그리고 역사적인 교리 중심의 성향을 외면했다고 하여 보수주의자들로부터 비평을 받기도 하였다. 포스딕이 상담 설교나 '삶의 정황 설교'를 계속 주창한 이유는 미국의 경제 공황 속에서 사람들의 삶이 곤고하고 피폐함에도 불구하고 오직 성경 본문 해석에만 집착하는 보수주의 설교자에 대한 비판적 입장을 견지(堅持)하였다. 포스딕은 '목양 설교의 대부', '복음적 자유주의자'로 칭한다.

175 전형준, 『성경적 상담 설교』, 28.

176 Vitz, Paul C. *Psychology as Religion*. 장혜영 역. 『신이 된 심리학』 (서울: 새물결 플러스, 2010), 14-15. 오우성의 경험으로는 "자신이 지도하는 청년 중에 심리학이나 상담학을 전공하는 교인이 자신의 전공을 더 공부하면 할수록 신앙과 전공 사이에서 갈등을 경험하였다. 이는 '심리학의 무신론적인 배경'이 기독 상담자에게 큰 장애로 다가온다는 사실을 발견하고 이에 대한 해결책을 찾고자 하였다." 오우성, 『성서와 심리학의 대화』 (서울: 대한기독교

로서의 심리학은 철저히 반(反)기독교적이라고 주장한다. 이에 심리학적인 관점에서만 상담 설교가 진행된다면 설교가 심리학적 정신분석과 상담의 사례들로 가득 차게 될 위험성이 있다. 그리하여 신앙과 성경 및 신학의 정체성이 흔들리며, 신앙의 대상인 하나님의 영역이 축소될 우려가 있다.

둘째, 상담 설교는 성경의 본문을 소홀하게 대하므로 '비성경적 설교'가 될 가능성이 크다. 그 이유는 상담 설교가 청중과 인간의 상황으로부터 설교가 시작되기 때문에 성경 저자의 원 의도를 상황과 상담의 이슈(issue)에 꿰어맞추게 된다. 그리하여 성경 본문을 통전적으로 이해하지 않고, 단지 부분적인 차원에서 아전인수(我田引水)격으로 성경을 사용하거나, 곡해(曲解)할 가능성이 충분히 있다. 이슈를 성경 본문에 끼워 맞출 경우 설교자는 단지 성경 본문을 설교의 '보조 도구화', 혹은 '전시용 구절'로만 사용할 우려가 있으며, 성경 해석학적 관점에서 성경해석의 역동성은 무시되고, '자의적 성경해석'(eisegesis)[177]이 될 위험성이 충분히 도사리고 있다. 그러므로 설교의 가장 기본인 본문의 주석과 해석에 대한 왜곡 현상이 다른 설교의 장르보다 많음으로 비성경적 설교로 흐를 가능성

서회, 2007), 5. 또한 오우성은 "그동안 기독교계는 심리학과 상담학의 이론을 연구하고 도입하는 데 주력했기 때문에, 목회 상담이나 기독교 상담에서 기독교 진리와 심리학 간의 마찰과 긴장은 불가피했고, 학문의 정체성 문제가 논쟁의 대상이 되고 있다"라고 언급했다. 오우성, 박민수, 『성경 이야기 상담』 (서울: 두란노, 2010), 17-19.

177　eisegesis는 exegesis의 반대개념으로서, 성경 원저자의 의미를 무시한 자기류의 성경 해석적 방법을 말한다. 설교에서는 설교자의 주관적인 생각을 가지고 성경 본문에 주입하려는 비 성경적인 설교의 한 방법론이다.

이 충분히 있다.

셋째, 상담 설교는 적용 위주의 도덕적 설교로 전락할 우려가 있다. 상담 설교는 현장 적용에 강조점을 높이 두기 때문에 적용 위주의 설교가 될 가능성이 있다. 설교에서 적용은 중요한 요소이지만 본문 주석과 해석을 축소하며 적용 위주로 설교가 될 때, 설교가 단순히 적용과 해답을 주기 위한 도덕적 명제 정도로 전락하는 오류를 범할 수 있다. 또한 상담 설교는 다분히 사회적인 문제보다는 개인적인 차원에 더 중점을 두기 때문에 복음을 개인적인 차원으로만 제한시킬 위험성이 있다.[178]

넷째, 상담 설교는 '청중의 영적인 필요'나 '통합적인 진리'(the whole truth)를 간과하고[179], 청중의 삶 속에서 드러난 주제나 상황에만 급급할 수 있다. 청중의 삶 속에서 표면적으로 드러나 있지는 않지만, 깊은 영적인 필요나 삶의 근본적인 문제들을 간과할 수 있다. 이는 마치 한방(韓方)이 육체와 정신의 깊은 관련성을 가지고 처방을 내리는 것과 달리, 양방(洋方)에서 몸의 증상만 치료하는 것과 같다고 볼 수 있다. 청중의 현실적 필요에만 관심을 갖다 보면 청중의 궁극적인 문제나 내면 깊숙한 영적인 필요를 외면할 가능성이 충분히 있다.

---

178 김운용, "상담 설교에 대한 신학적 고찰과 그 가능성에 대한 연구," 「신학과 실천」 30(2012), 313.

179 Gary D. Stratman, *Pastoral Preaching: Timeless Truth For Changing Needs* (Nashville, TN: Abingdon Press, 1983), 44-45.

다섯째, 상담 설교만 할 경우 영적인 설교의 편식을 유발할 수 있다. 설교자가 현실적이며 실제적이고, 청중의 관심과 기호에 편승하여 매 주일 상담 설교만을 하였을 경우 설교의 다양성과 균형을 해칠 수 있다. 선포적 설교, 교리 설교, 그리고 예언자적 설교와 함께 균형을 맞추지 못하였을 경우 건강하지 못한 유약한 청중을 양산하는 실수를 범할 수 있다.

여섯째, 상담 설교 때 설교자가 상담사례를 인용했을 경우 내담자의 사생활(privacy)을 침해할 가능성이 있다. 김만풍은 다음과 같이 언급했다.

<blockquote>
상담사례를 사용할 경우에는 그 사례의 당사자들에게 허락 받아야 한다. 본인의 허락이 없이 사생활을 노출하는 일은 설교자의 윤리에 어긋나는 일이며 상담 설교의 효과를 감소시킬 뿐만 아니라 많은 사람에게 상처를 입히게 된다. 사례를 소개할 때는 적용의 문맥에 해당하는 부분을 논리정연하게 정리하여 간결하게 제시해야 한다.[180]
</blockquote>

일곱째, 설교자가 상담 설교 때 심리학적인 상담 용어 등을 자주 사용함으로써 생기는 부작용이다. 이는 설교자 지식의 유창함을 드러낼 수 있을지 모르나, 자칫 설교를 정신분석의 장으로 변질

---

180   김만풍, 『상담 설교』, 82.

시킬 수 있다. 이것은 매우 바람직하지 않은 현상이다. 청중이 정신 진단의 지식을 갖게 될 때, 그것을 통하여 자기 자신을 진단하기보다는 남을 판단하는 다른 도구로 사용하기 쉽다. 일반적인 상담 설교는 긍정성과 함께 상당히 심각한 약점과 한계를 지니고 있다. 이에 새로운 상담 설교의 출현과 대안이 무던히도 필요하다고 본다.

3. 포스딕의 상담 설교 신학

상담 설교의 효시인 해리 에머슨 포스딕은 1930년대 미국의 경제 공황으로 인하여 사람들의 삶이 피폐해지는 최악의 상황 속에서 그의 설교 형태는 빛을 발했다. 경제 대공황으로 사람들이 실직하고 이혼하고 자살하는 절망적인 상황 속에서도 여전히 본문 해석과 성경 주해만을 일삼는 교리적이고 강해적인 설교의 형태에 대하여 그는 비판적인 견해를 취했다. 포스딕은 청중의 실제적인 삶의 문제와 필요(needs)를 정확하게 파악해, 설교가 청중의 삶의 정황으로부터 출발해야 한다는 '삶의 상황 설교'를 주창했다. 특별히 청중의 삶의 현장에서 그들이 실제로 필요로 하는 주제들을 선정하여 청중이 설교에 호감을 갖도록 하며, 기꺼이 개인 상담의 자리에까지 나아오도록 한 점은 획기적인 설교의 장르임은 틀림없다. 그래서 "그는 현대 설교의 아버지이며, 모든 현대 설교자 중에 가장 뛰어난 자이며, 어느 세기에도 그의 설교를 능가하지 못하는 설교의 천재이다"[181]라고 평가되고 있다.

1) 포스딕의 상담 설교 신학과 설교 방법론

포스딕의 상담 설교와 삶의 상황 설교를 주창하도록 만든 것은 그의 상담 설교의 이론들과 신학 방법론이었다. 첫째, 포스딕은 설교에서 '청중'의 중요성을 깊이 부각했다. 그 당시 대부분의 설교는 성경 본문에 관한 정보와 지식을 제공하는 차원에 머물고, 일방적으로 강단에서 설교가 선포되었고, 교회가 원하는 방향으로 청중을 의식화하는데 만 관심이 있었다. 그러나 포스딕은 청중이 무엇을 원하고, 어떤 문제로 고민하는지에 대한 깊은 관심과 열정을 가졌다. 그는 "청중의 마음이 혼란스럽든, 양심의 문제로 무거운 짐을 가지고 있던, 삶이 괴롭든지 간에 청중이 직면한 삶의 문제로부터 설교를 시작하라"[182]고 했다. 포스딕은 다음과 같이 이 부분에 대하여 더 구체적으로 언급했다.

설교는 사람들의 실제 문제에서부터 시작해야 한다. 설교는 수필이나 강의가 아니므로 설교가 지닌 특수성이 있어야 한다. 모든 설교의 주된 목적은 (청중을) 번잡하게 만들며, 양심에 부

---

181 Clyde E. Fant & William M. Pinson, *Twenty Centuries of Great Preaching*, Vol. IX (Waco, TX: Word Book, 1976), 13-14.

182 Harry E. Fosdick, "What is the Matter with Preaching?" *Harper's Magazine* 157(1928), 134.

이처럼 청중의 삶의 상황과 문제로부터 시작하는 설교 방법론은
포스딕의 모든 설교에서 중심을 이루고 그의 설교 신학의 기초를
형성했다. 그의 설교집을 보면 얼마나 많은 그의 설교가 청중의 필
요에 맞추어져 있는지를 한눈에 볼 수 있다.[184] 포스딕의 설교를 깊
이 연구한 에드먼드 린(Edmund Holt Linn)은 포스딕의 설교를 상담
설교(Preaching As Counseling)로 명명하면서 포스딕이 청중과 삶의
상황으로부터 아이디어를 모아 설교를 하고 있음을 알 수 있다. 그
의 가장 중요한 설교 자료는 청중의 삶 속에서의 의심, 소망, 의문
들, 실망, 선, 장애 등의 어려움을 상담으로, 혹은 편지를 읽고 들음
에서 시작했다.[185] 이것은 포스딕의 설교가 얼마나 청중의 삶의 눈
높이에서 설교가 시작되는지 보여주는 단적인 예가 될 수 있다. 이

---

183 Harry Emerson Fosdick, *The Living of These Days: An Autobiography* (New York, NY: Harper & Brothers, 1956), 94.

184 허도화, "삶의 문제에 관한 상담으로서의 설교: Harry Emerson Fosdick의 상담 설교를 중심으로," 「대학과 선교」 12(2007), 175.

185 포스딕의 설교 준비 자료로는 첫째로, 개인적인 상담과 상담 편지, 음악과 찬송 듣기. 둘째로, 자연과 여행 그리고 자기성찰. 셋째로, 성경 공부. 넷째로, 성경 외의 문학을 비롯한 다른 분야들에 대한 독서. 다섯째로, 상상력 등이 있다. Edmund Holt Linn, *Preaching As Counseling: The Unique Method of Harry Emerson Fosdick* (Vally Forge, PA: Judson Press, 1966), 47-48.

모든 것들은 포스딕이 청중의 상황을 얼마나 자각하고 중요하게 생각하고 있는지를 보여주는 그의 첫 번째 설교 신학이다.

둘째, 포스딕의 설교 신학에서 설교자란 '청중의 해석자'이다. 포스딕은 그의 설교의 가장 중심점을 청중과 삶의 상황에 두고 있으며, 청중과 삶의 상황 해석자로서 설교를 말하고 있다. 그래서 그의 설교를 '삶의 상황 설교'라고 부르는 것이다. 그는 청중의 삶을 해석할 뿐만 아니라, 청중을 둘러싼 사회, 문화적 모든 정황의 해석자로서 설교를 말하고 있다. 포스딕은 말하길 "나의 사명은 기독교 전통에서 발견할 수 있는 현대적이고, 보편적이며, 이해할 수 있는 가장 적당한 단어로(청중을 해석하는) 해석자이다"[186]라고 했다.

셋째, 포스딕 설교 신학에서 매우 중요한 요소는 '상호 협력적 기획'(co-operative enterprises) 이론이다. 설교는 단순한 설교자의 교리적 독백이 아니라, 설교자가 청중과 함께 "상호 협력적 대화"(co-operative dialogue)[187]의 방법이 되어야 한다. 포스딕은 설교자와 청중 간의 '대화'의 중요성을 인식하였다. 그는 말하길 "설교는 단순히 교리적인 설교자의 독백이 아니라, 청중 안에 일어나는 장애들, 질문들, 의문들과 상호 협력적 대화이어야 한다"[188]고 주장했다. 그리하여 포스딕은 문제 가운데 씨름하고 있는 청중과의 개인 상담을 설교의 주요 소재로 삼고 있다. 그는 설교의 정의에 대하여

---

186 Harry Emerson Fosdick, *The Living of These Days*, 78.

187 Harry Emerson Fosdick, *The Living of These Days*, 96-97.

188 Harry Emerson Fosdick, *The Living of These Days*, 97.

말하길 "나의 설교는 집단규모의 개인 상담이다"[189]라고 했다. 그는 설교를 상담과 동일시 했으며, 한 주간 동안 행한 상담사례를 기초로 주일에 설교했다. 그래서 포스딕의 대중 설교는 성도들을 상담하는 그룹 상담 시간으로 간주 되었다.

넷째, 포스딕의 설교 신학에서 중요한 초점을 청중의 '변화'에 두고 있다. 그래서 그의 설교를 '문제해결식 설교'(problem-solving preaching)라고 한다. 포스딕 설교 신학에서 그의 설교를 한마디로 정의하면 "청중의 문제들에 빛과 도움을 주어서 문제들을 정면으로 마주치게 하며, 삶을 변화시키는 창조적인 한 과정"[190]으로 요약할 수 있다. 변화에 초점을 맞춘 그의 설교방식을 "기획식 방법"(project method)[191]으로 명명 했다. 엑스레이(X-ray)로 자기 몸을 보는 것과 같이, 상담을 통해서 자기 삶의 문제를 보게 했다. 포스딕은 다음과 같이 그의 설교를 말했다.

> 설교자의 임무는 단순히 회개를 이야기하는 것이 아니라, 성도를 설득하여 회개하도록 하는 것이다. 또한 기독교 신앙의 의미와 가능성에 대하여 논하는 것이 아니라, 청중의 삶 속에서 기독교 신앙을 불러일으키는 것이다. 그리고 고난과 시험

---

189   Harry Emerson Fosdick, *The Living of These Days*, "94.

190   허도화, "삶의 문제에 관한 상담으로서의 설교: Harry Emerson Fosdick의 상담 설교를 중심으로," 178.

191   Edmund Holt Linn, *Preaching As Counseling: The Unique Method of Harry Emerson Fosdick*, 15.

포스딕의 깊고 넓은 설교 신학은 그 당시의 근본주의적인 설교 흐름을 과감히 탈피하여 청중의 중요성을 인식하고, 설교자를 청중의 해석자로 여기고, 설교에서 대화의 중요성을 깊이 감지하고, 청중의 변화에 초점을 맞춘 앞서가는 설교 신학을 보여주었다. 그리하여 많은 후학에게 중요한 설교의 이정표를 제시했다.

2) 포스딕의 상담 설교 신학에 대한 평가

포스딕의 상담 설교는 그 당시 보편적으로 행해진 일방적이고 지루하며 밋밋했던 주제 설교나 성경 주석적 설교에 강력한 충격을 주었다. 그리고 설교자와 청중 간의 대화와 교감을 통하여 설교단에 생동감과 활기를 불러일으켰다. 특별히 청중의 삶의 현장에서 그들이 실제로 필요로 하는 주제들을 선정하여 청중이 설교에 호감을 갖도록 하며, 기꺼이 개인 상담의 자리에까지 나아오도록 한 점은 획기적인 설교 장르임에는 분명하다. 그러나 청중과 상황

192　Harry Emerson Fosdick, *The Living of These Days*, 99.

에 너무 강조점을 둠으로 성경 사용과 해석이 부차적으로 밀려난 경우들이 많이 생겼다. 결국 포스딕의 설교는 인본주의적으로 흐르고, 성경 본문에서 벗어나는 비성경적 설교가 될 가능성이 농후했다. 그리하여 그의 설교는 태생적으로 많은 약점을 지녔다. 프레드 크래독은 이점에 대하여 다음과 같이 언급했다.

> 성경 본문과의 진지한 씨름의 부재, 전통의 본질적인 연속성과 그것이 가져다주는 양육의 상실, 진정한 필요보다 표면적으로 나타나는 것들에 대한 치유, 기독교 신학과 대화를 한 적이 없는 심리학적인 대답을 손쉽게 사용한 점, 종교의 사유화로 인한 공동체의 침식, 중요하지 않은 문제라고 생각하여 '궁극적으로 중요한 문제'(ultimate relevance)들을 다루는 데 실패했다.[193]

결론적으로 포스딕의 상담 설교는 설교가 청중과 삶의 상황으로 출발하였기에 성경 저자의 의도를 상황과 상담의 이슈에 꿰어 맞출 가능성이 있으며, 설교의 가장 기본인 본문의 주석과 해석에 대한 왜곡 현상이 다른 설교의 장르보다 많이 나타날 수 있는 설교임에는 분명하다.

---

193 Fred. B. Craddock, "Preaching," *Dictionary of Pastoral Care and Counseling*, ed. Rodney Hunter (Nashville, TN: Abingdon, 1990), 943.

4. 바르트의 설교 신학

포스딕과 바르트는 19세기 자유주의의 물결 속에서 태어났고 자유주의 신학교육을 받았다는 공통점이 있다. 그러나 설교 신학과 설교이론은 상반된다. 포스딕의 상담 설교 약점을 보완하기 위해서는 포스딕과 동시대를 살아갔으며, 자유주의의 신학적 배경이지만 설교 신학에 있어서는 전혀 다른 신정통주의(neo-orthodoxy) 신학자인 바르트[194]와 비교할 수 있다.

1) 바르트의 성경적 설교 신학

바르트는 1차 세계대전 발발 시 스승인 자유주의 신학자들이 전쟁을 찬성하고 지지함으로, 스승으로부터 배운 자유주의 신학을 다시 한번 재검토 하기에 이르렀으며, 새로운 신학 정신을 모색하게 되었고 나중에는 그들과 결별하였다. 바르트는 스위스의 작은 공업도시인 자펜빌(Safenvil)이라는 지역에서 10년간 목회와 설교를

---

194 바르트는 1886년 5월 10일 스위스에서 태어나서 베른(Berlin)에서 신학 공부를 시작했고, 당시 최고의 자유주의 신학자인 아돌프 하르낙(Adolf von Harnack)의 영향을 받으면서 베를린(Berlin)에서 신학 수업을 하였다. 그 후 복음적이고 보수적인 튀빙겐(Tubingen)에서 신학 수업을 했으나 흥미를 느끼지 못하고, 다시 하르낙과 쌍벽을 이루고 있던 최고의 자유주의 신학자인 빌헤름 헤르만(Wilhelm Herrmann)이 있는 마브르크(Marburg) 대학에서 흥미 있는 신학 수업을 받은 후, 스위스 제네바(Geneva)에서 전도사(apprentice pastor)로, 또한 10년간 자펜빌에서 철저한 종교 사회주의 목사로 사회주의 실천을 요구하는 사역을 하였다. 그러나 경건주의 신학의 대표적인 인물인 블름하르트(Ch. Blumhardt)를 만나면서 세상과 하나님의 근본적인 차이를 알게 되었고, 하나님 나라와 사회주의 차이도 깨닫게 되었으며, 기도를 강조한 신학자가 된 것도 불름하르트와 무관하지 않다. 바르트는 괴팅겐(Gottingen), 뮨스터(Munster), 본(Bonn), 바젤(basel) 대학에서 교수 생활을 하고 1968년 12월 10일 소천하였다. 김명룡, 『칼 바르트의 신학』 (서울: 도서 출판 이레서원, 2009), 14-27.

하면서, 계속된 연구 활동을 통하여 위로부터 오는 "하나님의 계시 말씀 신학"[195]을 정립하였다. 천병석은 바르트 신학의 전제에 대하여 "20세기 최대의 신학적 공헌을 남긴 그의 신학을 논리 형식에 따라 '변증법적 신학'이라 하지만, 그 본래 내용에 비추어 '케리그마의 신학'이나 '말씀의 신학'이라 부른다. 교회 선포와 하나님의 말씀이 바르트 교의학의 출발점이요, 전제인 셈이다"[196]라고 했다.

바르트는 교의 신학(조직신학)자로 전 세계에 상당한 영향력을 끼친 신학자임과 동시에, 설교학계에 그가 끼친 공헌과 업적은 그당시 "설교학계의 제2 종교개혁"[197]과도 견줄 수 있을 정도로 충격적이었다. 바르트는 신학의 주요 임무를 설교로 자리매김하였다. 그가 행한 모든 신학적 작업은 사실상 설교를 위한 봉사였다. 본(Bonn) 대학에서 2년(1932~33)간에 걸쳐 행한 설교학 세미나에

195 　바르트는 1차 세계대전의 포화 속에 로마서 주석 1판(1918년)을 집필하고 1919년도에 출간했다. 하나님과 인간의 질적 차이와 불연속성을 강조한 이 책은 19세기 신학과 역사관을 뒤엎은 놀라운 신학적 시도였으며, 20세기 최대의 신학자가 탄생하는 순간이었다. 그리하여 시골 목회자에서 신학 교수로 위치를 바꾸는 계기가 되었다. 그 후 로마서 주석 2판(1921년)을 집필하였는데 주요 내용은 "하나님으로 하여금 하나님 되게 하고, 인간으로 하여금 자신이 신이 되려는 노력 대신에 다시 인간이 되는 것을 배우게 하자"였다. 그 후 20세기의 신학대전이라 불리는『교회 교의학』(1932년~1960년대까지 무려 30년에 걸쳐 쓴 대작)을 통하여 하나님 말씀의 신학을 정립하였다. 이 모든 것들은 말씀의 신학을 정립한 것으로, 자유주의 놀이터에 떨어트린 폭탄과도 같았다. 바르트의 신학 사상은 새 시대로 분류된다. 로마서 강해로 대표되는 전기 신학은 '변증법적 신학'으로, 중기 신학은 '말씀의 신학'으로, 후기 바르트의 신학은 '그리스도 중심적인 은총의 신학'이다. C. E. Fant & W. M. Pinson, *Twenty Centuries of Great Preaching*, Vol. X 97; 김명룡,『칼 바르트의 신학』, 19-29.

196 　천병석, "바르트의 '선포된 하나님의 말씀'에 대한 분석학적 고찰,"「신학과 실천」 43(2015), 170.

197 　본 연구는 바르트의 말씀의 신학과 설교에 대한 그의 깊이 있는 이해를 종합해 보았을 때, 자유주의 신학자들과 설교학계에 폭탄과 같은 영향을 주었기에 "설교학계의 제2 종교개혁"이라고 표현했다.

서 말하길 "교회 학문으로서 신학이라는 것은 광의적 의미에서 단지 설교 준비 자체이어야 한다"[198]고 했다. 바르트가 36년간 집필한 13권, 8,000페이지의 방대한 기념비적 대작인 『교회 교의학』(*Church Dogmatics*)에 대하여 버트릭은 말하길 "설교자를 위한 (고급) 설교"[199]라고 규명했다.

그의 설교 신학을 살펴보자. 바르트의 설교는 "성경적 설교"[200]였다. 바르트는 생각하기를 그 당시 자유주의 신학계의 설교는 진정한 의미에서 설교가 아니라고 판단했다. 그 이유는 설교에서 설교의 주인이 하나님이 아니라, 설교자가 되었으며, 성경 본문이 주(主)가 아니라, 설교자의 경험, 지식, 사상, 세계관과 설교자의 이야기가 설교의 중심을 이루고 있었기 때문이다. 바르트는 그 당시 자유주의의 인본주의적 신학과 설교에 정반대 입장이었기에, 그 당시의 자유주의 설교 신학의 흐름인 인간, 청중, 그리고 시대 상황을 의도적으로 경시하고 반대한 설교 신학을 정립했다. 당대의 대표적인 자유주의 학자인 슐라이어마허(Friedrich Schleiermacher)는 설교에 대하여 다음과 같이 언급하였다.

---

198   Karl Barth *Homiletics*, trans. Geoffrey W. Bromiley and Donald E. Daniels (Louisville, KY: Westminster/John Knox Press, 1991), 17.

199   David Buttrick, *A Captive Voice: The Liberation of Preaching* (Louisville, KY: Westminster/John Knox Press, 1994), 8.

200   "성경적 설교는 설교의 형태를 말하는 것이 아니라, 설교 철학이다. 비 성경적인 설교는 설교자가 본문을 지배하는 데 비해, 성경적 설교는 설교 본문이 주인이 되어서 설교자의 생각, 사상, 설교의 내용과 목적까지도 지배하는 설교를 말한다." 조성현, 『성경적 설교』, 11.

설교란 첫째, 모든 인간의 보편적인 감정으로부터 나오는 것이다. 둘째, 종교의 실제와 신비에 관하여 말하는 것이다. 셋째, 설교자 자신의 거룩한 감정을 청중에게 주입하는 것이다. 넷째, 설교자 자신이 가지고 있는 종교 감정의 주관적 요소와 설교자 자신의 우주에 관한 직관과 신관(神觀)을 설명하는 것이다.[201]

이에 바르트는 자유주의 신학자들의 설교관에 정면으로 반대하여 다음과 같이 설교의 정의를 내렸다.

(1) 설교란 하나님 자신이 말씀하시는 하나님의 말씀이다. 설교는 성경의 본문을 동시대 사람들이 이해할 수 있는 언어로 해석해야 한다. 또한 설교는 사명에 순종하는 자들이 교회 안에서 부름을 받은 사람들에 의해서 행해지는 것이다. (2) 설교는 하나님의 말씀을 섬기기 위하여 교회에 명령한 시도이다. 설교는 부름을 받은 사람들을 통하여 이루어지며, 성경 본문을 인간이 알아들을 수 있는 말로 해석하고, 하나님으로부터 들은 것들을 동시대 사는 사람들에게 알맞게 통고하는 것이다.[202]

바르트의 설교 정의에서 알 수 있는 설교의 중요한 요소들이 있

---

201   Karl Barth, *Homiletics*, 21-23.
202   Karl Barth, *Homiletics*, 44.

다. 첫째, 바르트는 설교를 "하나님 자신이 말씀하시는 하나님의 말씀"으로 이해했다. 이는 그 당시 자유주의 신학자들이 설교를 '사람의 말'(人言)로 보았다면, 바르트는 설교를 '하나님의 말씀'(神言)으로 이해했다. 둘째, 설교는 아무나 할 수 있는 것이 아니라, '부름을 받은 사람들'에게 주어진 특권이요, 책임이라는 사실이다. 또한 '교회 안에서' 행해지는 것으로 교회의 중요성을 강조하였다. 셋째, 설교는 동시대인에게 '통고'(intimation)하는 것이다. 그는 설교를 인간의 생각, 사상, 철학, 세계관을 서로 나누는 것이 아니라, 하나님의 생각과 의도를 청중에게 기록된 말씀 그 자체를 일방적으로 알리고, 통고하는 케리그마(kerygma)적인 입장을 취했다. 이는 자유주의 신학적 입장으로는 도저히 이해할 수 없는 과감한 시도였다. 그의 복음주의이고 신학적인 총합(總合)으로 인해 프랑스의 신학자인 조르즈 까잘리(Georges Casalis)는 말하길 "바르트는 어거스틴, 토마스 아퀴나스, 루터, 칼뱅과 같은 교회의 위대한 교부의 반열에 들어설 수 있었다"[203]고 했다.

2) 바르트의 성경적 설교 신학에 대한 평가

바르트의 설교에 대한 설교학자들의 평가는 세 가지이다. 첫째, 바르트 설교의 긍정적인 평가는 성경 본문을 철저하게 강조한 '본문 중심적 설교'(text-centered preaching), '성경적 설교'(Biblical

---

203 조르즈 까잘리/ 최영 역, 『칼 바르트의 생애와 사상』(서울: 대한기독교서회, 1993), 91.

preaching)였다. 그의 설교는 본문을 떠날 줄 모르는 집요함과 철저함으로 서론부터 결론까지 성경 본문만을 주석하는 '주석 설교'(exegetical preaching)였다. 이는 그 당시 자유주의 신학이 하나님의 말씀을 추락시킨 데 대한 반작용이었다. 바르트는 하나님의 말씀이 어떠한 경우라도 경시되는 모든 현상에 대하여 철저하게 배격하는 성경적 설교의 신념을 가지고 있었다. 그 이유는 자유주의 신학 물결 속에서 설교가 하나님의 말씀이 아닌, 인간의 말로 전락된 것을 회복하려는 강렬한 시도임은 분명하다.

둘째, 바르트 설교의 부정적 평가는 현대 커뮤니케이션의 이론을 무시한 "설교학적 근본주의자"(homiletical fundamentalist)[204]라는 점이다. 최진봉은 바르트의 전통적 설교학(The Old Homiletic)과 새로운 설교학 운동(The New Homiletic)을 비교하면서 다음과 같이 차이점을 언급했다.

> 전통적 설교는 본문에 대한 '설명'(to explain)과 '전달'(to deliver)을 그 고유한 기능으로 삼는다. 설교자는 본문의 해설자 혹은 전달자이며, 청중은 그 수신자(receiver)이다. 그러므로 전통적 설교는 청중의 변화될 삶보다는, 설교자 편에서 설명되고, 증명되는 객관적인 진리의 전달이 설교의 주된 관심

---

204 Clyde E. Fant & William M. Pinson, *Twenty Centuries of Great preaching*, Vol. X, 99-100. '설교학적 근본주의'라 함은 설교가 성경 주석 이외에 다른 것(서론, 예화, 심지어 적용까지)은 설교 때 언급해서는 안 된다고 주장하는 이론으로, 설교학적으로 엄격한 제한을 두는 것을 말한다.

그러므로 새로운 설교학 운동의 차원에서 바르트의 설교를 평가하면 그의 설교를 설교학적 근본주의자라고 명명해도 지나치지 않다. 셋째, 바르트의 설교는 포스딕이 강조한 삶의 상황과 청중을 무시한 설교로 포스딕과는 정반대의 설교이론이다. 이에 대하여 설교학자 김윤규는 말하길 "바르트의 성경적 설교란 성경 본문이 현재 상황에 언제나 앞섰고 지배한다"[206]라고 주장했다. 예를 들어 전쟁이 오늘 일어났다 할지라도 본문에 전쟁 소식을 꿰어 맞추기식으로, 본문과 현재 상황을 견강부회(牽强附會) 식으로 설교해서는 안 된다는 점이 바르트의 주장이다. 그러므로 바르트의 설교는 현대 설교학에서 중요하게 여기는 청중의 상황, 언어 및 비언어 커뮤니케이션, 서론 및 예화 커뮤니케이션의 요소들을 지나치게 축소, 단순화, 그리고 획일화시켰다는 비판을 받기도 한다.

---

205   최진봉, "후기 새로운 설교학의 등장에 관한 연구," 182.

206   김윤규, "Karl Barth의 설교(마 6:24-34)에 대한 목회 신학적인 분석과 평가," 「신학과 실천」 22(2010), 149.

5. 통전적이고 성경적인 상담 설교 신학 이론

설교란 삶의 상황과 성경 본문이라는 두 지평(two horizons)에 의해 펼쳐지는 해석학적 산물이다. 성경 본문에 대한 기본적인 주석과 해석 없이 설교는 존재하지 않는다. 그러나 성경 본문에 대한 주석과 해석만으로 설교는 되지 않는다. 설교가 설교 되기 위해서는 청중의 삶의 상황이 꼭 필요하다. 프레드 크레독은 "설교란 성경 본문을 해석하는 일과 회중의 삶을 해석하는 일을 하는 쌍둥이 과제(the twin task)이다"[207]라고 했다. 또한 허도화는 말하길 "21세기의 설교 신학은 진리를 통합시킴으로 더욱 성숙해질 수 있다"[208]고 주장했다. 이는 포스딕과 바르트의 통전적인 설교학적 시도가 필요한 이유이다.[209]

포스딕과 바르트의 설교 정신과 설교 신학이 조화되고 통합을 이루는 '통합적 설교 신학'을 정립하게 된다면 더욱 건강한 성경적 상담 설교가 될 수 있을 것이다. 이에 하재성은 다음과 같이 상황과

---

207 Fred B. Craddock, *Preaching* (Nashville, TN: Abingdon Press, 1985), 125.

208 허도화, "에큐메니컬 설교 신학: 교회 행위로서의 말씀과 성만찬에 대한 통합적 접근,"「신학과 실천」14(2008), 58, 66.

209 포스딕의 상황 설교를 보완하고 통전적 조화를 이루기 위하여 역사상 저명한 설교학 교수나 성서학 교수가 아닌, 조직신학자인 바르트를 선정한 중요한 두 가지 이유가 있다. 첫째, 바르트의 모든 신학적 작업은 설교에 초점이 맞추어졌고, 그의 신학의 목적은 설교를 위한 봉사였다. 그의 저작인『설교학』(Homiletics)은 '성경적 설교'에 대하여 규명했으며,『교회 교의학』을 비롯한 그의 신학 전체는 지, 간접적으로 '설교학'이었다고 해도 과언이 아니다. Karl Barth, *Homiletics*, 17. 둘째, 포스딕과 바르트의 설교 신학은 대척점(對蹠點)에 서 있기 때문이다. 포스딕이 '상황'을 중시했다면, 바르트는 '본문'을 강조하는 상반된 설교 신학을 주창했다. 그러므로 포스딕의 설교 신학을 보완하기 위하여 바르트를 선정했다.

성경 본문에 대한 균형 잡힌 설교를 주문했다.

성경 본문을 정확히 주석할 수 없는 설교자가 생명력 있고 설득력 있는 설교를 하기 어렵고, 현실 상황과 경험을 주석할 수 없는 설교자가 성도의 영혼을 치유할 수 없다. 설교자의 이해력에 있어서 성경 본문의 상황과 청중의 경험적 상황은 매우 긴밀하게 연결되어야 한다. 여느 하나도 소홀하게 다루어질 수 없다. 그것은 오직 성경 본문의 주석 능력과 현실 경험의 포괄적 이해력, 청중의 마음을 헤아리는 설교자가 매우 섬세하고 정교하게 해야 할 작업이다.[210]

그러므로 상담 설교는 포스딕과 바르트의 설교 신학이 균형감각을 가지는 '통합적 상담 설교'가 이 시대의 대안이 될 수 있다고 본다. 포스딕과 바르트는 19세기 자유주의 시대 속에서 태어났고 성장했으며, 동시대에 자유주의 신학 교육을 받았다는 공통분모가 있다. 그러나 그들의 설교 신학은 정반대였다. 포스딕은 설교의 시작을 '삶의 상황'에서 출발하였다. '청중의 해석자'로 불리는 포스딕 설교의 장점은 현대 청중에 대하여 정확하게 '상황분석'을 하였다. 그러나 포스딕의 '상황 중심적 설교'는 상담의 이슈를 지나치게 강조함으로 본문을 약화시켜 비성경적인 설교가 될 소지가 많았다.

210　하재성, "목회 상담과 설교," 「헤르메니아 투데이」 43(2008), 43-44.

목회신학자인 윌리엄 윌리먼(William H. Willimom)은 포스딕의 '삶의 상황설교'에 대한 약점을 지적하면서 "그는 문제를 해결하는 데 있어서 성경 본문보다는 오히려 삶에서 단서를 취하는 형태의 설교를 함으로 성경이 이차적인 부가물이 되었다"[211]라고 지적하였다.

그러나 바르트는 설교의 시작을 본문에서 출발하여 본문으로 마감했다. 바르트는 처음부터 마지막까지 본문 해석이 중심을 이루는 '성경 본문의 해석자'로 '본문 중심적 설교'였다. 바르트는 설교란 주어진 본문을 그대로 따라서 주석하고 해석하는 것이라고 했다. 그는 그의 저서 『복음 설교』(*The Preaching of the Gospel*)에서 다음과 같이 기술했다.

> 설교의 목적은 성경을 설명(explain)해야 한다. 설교는 설교자의 자기 생각을 전개해서도 안 되며, 설교자의 삶과 이웃의 이야기, 그리고 사회와 전 세계의 이야기를 확대해서도 안 된다. 설교는 계시(revelation)를 증언하는 일을 해야 한다. 설교자에게 요구되는 것은 성경 본문을 가지고 그것을 해석(expound)하는 일이다. … 심지어 서론도 성경적인 서론(Biblical introduction) 이외에는 필요하지 않으며, 세상적인 서론은 시간 낭비이며 종종 우리의 생각을 하나님의 말씀으로부터 다른 곳으로 돌리게 한다. 설교 전의 예배행위가 충분한 서

---

211 William H. Willimom, *Integrative Preaching: The Pulpit at the Center* (Nashville, TN: Aningdon Press, 1981), 16.

바르트는 설교에서 취급해야 하는 내용은 오직 '성경 본문'이라
고 강하게 주장했다. 이에 바르트의 '성경 본문의 지평'과 포스딕의
'청중의 지평'이 상호 보완되고 통전적이 된다면 청중에게 매우 효
과적이고 성경적인 설교가 될 수 있을 것이다. 결론적으로 포스딕
의 장점인 현대 청중의 상황(context)으로부터 설교가 시작되고, 바
르트가 강조한 본문(text)을 깊이 주석하고 해석함으로, 상황과 본
문이 함께 동행하는 '통전적인 성경적 상담 설교'가 이 시대의 대
안이 될 수 있다. 통전적인 성경적 상담 설교 모델은 "본문접맥식
주제 설교"(Textbezogene Themapredigt)[213]이다.

---

212 Karl Barth, *The Preaching of the Gospel*, trans. B. E. Hooke (Philadelphia, PA: The
Westminster Press, 1963), 42-43. 78-79.

213 본문접맥식 주제 설교는 본 연구자가 티모시 워렌(Timothy S. Warren)의 '현대 사회 문제
들에 대한 주제 설교'(Topical Preaching on Contemporary Issues)로부터 통찰력을 얻
었다. 워렌은 현대 문화의 상황에서 주제를 정한 다음, 그 주제에 맞는 성경 구절을 찾기 위하
여 성경으로 돌아가는 설교유형을 주장했다. Timothy S. Warren, "Topical Preaching on
Contemporary Issues," in *The Art & Craft of Biblical Preaching: A Comprehensive
Resource for Today's Communicators*, eds. Haddon W. Robinson and Craig Brian
Larson (Grand Rapids, MI: Zondervan, 2005), 427-28을 보라. 그리고 정인교, 『현대 설
교, 패턴으로 승부하라』, 223-27과 조성현, 『설교 건축가』 (부산: 도서 출판 카리타스, 2016),
50-51을 참조하라.

6. 통전적이고 성경적인 상담 설교 모델: 본문접맥식 주제 설교

본 연구는 포스딕과 바르트의 통전적이고 성경적인 상담 설교의 모델로서 본문접맥식 주제 설교를 대안으로 제시했다. "본문접맥식 설교의 방법론"[214]은 다음과 같다. 첫째, 포스딕이 강조한 삶의 상황으로 시작하는 '문제 제기'(What's Problem) 단계이다. 문제 제기는 설교의 앞부분으로 서론보다 좀 더 긴 분량을 차지한다. 청중의 상황으로 설교를 시작함으로 청중에게 강력한 호소력과 집중력, 공감, 감성 터치, 설교의 몰입이라는 효과를 가져올 수 있다. 이 부분에서 설교자는 청중의 삶의 상황을 주도면밀하게 관찰해야 한다. 설교자가 청중과의 인간관계, 성경공부, 심방, 상담 등을 통하여 청중의 고민과 염려를 잘 헤아려서 상담적 주제들을 선정해야 한다. 통합적 상담 설교의 주제들은 신·구약 전체에 골고루 분포되어 있다. 특히 주제를 선정하는데 시편의 도움을 받을 수 있다. 왜냐하면 시편이 인생사의 전반적인 문제를 깊이 다루고 있기 때문이다. 시편에 나타난 상담 설교의 주제는 다양하다. 예를 들어서 "고난, 고

---

214 본문접맥식 주제 설교의 예시는 다음과 같다. "슬픔 중에도"(시 38:1-11)라는 제목의 본문접맥식 주제 설교는 다윗의 우울증에 관한 부분이다. 다수의 성도가 우울증으로 괴로워하고 있다. 이는 자살로도 이어질 수 있기 때문에 매우 위험한 상황이다. 이에 포스딕이 강조한 상담 이슈를 가지고 삶의 상황으로 설교를 시작할 수 있다. 1. What's Problem(문제 제기)-우울증은 자살로 이를 수 있음에 위험하다는 문제 제기를 상담 이슈로 풀어보았다. 2. What(본문 주석)-본문에서 그려지는 다윗의 우울증(肉체적, 정신적, 사회적, 영적)의 증세를 본문 주석을 통해서 드러냈다. 3. How(실천 방안)-본문에서 제시하는 두 가지 영적인 말씀의 처방전으로 설교를 마무리했다. 1(What's problem)은 포스딕의 설교 신학을 적용했고, 2(What과 How)는 바르트의 설교 신학의 원리를 적용했다. 이후 청중의 반응이 대단히 긍정적이었다.

통, 시련, 실패, 용서, 죄책감, 외로움, 우울, 분노, 낙심, 염려, 열등
감, 질병, 절망, 불안, 두려움, 보호, 인도 등"[215] 인생사만큼 헤아릴
수 없이 상담 설교의 문제 제기와 주제들은 다양하다.

둘째, 문제 제기에서 드러난 주제를 가지고 바르트가 강조한
'본문'을 깊이 원어를 가지고 주석하고 해석하는 '본문 주석'(What)의
단계이다. 이 단계는 본 설교의 형태가 성경적인 상담 설교가 되는
데 매우 중요한 부분이다. 셋째, 본문에 근거한 구체적인 '실천방
안'(How)을 제시한다. 본문 주석이 본문에 대한 일반적인 설명이
라면 실천 방안은 청중이 말씀을 가지고 삶의 현장에서 적용하는
삶을 살 수 있도록 도와주는 단계이다. 본문 안에서 실천 방안을 발
견하는 것이 최상이다. 그러나 본문에서 실천 방안을 찾을 수 없다
면 성경 66권에서 가져올 수 있다. 이때 적절한 예화나 간증을 추
가할 수 있다.

분문접맥식 주제 설교는 몇 가지 장점이 있다. 첫째, 연역적 설교
나 삼대지 설교가 개요를 일방적으로 주입하고, 요점을 정리하며,
강의식으로 전달되고, 실천 방안이 없는데 비하여 본 설교 형태는
설교의 진행이 물 흐르듯 자연스럽다. 둘째, 설교가 처음부터 주제
를 다 드러내어서 청중이 설교가 식상하지 않도록 귀납적으로 진
행하여, 이야기에 심취된 현대 청중의 취향에 원 포인트 주제 설교
로 적합하다. 특별히 영상 세대를 살아가는 젊은이들에게 효과적

---

215   김만풍, 『상담 설교』, 74-76.

으로 반응할 수 있는 설교 형태이다. 셋째, 처음부터 청중의 눈높이에 맞추어서 진행하지만 세상적인 지식으로 설교를 구성하는 것이 아니라, 성경 본문을 깊이 주석하고, 본문에서 실천 방안을 도출해내기에 성경적 설교라는 인식을 청중이 갖게 된다. 넷째, 가장 중요한 장점으로는 구성이 쉽다. 그러나 설교자의 논리적 사고와 설교 구성 능력이 치밀해야 한다는 숙제는 남아있다. 결론적으로 상황과 본문이 동행하는 본문접맥식 주제 설교 모델은 '통전적인 성경적 상담 설교'로 현대 청중에게 효과적일 수 있다.

나가는 글

한국교회는 수년간의 코로나 팬데믹을 거치면서 힘들고 어려운 상황 속에서 상담 설교가 주목을 받았고, 계속적으로 대단한 호응이 있을 것이다. 현대인들의 상처와 아픔을 치유하며, 고난과 고통을 승화시키고, 상처와 슬픔을 회복시키기에 부족함이 없는 것이 바로 상담 설교이다. 그러나 비성경적인 상담 설교, 불균형적인 상담 설교에서 건강하고 통전적이며 성경적인 상담 설교를 할 수 있다면 금상첨화(錦上添花)일 것이다. 단순히 증상을 완화시키는 치료와 위로의 차원을 넘어, 성경 본문의 권위를 가지고 하나님의 말씀을 통해 삶의 궁극적인 문제까지도 치유하고 해결하며, 하나님을 깊이 경험하게 하는 통전적인 성경적 상담 설교가 한국교회 강단에서 부던히도 필요하나. 상담실교가 힘든 시대를 살아가는 청중의 복잡하고 다양한 문화와 '삶의 상황과 이슈'에서 출발해서, 성경 본문을 깊이 주석하고 해석해, 구체적인 삶의 실천과 방법까지 청중에게 전해진다면 이는 건강한 상담 설교가 될 것이다. '통전적인 성경적 상담 설교'의 원리를 가지고 '본문접맥식 상담 설교' 방법론으로 설교자와 청중 모두 치유와 회복이 나타나기를 소망한다.

═══ 성경적 상담 설교 모델(본문접맥식 주제 설교) ═══

본문 시 38:1-11　**제목** 슬픔 중에도

여호와여 주의 노하심으로 나를 책망하지 마시고 주의 분노하심으로 나를 징계하지 마소서 주의 화살이 나를 찌르고 주의 손이 나를 심히 누르시나이다 주의 진노로 말미암아 내 살에 성한 곳이 없사오며 나의 죄로 말미암아 내 뼈에 평안함이 없나이다 내 죄악이 내 머리에 넘쳐서 무거운 짐 같으니 내가 감당할수 없나이다 내 상처가 썩어 악취가 나오니 내가 우매한 까닭이로소이다 내가 아프고 심히 구부러졌으며 종일토록 슬픔 중에 다니나이다 내 허리에 열기가 가득하고 내 살에 성한 곳이 없나이다 내가 피곤하고 심히 상하였으매 마음이 불안하여 신음하나이다 주여 나의 모든 소원이 주 앞에 있사오며 나의 탄식이 주 앞에 감추이지 아니하나이다 내 심장이 뛰고 내 기력이

쇠하여 내 눈의 빛도 나를 떠났나이다 내가 사랑하는 자와 내 친구들
이 내 상처를 멀리하고 내 친척들도 멀리 섰나이다.

문제 제기/What's problem?

얼굴도 멀쩡하고 몸도 건강한 사람이 자신이 쥐라고 생각하면서
살아가는 한 사람이 있었습니다. 밥을 먹을 때도 쥐처럼 먹고, 소리
를 낼 때도 쥐처럼 찍찍거립니다. 가족들이 할 수 없이 정신병원에
입원시켰습니다. 좋은 의사를 만나 치료하였습니다. 자신은 이제
쥐가 아니고, 사람임을 알게 됩니다. 사람들의 박수를 받으며 위풍
당당하게 퇴원했습니다. 그런데 병원 문을 열고 나가자마자 얼굴이
사색이 되어 뛰어 들어왔습니다. 무슨 일이 있느냐고 물었더니, 밖
에 고양이가 있다는 것입니다. 의사가 당신은 쥐가 아니고, 사람입
니다. 말해 주었더니, 그 환자는 "저 고양이들이 내가 사람인 것을
알아볼까요?" 그랬습니다. 이 세상에는 겉으로 보기에는 아무 문
제가 없는 것처럼 보이는데, 마음이 고장 난 사람이 많이 있습니다.

어느 분이 저에게 이런 하소연을 합니다. "사는 게 재미가 하나
도 없어요. 매사에 의욕이 없고, 무기력합니다. 매일 다람쥐 쳇바
퀴 돌듯이 살아가는 삶이 무의미하게 느껴집니다. 아이들도 귀찮
고 무심코 던지는 말에도 벌컥 화가 나고 삶을 살아갈 맛이 안 납니
다. 깊은 수렁에 빠진 것 같아요." 우울증을 심하게 겪고 있는 분이
십니다. 여러분은 살아가시면서 '우울한 기분'에 빠져보신 적은 없

으신지요? 믿지 않는 사람들은 물론이고, 심지어 신앙인의 경우도 예외가 아니라는 사실입니다.

우울증은 '마음의 감기'라고 합니다. 그런데 이 우울증에 걸린 사람이 자살에 이르는 경우가 많이 있습니다. 전문가들에 의하면 "자살한 사람의 70%가 우울증이 있고, 우울증 환자는 정상인보다 46배나 더 많이 자살한다고 합니다." 그래서 "21세기를 지배하는 병은 우울증이다"라는 말을 합니다. 그런데 이런 우울증의 고통을 우리만 겪고 있는 것이 아닙니다. 오늘 성경에 등장하는 '하나님 마음에 합한 자'라 하는 다윗도 심한 우울증으로 고통을 겪고 있는 적나라한 모습을 보여주고 있습니다. 오늘 본문의 말씀은 다윗이 밧세바를 범한 이후에 육체적으로, 정신적으로, 영적으로, 사회적으로 많은 슬픔과 우울의 고통을 겪으면서 기록한 시입니다. 함께 말씀의 여행을 떠나 보겠습니다.

본문 석의/What

6절입니다. "내가 아프고 심히 구부러졌으며 종일토록 슬픔 중에 다니나이다." 양심의 고통이 육체에 큰 영향을 미쳐 육신이 아프고 힘들어하고 있습니다. 그래서 "종일토록 슬픔 중에 우울한 가운데 다니나이다"라고 고백합니다. 그래서 오늘 말씀의 제목이 '슬픔 중에도'입니다. 우울증이란 "우울한 기분이 지속되는 상태"를 의미합니다. 우울증의 중요 요소는 '슬픔'입니다. 무언가 자신의 중요한 것을 잃어버렸을 때, 가족이나, 사랑하는 사람이나 중요한 것을 잃어버린 상실감으로 인해서 우울증이 옵니다. 아니면 내가 도저히 감당할 수 없는 사건을 만났을 때, 자존심에 큰 상처를 입었을 때 우울증이 엄습해 오는 법입니다. 살아가면서 크든 작든 이런 우울한 기분에, 슬픔에 빠져보지 않은 사람은 없을 것입니다.

그런데 우울증은 몇 가지 중요한 특징이 있습니다. 우울한 기분이 우리의 육체를 아주 힘들게 합니다. 3절입니다. "내 살에 성한 곳이 없사오며." 영어 성경에는 "건강이 없어졌으며"(no health)로 번역했습니다. 또한 7절입니다. "내 허리에 열기가 가득하고 내 살에 성한 곳이 없나이다." 다른 번역본에는 이렇게 번역합니다. "허리 부분이 타는 듯이 아프고, 온몸이 욱신거리니 내 몸이 성한 곳이 없나이다." 우울증이 오면, 식욕이 없어져서 체중이 현저히 줄어듭니다. 아니면 폭식해서 갑자기 살이 찝니다. 피곤함을 많이 느낍니다. 면역력이 저하되어서 감기에 잘 걸리고 한번 걸리면 오래갑니다. 수면장애나, 아니면 과잉 수면에 시달리게 됩니다. 정신적 고통과 슬픔이 육체의 증상으로 나타나는 것이지요.

또한 우울증이 오면 정신적으로 불안합니다. 8절입니다. "내가 피곤하고 심히 상하였으매 마음이 불안하여 신음하나이다." 마음이 피곤하고 마음이 늘 상해 있습니다. 마음이 갈기갈기 찢어지는 것 같고 초조하여 마음이 불안합니다. 상실감 때문에, 좌절감 때문에, 죄책감 때문에 마음이 늘 불안하고 힘듭니다. 전문가들은 말합니다. "우울증에 설리면 늘 슬프고, 심한 불안증세, 무슨 일을 해도 재미가 없고, 늘 찡그린 얼굴을 하고, 잘 웃지를 않는다. 그리고 심한 불면증, 의욕 감퇴, 분노 조절이 어려워 전투적으로 되고 싸움닭이 된다"고 합니다. 눈도 침침해집니다. 10절입니다. "내 심장이 뛰고 내 기력이 쇠하여 내 눈의 빛도 나를 떠났나이다." 심장이 쿵쾅쿵쾅 뛰면서 펌프질합니다. 힘이 다 빠집니다. 눈에는 총기가 다 사라집니다. 우울한 사람은 3무(無)가 있습니다. '무기력, 무가치, 무의미'로 삶이 기진맥진합니다.

대인관계에도 큰 문제가 생깁니다. 11절입니다. "내가 사랑하는 자와 내 친구들이 내 상처를 멀리하고 내 친척들도 멀리 섰나이다." 내가 힘들어하고 아파하는 것에 대하여 주위의 사람들은 물론이고 심지어 가족조차도 별로 관심이 없습니다. 몸에 보이는 상처가 아니기 때문에 보여줄 수도 없습니다. 그래서 위로도 받지 못하고 나를 더 멀리멀리 합니다. 내 주위에는 아무도 없는 것처럼 보입니다. 그래서 점차 말수가 적어집니다. 그냥 나 혼자 동굴 속으로 들어가 있습니다. 더욱이 영적으로 침체되어 있습니다. 4절입니다. "내 죄악이 내 머리에 넘쳐서 무거운 짐 같으니 내가 감당할 수 없나이다." 우울증으로 인해 자신의 죄악의 크기와 무게를 실감할 수 있었다는 말입니다. 우울증이 우울증으로 끝나는 것이 아니라, 영적 침체를 동반한다는 사실입니다. 여러분은 오늘 본문에서 묘사하고 있는 증상과 어느 정도 일치하는지요? 100%는 아닐지라도 어떤 부분은 공감하고 계시지는 않는지요?

그렇다면 신앙생활을 하면서 어려운 세상을 살면서 겪게 되는 우울한 감정을 어떻게 하면 좋을까요? 많은 전문가가 이야기합니다. 규칙적인 생활을 해라. 적당한 운동을 해라. 약물을 복용하라. 취미생활을 해라. 주위 사람들과 잘 지내라. 다 일리 있는 조언들입니다. 그러나 성경에서는 다음 2가지로 처방합니다. 두 가지 약을 말씀으로 조제해 드리겠습니다. 드시고 더욱 건강한 삶을 사시기를 바랍니다.

첫 번째 처방전입니다. 있는 모습 그대로 인정하고 나아오십시오, 8절입니다. "내가 피곤하고 심히 상하였으매 마음이 불안하여 신음하나이다." 다윗은 자신의 마음과 심령이 완전히 상할 대로 상하여서 육신의 고통은 말할 것도 없고, 마음이 갈기갈기 찢어져서 불안하고 초조함을 있는 그대로 묘사하고 있습니다. 많은 사람이 실수하는 것이 있습니다. 자신을 현재 있는 모습 그대로 수용하지 않아서 더 힘들어지는 경우가 얼마나 많은지 모릅니다. 힘들면 힘든 대로, 아프면 아픈 대로 현실을 정직하게 인정하고 받아들일 때, 그 때부터 치유의 역사가 나타나기 마련입니다. 전문가들은 이런 말을 합니다. "우울증은 여자가 더 많이 걸린다. 그러나 남성이 우울증 때문에 더 자살률이 높다." 왜 그럴까요? 자신의 병을 정확하게 인정하지 않으려고 하기 때문입니다. "사나이 대장부가 뭐?"하면서 애써 외면하려고 하기 때문에 병이 더 커지는 법입니다. 암에 걸린 분들을 보면 맨 처음에는 현실을 있는 그대로 인정하지 않아서 더욱 몸이 상하게 되는 경우들이 종종 있지 않습니까?

미국의 제16대 대통령인 에이브러햄 링컨(Abraham Lincoln)은 우울증 환자였다고 합니다. 우울증은 여성에게만 있는 것이 아닙니다. 중년 남성도 우울증에 걸리는데 대부분 '상실감'(loss)에서 시작됩니다. 링컨도 20대 초반부터 신경쇠약과 우울증 때문에 자살 충동에 시달렸습니다. 병원에서 우울증 때문에 6개월간 입원하기까지 하였습니다. 결혼하기 전 약혼자가 사망하고, 결혼 후 4명의 아들 중 3명이 어린 시절에 죽었습니다. 세상에서 3대 악처 중의 한 사람인 아내 때문에 매우 힘들었다고 합니다. 특별히 아내의 사치가 하늘을 찌를듯하여 우울증이 더욱 심해졌다고 합니다. 그런데 링컨은 자기의 우울증을 절대로 숨기지 않고 드러냈습니다. 그는 말합니다. "나는 이 우울증 때문에 더욱 성숙한 인격을 가지게 되었다"고 말했습니다. 그리고 유머로 이 고통을 극복하여, 미국인들이 가장 사랑하는 대통령이 된 것입니다.

저와 여러분은 지금 환경이 어떻습니까? 이런 말이 있습니다. "병은 널리 알려라." 그래야 빨리 치유가 일어난다고 합니다. 자신에게도, 가족에게도 숨기지 마십시오. 그리고 있는 모습 그대로 받아들이며 살아가는 사람이 건강하게 살아갈 수 있습니다. 그런 찬송이 있지 않습니까? "있는 모습 그대로- 있는 모습 그대로- 있는 모습 그대로- 오세요. 하나님은 당신이-있는 모습 그대로- 있는 모습 그대로- 오시길 원하십니다." 지구상의 82억 이상의 인구지만 손가락 지문 하나까지 다 다르다고 합니다. 하나님이 우리를 얼마나 존귀하게 사랑하시는지 아시는지요? 나 자신을 진정으로 있는 모습 그대로 받아들일 때, 있는 모습 그대로 주님께 나아올 때 우울증 치료는 한 걸음 더 가까이 나아가게 될 것입니다.

두 번째 처방전입니다. 하나님께 간절히 도움을 요청합니다.

다윗은 이러한 우울증의 어려움을 자신의 힘으로 극복할 수 없다는 것을 잘 알기에 하나님께 신앙고백하고 있습니다. 그리고 자신의 허물, 우울함, 탄식, 곤고함을 주님 앞에 다 내려놓고 간절히 간구하고 있습니다. 우울증보다 더 크신 하나님의 은총을 경험하면 이 고통에서 빠져나올 수 있다고 믿었던 것입니다. 9절입니다. "주여 나의 모든 소원이 주 앞에 있사오며 나의 탄식이 주 앞에 감추이지 아니하나이다." 다른 번역본은 이렇게 번역하고 있습니다. "주님 내가 얼마나 주님을 바라는지 아십니까? 내 모든 한숨 소리를 주님은 모두 들으십니다." 21-22절에서는 이렇게 하나님께 도움을 요청합니다. "여호와여 나를 버리지 마소서 나의 하나님이여 나를 멀리하지 마소서 속히 나를 도우소서 주 나의 구원이시여", "버리지 마옵소서", "멀리하지 마옵소서", "도우소서"라는 삼중적 표현을 씀으로 얼마나 절박한 상태에서 하나님의 도움을 구하고 있는지 모릅니다. 우울증의 근본치료는 하나님께서 도와주셔야 합니다. 그래서 기도가 필요합니다. 우리 주님께 미주알고주알 다 속상한 것을 아뢰는 것입니다.

어느 교회의 교회학교 예배 시간에 교사가 아이들에게 기도시켰습니다. "우리 다 같이 하나님께 기도해요." 아이들이 눈을 감고 기도하기 시작했습니다. 그런데 그 가운데 한 아이가 기도를 시작하자마자 곧장 눈을 떴습니다. 이상하게 여긴 교사가 아이에게 귓속말로 물었습니다. "벌써 기도를 끝낸 거니?", "예!", "어떻게 기도했기에 이렇게 빨리 끝났어?" 아이가 대답했습니다. "하나님! 제 맘 알죠?" 맞습니다. 주님은 우리의 형편을 잘 아시고 들어주십니다. 기도를 어렵게 생각하지 마십시오. "하나님! 제 맘 알죠?" 얼마나 훌륭한 기도입니까? 그런데 더 효과적인 기도를 말씀드리겠습니다. '제거기도'입니다. 우울한 기분, 스트레스, 답답함이 있으십니까? 가만히 있지 말고 강력한 제거 기도를 해보십시오. 효과가 있습니다. "우울한 기분은 예수님 이름으로 빠져나가", "우울한 감정은 예수님 이름으로 빠져나가", "우울한 마음은 주님의 보혈로 제거돼." 이렇게 말하고 호흡을 크게 하시면서 빠져나가는 것을 상상하면 효과는 만점입니다. 시원합니다. 정말 효과가 있습니다. 약을 먹을 필요도 없고 병원 갈 일도 없습니다. 하나님이 천지를 말씀으로 만드셨고 우리에게 말의 권세를 주셨기 때문에 얼마나 강력한지 모릅니다. 인생을 살아가다 보면 정말 많은 어려움이 우리 삶에 놓여있습니다. 특히 마음의 어려움, 우울하게 만드는 사건 사고들이 우리를 그냥 스쳐 지나가지 않습니다. 마음이 건강하지 않으면 몸도 영혼도 건강할 수 없습니다.

우리의 마음을 힘들게 하는 우울한 감정, 우울한 기분, 우울 증세들로부터 해방되시기를 바랍니다. 자신을 있는 모습 그대로 받아들이십시오. 그리고 그 모습 그대로 주님께 도움을 요청하십시오. 강력한 제거 기도를 통하여 오늘도 이 한 주간도 더욱 육체와 마음 과 영혼이 건강한 삶을 사시기를 기원합니다.

XIV. 예언자적 설교
(Prophetic Preaching)[216]

한국교회 설교자들의 고민이 있다. "어떻게 하면 내 설교가 청중에게 들리는 설교가 될 수 있을까?"이다. 바로 설교의 전달과 효과적인 측면이다. 설교가 주중에 많은 이야기 중의 하나로 전락하거나, 청중과 전혀 소통되지 않는 설교가 된다면 매우 안타까운 일이 될 것이다. '들리는 설교'가 매우 중요한 이유이다. 그러나 건강한 설교자라면 청중에게 들리는 설교를 넘어서, 청중이 '들어야 할 설교'에 깊은 관심을 기울여야 한다. 바로 "예언자적 설교"(prophetic preaching)[217]이다. 이는 한국 설교자들이 가장 어려워하고 부담스러

---

216 조성현, "들리는 설교와 들어야 할 설교에 대한 모델 연구: 박조준 목사의 예언자적 설교를 중심으로," 제1회 웨이크신학포럼, 2022년 7월 18일에 발제한 논문이다.

217 prophetic preaching에 대한 번역은 다양하다. '예언적 설교', '예언자적 설교', '예언자 설교' 등이다. 그러나 본 연구에서는 '예언자적 설교'로 사용하겠다. 예언적 설교는 예언에 대한 주체가 없고, 잘못하면 신탁(神託)의 우려성이 있다. '예언자 설교'는 구약 예언자들의 설교를 정형화(定型化)시킨 것이다. 예언자적 설교에서 '-적(的)'은 '그 성격을 띠는' 혹은 '그에 관계된'이라는 뜻을 의미하는 접미사(suffix)로, "예언자들이 한 설교와 비슷한 성격을 띠는 설교"라는 의미로 현대 설교가 예언자가 행했던 것과 유사한 형태의 설교로서 가장 본 연구와 부합한다. 정장복은 구약의 예언자와 현대의 설교자를 동등하게 취급하는 것

위하는 설교유형이다. 들리는 설교가 설교의 효과성(effectiveness) 측
면에서 강조된다면, 들어야 할 설교는 설교의 진정성(authenticity)이
다. 이에 청중에게 들리는 설교이면서 청중이 들어야 할 설교인 예
언자적 설교에 대하여 설교학 여행을 떠나 보자.

1. 예언자적 설교에 대한 이해

예언자적 설교에 대하여 깊고 넓은 이해를 갖지 않으면 많은 오
해와 곡해가 생긴다. 이에 성경에서의 예언자 이해, 설교자들이 예
언자적인 설교를 기피하는 이유, 그리고 올바른 예언자적인 설교
의 정의에 대하여 살펴보자.

1) 성경에서의 예언자 이해

구약성경에서 예언자(선지자, prophet)란 직함은 히브리어로
'나비'(nabi)이다. 하나님의 특별한 부르심을 받아 말씀을 전하도
록 '부름을 받은자'(one who is called)이다.[218] 선지자는 하나님 계시

은 문제가 있다고 주장한다. 그러므로 본 연구에서는 현대의 설교자들이 구약의 예언자가
한 설교와 동일하지는 않지만, 유사한 형태를 지니고 있다고 보아 '예언자적 설교'로 명명한
다. 더 자세한 내용은 ChangBok Chung, *Preaching for Preachers* (Seoul: Worship &
Preaching Academy, 1999), 194.

218   "Prophet," *Harper's Bible Dictionary*, ed. Paul J. Actemeier (San Francisco, CA: Harper
& Row Publishers, 1985), 826.

의 말씀을 받아서 왕궁에서, 성전에서뿐만 아니라 이스라엘의 삶의 상황 속에서 신의 교량 역할을 감당했다. 좀 더 구체적으로 선지자에 대하여 살펴보자.

예언자들은 여러 가지 메시지를 왕을 비롯하여 이스라엘 백성들에게 선포했다. 하나님의 계시, 하나님의 분명한 뜻, 이스라엘 백성들의 부패와 부조리, 이방 신을 섬기는 우상숭배, 외식과 가식, 이스라엘의 심판과 회복, 메시아의 왕국의 도래 등 다양하게 하나님

---

219 하용조 편,『비전성경사전』(서울: 도서 출판 두란노, 2001), 626.

으로부터 말씀을 받아서 백성들에게 전했다. 예언자들의 사명은 축복과 위로의 말씀을 전하는 것뿐만 아니라, 이스라엘의 죄악과 우상숭배로 인해 바벨론과 앗수르에 의해 멸망 당하고 성전이 훼파될 것이라는 비참한 소식도 전해야 했기에 선지자들의 수난은 이루 말로 다할 수 없었다. 한 예로 이사야 선지자의 경우이다. 그는 유다의 정치와 도덕의 부조리, 종교의 부패에 대하여 전혀 두려움 없이 날카로운 예언 활동을 하였다. 그 결과 마지막에는 므낫세 왕이 통치할 때 톱으로 몸이 잘려서 순교(히 11:37) 하였다. 올바른 참 예언자 직을 감당하는 것은 수난과 고통을 감내해야 하기에 절대로 쉬운 길은 아니다.

2) 예언자적 설교를 기피 하는 이유

예언자적 설교는 설교의 네 가지 목적 중에 한가지이다. 바우만은 설교의 네 가지 목적에 따라서 설교를 "케리그마적(kerygmatic) 설교, 교훈적(didactic) 설교, 치유적(therapeutic) 설교, 사회 예언자적(social-prophetic) 설교"[220]로 구별했다. 그런데 대부분의 설교자는 네 가지 설교 중에서 청중의 죄를 책망하고 사회의 부조리와 부정에 대하여 쓴소리하는 예언자적 설교에 대하여 상당히 기피하는 경향이 있다. 그 이유는 무엇일까?

첫째, 설교자 자신이 심판보다는 위로를, 정의보다는 사랑을, 비

220　J. Daniel Baumann, *An Introduction to Contemporary Preaching*, 206.

판보다는 긍휼을 설교하는 것이 더 기독교적 가치관에 부합하고 더 교회의 순수성을 보존하고 설교하기가 용이하다고 생각하기 때문이다. 둘째, 교회성장과 개인 구원에 초점을 맞춘 개교회주의 성향 때문이다. 번영신학에 기초한 성장 지상주의, 세속적 성공주의, 기복주의, 그리고 물량주의 가치관 때문이다. 그리고 이원론적인 사고로 인해 성과 속, 거룩한 천국과 죄악 된 이 세상, 하나님의 것과 가이사의 것을 명확하게 구분해서 주로 개인 구원 차원의 설교에 주력하기 때문이다. 보수적인 교회일수록 이러한 경향은 더욱 농후하다. 셋째, 예언자적 설교를 전함으로 청중의 호불호(好不好)가 극명하게 갈리며, 설교가 분쟁의 중심에 서는 것을 설교자들이 두려워한다. 이는 결국 목사의 신변에 위협으로 작용할 소지가 크다고 생각하기 때문이다. 넷째, 예언자적 설교의 필요성을 인정한다고 할지라도 정치·사회적인 면에 대한 전문적인 지식과 정보의 부족으로 자신감이 결여되기 때문이다. 예언자적 설교의 기피 현상으로 인하여 한국교회의 대 사회적인 영향력은 점점 쇠락하기 시작하여 교회 신뢰도가 하향 곡선을 그리게 되었으며, 한국교회는 사회에서 무기력한 집단으로 전락하는 지경까지 이르게 되었다. 그러므로 예언자적인 설교의 필요성이 시급히 대두되는 시점에 놓여있다. 예언자적 설교에 대하여 허도화는 "구약성경의 1/3이 예언서이다. 성경의 1,189장들 가운데 250장이 예언자들에 관하여 직접적으로 다루고 있다"[221]고 했다.

또한 바우만은 예언자적 설교의 필요성을 언급하기를 "첫째, 성경의 가르침이 이웃을 사랑하고(눅 10:27), 굶주린 자를 먹이고, 헐벗은 자에게 입을 것을 주며(마 25), 고아와 과부를 환란 중에 돌아보는 것(약 1:27), 예수님의 사역은 약하고 병든 자를 위한 사역이었다. 둘째, 전통적으로 보수주의자들은 사회적인 문제들인 술, 담배, 성 문제, 이혼, 도박, 고아, 노인 문제들이 관심사였다"[222]고 주장하였다. 예수 그리스도는 개인의 심령을 위로하고 긍휼을 베푸는 '제사장으로서의 설교'(pastoral preaching)를 했을 뿐만 아니라, 그 당시의 기득권층인 바리새인과 사두개인 그룹에 강력한 책망과 비판도 서슴없이 행한 '예언자로서의 설교'(prophetic preaching)도 하셨다.

그리고 성경의 예언자적 기능에 대하여 "모든 성경은 하나님의 감동으로 된 것으로 교훈(teaching)과 책망(rebuking)과 바르게 함(correcting)과 의로 교육하기에 유익하니"(딤후 3:16)라고 기록했다. 이에 예언자적 설교의 필요성이 강하게 제기되는 이유이다. 그러면 설교자들이 기피하는 예언자적 설교를 강단에서 올바로 선포할 수 있도록 설교학적 신학에 근거한 예언자적 설교에 대하여 살펴보자.

---

221   허도화, 『예언자 설교: 설교 갱신의 이론과 실제』 (대구: 계명대학교 출판부, 2014), 336.

222   J. Daniel Baumann, *An Introduction to Contemporary Preaching*, 215-16.

3) 예언자적 설교의 정의

예언자적 설교의 정의에 대한 설교학적 기초는 강해 설교자인 존 스타트의 『현대교회와 설교』에서 설교의 정의를 잘 규명했다. 그는 설교란 "텍스트인 성경과 컨텍스트인 현대 세상 사이에서 다리 놓기(bridge building)이다"[223]라고 했다. 그러므로 설교자는 성경을 깊이 연구하는 것뿐만 아니라, 현대 세상의 이슈와 문제를 정확하게 파악해서 영적인 통역자로 혹은 본문과 상황 사이에서 다리 놓은 사람(bridge builder)이다.

토마스 롱은 설교자의 이미지 중에서 증인(witness)이라 불리는 예언자적 설교란 "설교자가 보고 느끼고 경험한 텍스트와 청중의 치열한 고민이 있는 컨텍스트인 공동체에 충실히 증언하는 설교로서 인기가 없고 종종 위험 부담이 있는 설교이다"[224]라고 했으며 가장 바람직한 설교 모델로 제시했다. 즉 예언자적 설교란 성경적 충실성과 상황적 적합성을 함께 지닌 성경적 설교이다.

예언적 설교의 정의에 대하여 허도화는 "예언적 설교는 역사적으로는 구약성경이 제시하는 가장 최초의 성경적 설교이다. 그리고 현실적으로는 교회와 성도의 삶뿐만 아니라 사회의 변화를 일으키는 가장 효율적인 설교이다. 예언적 설교가 성경적 설교라는 사실은 설교학적 과제인 텍스트와 콘텍스트 모두에 충실한 설교이

---

223   John Stott, *Between Two Worlds: The Challenge of Preaching Today*, 10.

224   Thoms G. Long, *The Witness of Preaching*, 3rd ed. (Louisville, KY: Westminster John Knox Press, 2016), 50-56.

기 때문이다"[225]고 규명했다. 예언자적 설교는 주어진 본문을 깊이 주석하고 해석하며, 변화무쌍한 청중의 상황에 충실하게 적용하는 성경적 설교이다.

예언자적 설교는 개인과 사회와 문화 전 영역에서 하나님의 통치하심과 주되심(Lordship)을 선포하기 위하여 설교자가 행하는 통전적(holistic)인 공적 형태의 설교이다. 그 결과 예언자적 설교를 통하여 교회는 본질을 회복하고, 세상을 하나님이 통치하시는 하나님의 나라로 만드는 공적 사역으로 나아가게 된다. 결론적으로 예언자적 설교란 교회를 교회답게 만들고, 성도를 성도답게 만드는 성경적 설교의 원형이다. 그래서 모든 설교자는 청중에게 '들리는 설교' 뿐만 아니라, 청중이 '들어야 하는 설교'에 깊은 관심이 필요하다. 이에 본 연구에서는 미국의 유명한 예언자적 설교가인 "마틴 루터 킹"(Martin Luther King Jr.)[226]의 예언자적 설교는 차기의 연구과제로 남겨두고, 한국적인 상황에서 눈여겨볼 필요가 있는 박조준

---

225 허도화, "성경적 설교의 원형으로서의 예언자적 설교,"「신학과 선교」39(2011), 117, 144.

226 20세기에 가장 영향력 있는 설교자들을 언급한다면 칼 바르트(Karl Barth, 1886-1968)와 포스딕(Harry E. Fosdick, 1878-1969)과 마틴 루터 킹(1929-1968)이다. 바르트는 현대 문화나 삶의 상황보다는 오직 하나님의 말씀인 성경에 기초를 둔 성경적 설교에 모든 초점을 맞춘 성경 본문의 해석자였다. 이와 반대로 포스딕은 '삶의 상황 설교'(life-situation preaching)를 주창하며 설교는 컨텍스트에서 텍스트로 향해야 한다는 청중의 해석자로 불리운다. 그러나 자타가 공인하는 설교학 이론가인 버트릭(David Buttrick)은 그의 저작『시대를 앞서가는 설교』(A Captive Voice)에서 마틴 루터 킹의 예언자적 설교에 대하여 "이 세 분의 설교자 중에 킹이 다음 세기의 강단에서 여전히 영향력을 발휘할 것"이라고 칭찬했다. David Buttrick, A Captive Voice: The Liberation of Preaching, 105. 마틴 루터 킹의 예언자적 설교는 첫째, 흑인의 억압에 반대한 예언자적 설교였다. 둘째, 독특한 수사학적인 방식의 설교였다. 셋째, 은유와 시적 언어를 사용한 설교였다. 마지막으로, 탁월한 전달력이 있는 설교였다. 그의 설교 이후에 흑인설교(Black Preaching)라는 장르가 형성될 정도로 그의 설교 영향력은 대단했다.

의 예언자적 설교에 대하여 알아보자.

3. 박조준[227]의 '들리는 설교'의 로고스, 파토스, 에토스

신학자인 에밀 브룬너(Emil Brunner)는 설교의 중요성에 대하여 "아무리 아니라 해도 이 지구상에서 일어나는 일 중에 가장 중요한 일은 하나님의 말씀을 선포하는 일이다"[228]고 했다. 왜냐하면 설교가 행해지지 않는다면 복음의 소식을 들을 수도 없고, 구원의 역사도 나타나지 않기 때문이다. 그러나 설교는 단순하게 한 두 가지의 요소로 결정되는 행위가 아니다. 설교는 신학과 전달의 종합예술이다. "들리는 설교"[229]가 되기 위해서 설교자가 갖추어야 할 중요한

---

227 박조준은 서울대학교 문리과 대학(B. A.)을 졸업한 후, 장로회신학대학교 신대원(B. D.)과 미국 프린스턴 신학교(Th. M.)를 졸업했다. 그 후 미국 아주사 퍼시픽 대학교에서 명예 문학 박사 학위를 취득했다. 서울 영은교회(1960-1966)에서 담임 목회를 시작으로, 1973년 1월 2일 한경직 목사의 후임으로 영락교회 위임목사로 추대되어 1972~1985년까지 목회했다. 그 후 갈보리 교회를 개척하여 담임목사(1985-2003)로 시무했다. 현재는 국제 독립교회 연합회 설립자로, 웨이크 사이버 신학원 명예총장으로 사역하고 있다. 그는 영락교회 부임 때 1만 5천 명 정도의 교세에서 7만 5천 명으로 부흥을 경험했다. 이는 박조준의 설교에 있었다고 영락교회는 평가했다. 박조준, 『영락교회 35년사』(서울: 영락교회 홍보 출판부, 1983), 257, 266, 317; 박지훈, "교회는 좌 · 우로 치우쳐선 안 돼 … 중간에서 하나님만 바라보자," 국민일보, 2022년 2월 9일, 33.

228 Emil Brunner, *Revelation and Reason*, 142.

229 '들리는 설교'는 새로운 설교학 운동(The New Homiletic)의 총아(寵兒)이다. 연역적인 어거스틴의 수사학을 이어받은 전통적인 설교학(The Old Homiletic)에 기초한 설교들은 전 세계가 포스트모던 사회로 진입하면서 설교의 난시청 부분이 종종 발생하였다. 이에 새로운 설교학 운동은 1960년 말에서 1970년대 초에 태동한 것으로 새로운 수사학을 기초로 '들리는 설교'에 모든 초점이 맞추어져 있다. Richard L. Eslinger, *A New Hearing: Living Options in Homiletic Methods*, 8-11.

세 가지 요소가 있다. 바로 아리스토텔레스(Aristoteles)의 고대 수사학에서 주장하는 로고스, 파토스, 그리고 에토스이다. 박조준의 성경적(biblical)이면서 효과적(effective)으로 들리는 설교의 3대 요소에 대하여 설교학적 여행을 떠나 보자.

1) 박조준의 로고스(logos)

로고스의 사전적인 의미는 "이성적인 지능을 바탕으로 표현된 언어, 논리나 이론 따위"[230]이다. 로고스의 설교학적 의미는 설교의 깊은 내용, 말씀의 논리성, 이성적 이해, 그리고 본문의 깊이 있는 주석을 의미한다. 안셀름은 '진리로서의 로고스'(Logos as Truth)를 '이해를 추구하는 믿음'(Faith Seeking Understanding)으로, 로이드 존스는 '능력으로서의 로고스'(Logos as Power)를 "불붙는 논리"(Logic on Fire)[231]라고 표현했다. 설교의 로고스가 부족한 설교의 특징은 청중이 설교를 잘 이해하지 못한다. 이는 설교자 자신이 먼저 본문의 내용을 깊이 숙지하지 못했거나, 설교의 초점이 없는 설교를 말한다.

한경직은 박조준의 말씀의 로고스에 대하여 『십계명과 나』라는 박조준의 설교집 추천사에서 다음과 같이 기술했다.

바쁜 교역자 생활에서 설교 준비란 쉬운 일이 아닙니다. 기도

230　국어국문학회, 『새로 나온 국어대사전』, 793.

231　Martyn Lloyd-Jones, *Preaching and Preachers*, 97.

가 필요하고 성경을 연구해야 하며 또한 다른 방면의 서적도 읽어야 할뿐더러 성령의 감화가 있어야 합니다. 이러한 분명한 목회 생활에서도 박 목사님은 언제나 풍성한 생명의 양식으로 영락의 무리를 먹이고 계십니다. 이것은 첫째로 하나님께서 그에게 특별히 주신 은혜요 또한 그의 간단없는 노력의 결과라고 생각합니다. 박 목사님의 설교는 그 내용이 단순한 듯하나, 인간의 깊은 심령을 움직이는 깊이가 있습니다. 그리하여 영락의 큰 무리는 그의 설교를 통하여 주린 심령이 배부름을 얻고, 슬픈 마음을 지닌 심령도 위로받고, 인생의 갈래 길에서 헤매는 이들이 진리와 생명의 길을 찾습니다. 또한 죄악의 깊은 구덩이에 빠졌던 이도 건짐을 받는 것을 봅니다. 상처 입은 심령이 치료받고 기쁨으로 돌아갑니다. 아마 박 목사님의 설교는 언제나 성경 중심, 그리스도 중심 그리고 십자가 중심인 까닭인 것 같습니다.[232]

박조준의 설교와 성경 강해는 본문에 충실한 성경 중심, 예수 그리스도 중심, 십자가 중심의 로고스가 있어, 생동감이 넘치고 깊은 말씀의 우물을 파냄으로 "성경의 객관적인 말씀을 청중이 받아들이는 주관적인 하나님의 말씀"이 되게 했다. 그의 설교는 그 당시 세계 제일의 장로교회인 영락교회의 청중뿐만 아니라, 전 세계영

---

232 박조준, 『십계명과 나』 (서울: 기독교문사, 1982), 속표지.

혼들에 귀한 생명의 양식이 되었다.

2) 박조준의 파토스(pathos)

파토스란 '열정', '감성', '정념'(情念, passion)을 뜻하는 것으로, 설교자가 설교할 때 생명을 바쳐서, 열정적으로, 혼신의 힘을 다해 설교하는 것을 의미한다. "위대한 일은 모두 열정의 결과이다"는 문구와 같이 설교도 예외는 아니다. 역사상 가장 파토스가 충만한 설교자 중의 한 분은 바로 조지 횟필드(George Whitefield)이다. 횟필드가 22세가 되던 해, 영국교회(The Church of England)에서 사제 서품을 받았다. 그때의 상황에 대하여 패티슨(T. Harwood Pattison)은 말하길 "감독의 손이 내 머리 위에 얹어질 때 나의 심장은 녹아버렸고, 나는 나의 마음과 혼과 육신을 모두 바쳐 버렸다"[233]고 그의 파토스를 서술했다. 또한 설교학자인 도널드 디머레이(Donald Demaray)는 파토스의 화신으로 마지막까지 열정을 다해 설교했던 횟필드에 대하여 다음과 같이 서술했다.

> 감독으로부터 안수받을 때의 조지 횟필드의 불꽃 경험은 그의 34년 설교 목회 기간에 꺼지지를 않았다. … 그는 눈물을 흘림이 없이는 거의 설교를 끝맺지를 못했다. 그의 눈물은 꾸밈으로 흘리는 눈물이 아니라, 잃어버린 자들을 위한 진실한 슬픔

---

233 T. Harwood Pattison, *The History of Christian Preaching*, 265.

의 눈물이었다. … 그는 말하길 "하나님께서는 내가 어떤 사람과 여행할 때 그들에게 그리스도를 말하지 않고서 15분 이상 가는 것을 금지하셨다."[234]

이런 복음과 설교에 대한 열정과 정열이 그를 위대한 설교자로 탄생시켰다. 박조준의 경우도 마찬가지이다. 『영락교회 35년사』에서 박조준 설교의 파토스에 대하여 언급하기를 "예배와 설교는 전투와 같고, 이것이 나에게 있어 마지막 설교라고 하는 각오와 긴장으로 강단에 선다"[235]고 했다. 박조준은 제2의 횟필드와 같은 파토스의 화신이라고 평가할 수 있다.

횟필드의 묘사 능력에 대해서 "그는 눈으로 보는 것 같이 뛰어난 묘사를 하였다. 그는 설교의 말씀을 살아있는 그림으로 묘사하였다. 한번은 침몰하는 배를 묘사하자, 겁에 질린 사람들이 배에 옮겨 타려는 듯이 자기 자리에서 벌떡 일어난 일이 있었다. 심지어 '메소포타미아'라는 단어를 가지고 제스처를 써 웃기고 울릴 수 있는 탁월한 수사학적 재능이 있었다."[236]

이런 점에서 21세기의 현대 횟필드는 박조준이라고 본다. 박조준의 정확한 발음과 호소력 있는 음성과 음색, 설교 전달 때 적절한

---

234   Donald Demaray, *Pulpit Giants*, 나용화 역, 『강단의 거성들』 (서울: 생명의 말씀사, 1976), 210, 212.

235   박조준, 『영락교회 35년사』, 318-19.

236   조성현, "조지 횟필드(George Whitefield)의 설교사상에 관한 연구" (석사학위논문, 장로회신학대학교, 1996), 35-37.

고저 강약, 잘 들리는 설교 전달 속도, 표정으로 나타나는 유머 감각, 상상력을 자극하는 설교, 설교를 풍성하게 하는 제스처와 묘사 능력 등의 수사학적인 전달 능력은 탁월한 파토스의 능력 그 자체이다. 『하나님의 지상명령』이라는 박조준의 설교집에서 그의 설교 파토스에 대하여 다음과 같이 묘사하였다.

> 박조준 목사는 타고난 웅변력과 연출적 재능을 한껏 발휘하면서 한편의 설교 속에 희로애락의 감정을 극대화할 줄 아는 설교자이다. 또한 '듣는' 설교에 '보는' 재미를 더하고, 청중의 상상력을 자극하여 설교를 현장감 있는 드라마로 만드는 탁월한 능력을 갖춘 우리 시대의 최고 설교자이다.[237]

박조준의 설교에서 놓칠 수 없는 중요한 부분은 "그냥 '해버리는 설교'나 '해치우는 설교'가 절대 아니다. 일사 각오의 정신을 가지고 산모가 옥동자를 탄생시키기 위해서 산고를 치루는 설교자의 진지한 태도"[238]를 가지고 있다. 박조준의 설교는 분명히 파토스가 강한 성육신적인 설교임은 틀림없다.

237　박조준, 『하나님의 지상명령』 (서울: 샘물같이, 2018), 속표지

238　조성현, 『인물로 보는 한국교회 설교』 (서울: CLC, 2020), 177.

3) 박조준의 에토스(ethos)

설교학에서 가장 중요하게 취급되는 분야 중의 하나는 '설교자론'이다. 같은 내용의 설교라 할지라도 설교자에 따라 청중에게 들리기도 하고, 청중이 거부감을 나타내기도 한다. 바로 설교자론 때문이다. 설교자도 청중과 같이 이 세상에 살아가는 똑같은 존재이지만, 유독 설교자에게는 다른 잣대를 요구한다. 청중보다 더 나은 도덕적 품성과 품위 있는 인격으로 살아가기를 원한다. 이는 강단에서 설교해야 하는 설교자이기 때문에 요구되는 덕목이다. 이에 설교자의 에토스의 문제가 부각된다.

에토스란 "어느 문화나 사회 혹은 개인의 기본적인 정신이나 성격, 윤리성을 의미한다."[239] 즉 설교자의 인격과 도덕적 품성을 의미한다. 19세기 설교의 거장인 필립스 브룩스(Philips Brooks)가 1877년 예일대학교 신학부에서 행한 라이먼 비처 강연(Lyman Beecher Lecture)의 모음집인『설교학 특강』(Lectures on Preaching)에서 다음과 같이 설교자의 에토스에 대하여 언급했다.

> 설교는 한 사람(설교자)이 여러 사람(청중)에게 진리를 전달하는 것이다. 설교에는 두 가지의 중요한 요소가 있는데 진리(truth)와 인격(personality)이다. 즉 설교는 인격을 통한 진리의 전달이다(Preaching is the bringing of truth through personality).

---

239 Robert B. Costello, et al., *Random House Wester's College Dictionary* (New York, NY: Random House, 1991), 459.

인격을 통한 진리의 전달이 진정한 설교이다. 이는 단순히 설
교자의 입술이나, 자기 생각 혹은 펜에서 나오는 설교가 아니
라, 설교자의 성품(character), 애정(affection), 그리고 지성적
(intellectual)이고 도덕적인 존재(moral being)를 통하여 증거
되는 것을 의미한다.[240]

즉 "설교자의 인격과 설교행위는 절대로 분리할 수 없다."[241] 그
중요한 이유는 설교자의 인격과 에토스가 설교에 직접 그리고 간접
적으로 설교에 절대적인 영향을 줄 수밖에 없기 때문이다. 박조준의
유학 시절 때 그의 정결한 삶에 대하여 동료들은 평하기를 "미국 프
린스턴 신학교 시절에 함께 공부한 나학진 박사는 다른 학생들, 심
지어 신학생들까지도 맥주를 입에 대었으나 박조준 목사만은 끝까
지 맥주잔을 입에 대지 않았다"[242]라고 박조준의 삶의 에토스에 대
하여 언급했다. 박조준은 국민일보와의 신년 특별 대담에서 "외람
된 말이지만 사람들이 나처럼 예수님을 믿었으면 좋겠다. 나는 지

<hr>

240　　Philips Brooks, *Lectures on Preaching* (Grand Rapids, MI: Baker Book House, 1981),
　　　　5, 8.

241　　노스웨스트 침례신학교(Northwest Bapitist College and Seminary) 실천신학 교수인 켄
　　　　턴 앤더슨(Kenton C. Anderson)은 올바른 설교자의 인격적인 요소에 대하여 다음과 같이
　　　　언급했다. 첫째로 개인적인 고결성(integrity)으로 성(sexuality), 물질(finances), 그리고 설
　　　　교한 대로 사는 책임감(accountability). 둘째로, 설교에 대한 진정성(truthfulness)으로 설교
　　　　의 표절(plagiarism)을 주의하며, 설교로 청중을 복종하게 하고 조정(manipulation)하지 말
　　　　것 등의 설교자 윤리를 제시했다. Kenton C. Anderson, "Squeaky Clean," *The Art & Craft
　　　　of Biblical Preaching: A Comprehensive Resource for Today's Communicators*, eds.
　　　　Haddon Robinson & Craig Brian Larson (Grand Rapids, MI: Zondervan, 2005), 85-88.

242　　박조준, 『영락교회 35년사』, 318.

금도 모든 일에 감사하면서 살고 있다. 불평이라는 걸 모른다. 한국 교회 모든 성도가 이런 마음가짐을 가지면 빛과 소금의 사명을 감당할 수 있을 거다"[243]라고 했다. 그의 삶의 에토스는 설교로 나타났다.

정장복은 로고스, 파토스, 에토스에 대하여 "흔들리지 않고 변함이 없는 에토스(Ethos)를 가지고 있는 설교자만이 그 가슴에 파토스(Pathos)가 움직이고, 그 심중에 로고스(Logos)가 함께 한다"[244]고 했다. 로고스를 '설교자의 언어'로, 파토스를 '설교자의 마음'으로, 에토스를 '설교자의 삶'으로 본다면, 박조준의 설교는 이 중요한 세 가지의 요소들이 모두 포함되어 있는 주옥같은 설교들이다.

4. 박조준의 '들어야 하는' 예언자적 설교의 특징

듣고 싶은 설교만 듣는 것이 아니라, 들어야 하는 설교를 예언자적 설교라고 했다. 예언자적 설교의 모델 중 중요한 설교자는 종교개혁자 울리히 츠빙글리(Ulrich Zwingli)이다. 그는 마태복음을 비롯한 책별 연속 설교를 통해 참 신자 됨에 대하여 설교하는 것뿐만 아니라, 교회갱신과 사회변혁에도 많은 관심을 가졌다. 그는 청중이

---

243 박지훈, "교회는 좌 · 우로 치우쳐선 안 돼…," 국민일보, 2022년 2월 9일, 33.

244 정장복, "성언운반일념으로서의 설교사역 이해,"『청해 정장복 박사 화갑 기념 논문집: 현대 사회와 예배 · 설교 사역』, 정장복 박사 화갑 기념 논문출판 위원회 편 (서울: 예배와 설교 아카데미, 2002), 121.

교회 안에만 머무는 '성숙한 그리스도인'이 되는 것과 동시에, 세상에서 빛과 소금의 역할을 하는 '성숙한 사회 시민'이 되도록 설교의 공적신학의 모습을 매우 잘 보여주었다.[245] 이런 모습이 박조준에게 투영(投影)되었다.

박조준의 영락교회 위임목사(1972~1985) 목회 시기는 대한민국의 정치사에서 소용돌이치는 상황이었다. 박조준은 정치적으로 암울했던 70년대, 유신정권을 이끈 전임 대통령이 비운에 사라지고, 신군부의 등장으로 정국이 꽁꽁 얼어붙은 시간이었다. 이런 어지러운 상황에서 여느 대형교회 설교자들과 전혀 다른 길을 걸었던 박조준의 독특한 설교사역이 어떠했는지를 돌아보는 것은 매우 의미심장한 일이다. 『영락교회 35년사』 간행사에서 박조준의 예언자적 설교의 밑그림인 '교회론'을 살펴보자.

> 한국교회가 지금 양적인 성장을 가져온 것은 사실이요 이것이 얼마나 다행한 일인지 모릅니다. 그러나 이것으로 만족할 것이 아니라, 교회다운 교회로 성숙해 가야 할 때라고 생각합니다. 그리고 사회적으로 볼 때도 교회의 사명이 너무 큽니다. 이 사회는 문자 그대로 불안과 공포 그리고 혼돈과 충돌뿐만 아니라 악순환이 거듭되고 있는 현실입니다. 이런 때 교회는 '등대의 사명'을 다해야 할 것입니다. 등대의 빛을 보고 바른 항로

---

245   더 자세한 내용은 조성현, 『설교로 보는 종교개혁』, 92-108.

를 정하고 안정하는 것은 선장의 자유지만 어두운 밤에 등대
가 불을 밝히는 것은 등대의 사명입니다. 등대가 불을 밝히기
위해서는 빛을 발하는 데 방해가 되는 요소를 제거해야만 합니
다. 마찬가지로 교회 안의 부족함을 혁신해서 어두운 사회에 복
음의 등불을 환하게 비쳐야 할 것입니다. 교회는 '사회'를 위해
서 존재합니다. 그 사명을 다하지 못할 때 "종교는 아편이다"
라고 말한 공산주의자들의 신랄한 비판을 면하지 못할 것입니
다. 우리 교회는 복음적인 신앙 노선과 청교도적인 신앙의 경
건 훈련 그리고 교회 연합을 위해 최선을 다하며 '사회정의 구
현'을 위해 교회가 '사회의 양심 책임'을 다하려는 교회의 전통
은 오고 오는 세대에 길이 이어져야 할 것입니다.[246]

박조준은 여느 복음주의적 대형교회의 설교자들이 보지 못하
고 하지 못하는 대한민국을 뒤흔드는 대형 사건에 깊이 관여했다.
1977년 5월 25일(수) 영락교회에서 미군 철수 반대를 위한 연합기
도회를 개최하였으며, 1977년 6월 21일-7월 13일까지 미군 철수
반대를 위한 사절단으로 미국 총회에 참석하여 교계 지도자들과 정
부 요인들을 직접 만나서 한국교회의 뜻을 전하여 영향력을 발휘
했다.[247] 박조준은 청교도적이며 복음적인 설교 정신으로 가득했지

246　박조준, 『영락교회 35년사』, 7.

247　박조준, 『영락교회 35년사』, 311-13. 더 자세한 내용은 다음과 같다. "나는 박정희 정권 때
　　부터 '바른 소리'를 하려고 노력했다. 1970년대 미국 카터 정부가 주한미군 철수 카드를 꺼

만, 이러한 구국 행동의 밑바닥에는 예언자적인 설교 정신이 가득하였기에 가능했다.

박조준은 구약의 예언자들이 행했던 것과 같이 서슬 퍼런 유신 정권과 신군부의 막강한 힘에도 전혀 굴하지 않고 담대하게 강단에서 예언자적인 목소리를 냈다. 이는 그 당시 최대의 대형 장로교회의 목회자로서 위험부담이 큰일이었다. 박조준은 신군부의 군사독재정권에 비협조적이라는 구실로 크고 작은 압력에 시달림을 당했다. 급기야 신군부는 박조준을 앞세워서 자기들의 정치적인 정당성을 확보하려는 일에 실패하자, 1984년 외화밀반출 사건을 사전 모의해 박조준을 구속하는 일까지 했다. 국민일보 종교 국장인 이명희는 박조준의 예언자적 설교의 상황을 디트리히 본회퍼(Dietrich Bonhoeffer)와 비교하면서 다음과 같이 언급했다.

> 영락교회 2대 위임목사였던 박조준 목사는 군사 쿠데타로 집권한 전두환 정권이 국가조찬기도회 설교를 요청하자 영감이 떠오르지 않는다며 거절했다. 설교 시간에는 사회적 비판을 서슴지 않았다. 그러다 보니 정권에 밉보여 외화밀반출 누명을

냈을 때 1,500명 정도를 모아서 미국 대사관을 향해 데모를 벌인 적이 있다. 내가 앞장을 섰는데 경찰이 이러면 안 된다면서도 길을 열어주더라. 결국 주한미군 철수는 없는 일이 됐는데, 교회가 사명감을 가지면 할 수 있는 일이 많다는 걸 느꼈었다. 목회자들이 나서야 할 때는 나설 줄 알아야 한다…. 한국에 개신교인이 1,000만 명에 달한다고 해서 힘이 생기는 게 아니다. 엘리야와 같은 선지자가 있어야 한다. 대접받을 때는 앞으로 나가고 핍박받을 땐 뒤로 빠지는 건 목회자의 자세가 아니다." 박지훈, "교회는 좌·우로 치우쳐선 안 돼…," 국민일보, 2022년 2월 9일, 33.

쓰고 옥고까지 치렀다. 나치에 저항했던 독일 신학자 디트리히 본회퍼 목사는 교회의 교회 됨을 회복하라고 강조하며 "악을 보고도 침묵하는 것은 악이다"고 했다.[248]

박조준은 후배 목회자들에게 "불의를 보았으면 간과하지 말고 짖지 못하는 개가 아니라, 바르게 설교하라. 다윗 왕이 범죄 했을 때 죄를 책망한 나단 선지자와 같이 예언자적인 심정과 설교로 내 백성을 깨우쳐야 한다"[249]고 당부하고 권면했다. 1978년에 초판을 출판한 요한복음 강해 중에서 "공의를 따라 삽시다"(요 7:14-24)의 예언자적 설교를 살펴보자.

우리 국가의 안녕과 질서를 생각할 때도 역시 이 공의의 법칙에서 있어야 합니다. 우리 헌법 정신에 근거해서 입법, 사법, 행정부가 모두 공의에 의해 시행될 때만 우리 국내에 진정한 불행이 없는 평화가 올 것입니다. 특히 헌법에 보장된 국민의 자유와 권리가 법 아래서 평등과 원칙이 잘 준수될 때만 진정한 평화가 이루어질 것입니다. 불의한 방법으로 무엇이든지 하려 할 때 거기서 불행이 생기고, 불행이 생기는 곳에 불안이 조성되고, 결국 난국에 처하게 되고 끝이 나고야 말 것입니다. "의는 나라를

---

248   이명희, "이명희의 인사이트: 대선 청구서 내미는 사람들," 국민일보, 2022년 4월 12일.
249   문성모, 『한국교회 설교자: 33인에게 배우는 설교』 (서울: 두란노, 2012), 186.

흥하게 하고 죄는 백성을 욕되게 하느니라"(잠 14:34) 하였습니
다. 우리나라의 번영은 결국 공의를 시행하는 데만 있을 것입
니다. 그러므로 정의의 예언자 아모스는 외치기를 "오직 공법
을 물과 같이, 정의를 하수같이 흘리게 할찌니라"했습니다.[250]

박조준의 예언자적 설교를 계속 들어보자. 그의 예언자적인 설
교의 에토스는 계속 되었다. 서기 2,000년이 되어 행한 『새벽을 깨
우려면』이라는 설교집에 실린 "내 동포여 들으라"(미 6:1-9)라는 예
언자적 설교를 살펴보자.

우리 사회는 극도의 불신 사회로 전락했습니다. 서로서로 믿
지 못하게 되었습니다. 우리 사회에서 존경하는 말보다 모욕
하는 말이, 칭찬하는 말보다 저주하는 말이 성행하는 것은 사
회적 상호 불신의 구체적 표현입니다. 특히 정치인 사회에 불
신의 악덕이 심합니다. 위정자는 번의를 예사로 생각하고, 국
민에 대한 식언을 아무렇게 여기지 않습니다. 나라 살림살이
의 중책을 맡은 위정자에게서 정직의 덕을 찾아볼 수가 없고,
신의의 언어를 들을 수가 없고, 성실의 정신을 느낄 수가 없습
니다. 그들은 거짓이 몸에 뱄고, 불신이 생리와 되었고, 속임수

---

250 박조준, 『요한복음 강해』(서울: 기독교문사, 1984), 255-256. 본서의 초판은 1978년에 발행
한 것으로 유신 독재 시대 때 수요기도회 시간에 행한 설교이다.

를 생활의 신조로 삼은 것 같은 인상이 들 때마저 있습니다. …
이제 우리는 부패 불감증 환자들이 되어 버리고 말았습니다.
그래서 밖에서는 우리나라에 '부패 공화국'이라는 불명예스러
운 이름을 붙여 주지 않았습니까? 부끄러운 일입니다. 가슴 아
픈 일입니다. 이런 대접을 받고서도 가만히 있으면 됩니까? 이
민족을 이런 처지까지 전락시켜 버린 사람들이여, 깊이 회개
해야 합니다. 참회와 반성으로 개혁으로 성실과 공정의 새 인
간으로 돌아와야 합니다.[251]

박조준의 예언자적 설교는 대한민국의 여느 설교자도 따라올 수
없는 탁월함과 담대함과 예지(叡智)가 들어있다. 특히 '정치 분야'에
서 예언자적 설교가 매우 인상적이다. 그러나 이는 단순히 울분을
토하는 설교가 아니다. 그는 "나는 항상 기도할 때 나라를 위한 기
도가 첫 번째다"[252]라고 한 것과 같이, 대한민국을 지극히 사랑하는
마음에서 우러나오는 충정(忠情)이라 본다.

---

251 박조준, 『새벽을 깨우려면』 설교집 36권 (서울: 샘물같이, 2000), 216-18.

252 박지훈, "교회는 좌·우로 치우쳐선 안 돼…," 국민일보, 2022년 2월 9일, 33.

5. 한국교회에 주는 교훈과 실제적 적용

박조준의 예언자적 설교를 통하여 한국교회에 주는 교훈과 설교자가 어떻게 예언자적 설교를 할 수 있는지에 대한 실제적 적용을 살펴보자. 첫째, '들리는 설교'와 '들어야 할 설교'의 균형을 갖추어야 한다. 대부분의 설교자는 청중에게 들리는 설교를 위하여 감동적인 예화, 명쾌하고 수려한 설교원고 작성, 수사학적인 전달 등에 지대한 관심을 기울인다. 그러나 이것과 함께 더 중요한 부분을 간과해서는 안 된다. 바로 청중이 들어야 할 설교를 전하는 것이다. 이런 의미에서 박조준의 예언자적 설교는 균형 잡힌 귀한 모범을 보여주고 있다.

둘째, 성경적인 교회론에 기초한 올바른 설교 신학을 정립해야 한다. "하나님이 세상을 사랑하사 독생자를 주셨으니"(요 3:16)라고 했듯이, 교회는 교회를 위한 것이 아니라, 이 세상과 사회를 위한 것이라는 박조준의 문구는 성경적인 교회론의 중요성을 말한다.

셋째, 예언자적 설교는 단순히 개인과 사회에 대한 비판과 심판만을 전하는 것이 아니다. 희망과 소망, 바른 방향도 함께 제시해야 한다. 박조준의 예언자적 설교가 이러했다. 구약의 예언서들은 대부분 심판과 회복을 약속했다. 한 예로 이사야서도 심판(1-39장)과 이스라엘의 회복(40-66장)에 대하여 예언하고 있다. 이는 마치 외과 의사가 병든 부위를 수술하고 회복을 위해서 치료하는 것과 같다. 설교자는 영적인 외과 의사이기 때문이다.

넷째, 예언자적 설교의 가장 중요한 동기는 '성공 모티브'가 아니라, '소명 모티브'이다. 김세광은 말하길 예언자적 설교를 하기 전에 설교자 자신에게 질문해야 할 것들에 대하여 "왜 이 이슈를 가지고 설교하려는가? 누구를 위한 것인가? 이 설교를 통하여 무엇을 얻고 무슨 목표로 하는 것인가? 이 설교를 위하여 부름을 받았는가? 누가 그것을 말하라고 하는가?"[253]등 예언자적 설교의 동기를 설교자 자신이 자기 성찰하는 심정으로 자기 자신에게 질문을 해야 한다. 이러한 여과장치를 통과해야만 올바른 예언자적 설교를 할 수 있을 것이다.

다섯째, 정확하게 사회의 문제점을 파악하고 분석해야 한다. "선무당이 사람 잡는다"는 말과 같이 울분과 격한 감정만을 가지고 예언자적 설교를 하는 것은 실수를 초래하고 문제를 야기하기 쉽다. 바우만은 "적절한 탄약도 없이 설교의 총을 쏘지 말라. 문헌들을 읽어라. 심리학자들, 사회학자들, 저명한 신학자들 그리고 현대의 상황을 정확하게 분석하는 분석가들로부터 많은 정보를 얻을 수 있다. 설교자는 한쪽 면을 선택해서 설교하기 전에 그 문제의 양면(both sides)을 면밀히 살펴야 한다"[254]고 했다.

---

253 김세광, "예언적 설교를 통한 교회의 공공성 회복의 가능성 연구,"「한국기독교신학논총」 Vol. 71 No. 1 (2010), 334.

254 J. Daniel Baumann, *An Introduction to Contemporary Preaching*, 217. 정치, 사회, 문화, 과학기술 등 사회 현안에 대해서 기독교적인 관점에서 예언자적 설교에 도움을 받기를 원한다면 기윤실 웹진의 '좋은 나무'에서 자료를 받을 수 있다. https://cemk.org/8880/ (2022년 4월 22일 검색)

여섯째, 예언자적 설교를 함에 있어 여느 설교자도 완벽하지 못하다는 사실을 인정해야 한다.[255] 바우만은 계속적으로 "예언자적설교는 전문가의 전문적인 부분까지 상세하게 모두 설교할 수 없다. 단지 원리들만 제시하면 된다. 그리고 설교자가 먼저 삶의 모범을 보여주어야 한다"[256]고 했다.

다시 한번 정리하면 박조준의 예언자적 설교의 가장 중요한 특징은 청중에게 '들리는 설교'와 청중이 '들어야 하는 설교'에 대한 모범적인 균형을 잘 겸비(兼備)했다. 한국교회의 상황에서 예언자적 설교는 매 주일 할 수 있는 설교는 아니다. 처음에는 1년에 한 번 정도로 시작해서, 분기별로 한 번씩 해서 1년에 4회로, 그리고 점진적으로 횟수를 늘릴 수 있다.

나가는 말

예언자적 설교 신학을 마무리하면서 대한예수교장로회 통합교단의 제106회기 주제인 "복음으로, 교회를 새롭게 세상을 이롭게!"란 구호로 마감하려 한다. 어느 예언자적 설교 모임에서 취지를 말하길 "교회는 사회적 책임을 다하는 복음주의적 신앙으로 나아가야 한다. 본질적인 것에는 일치를, 비본질적인 것에는 자유를, 그리고 모든 일에는 사랑을 더함으로 거룩한 공교회를 이룬다"[257]는 문구

---

255 박조준의 예언자적 설교에서 아쉬운 부분은 차기 연구과제로 남겨둔다.

256 J. Daniel Baumann, *An Introduction to Contemporary Preaching*, 218.

257 우성규, "말씀 들고 세상 속 빛 발할 때 교회 회복은 시작된다," 국민일보, 2022년 5월 6일, 29.

가 예언자적 설교의 첫걸음이라 본다. 코로나 팬데믹 이후에 작은 교회들이 맥없이 무너지고, 기성교회들은 세상으로부터 배타적인 집단 이기주의의 아성(牙城)으로 몰리고 있는 상황 속에서 다시 한 번 우리의 설교를 점검해 보아야 할 것이다. '들리는 설교'와 '들어야 할 설교'의 균형을 잡아 우리의 설교를 더듬어 보아, 올바른 예언자적 설교 탄생을 기다리며 기도하고 기대해 보자.

참고문헌

곽안련.『설교학』. 서울: 대한기독교서회, 1990.

계지영.『이 시대를 향한 설교학』. 서울: 한국장로교 출판사, 2014.

구자수.『원어설교 작성하기』. 서울: 킹덤북스, 2016.

국어국문학회.『새로 나온 국어대사전』. 서울: 민중서관, 2000.

권성수.『성령설교』. 서울: 국제제자훈련원, 2009.

김건호 편.『선교 칠십주년 기념 역대총회장 설교(中)』. 서울: 예장총회 종교교육부, 1955.

김금용.『제3의 분석설교의 이론과 실제』. 서울: 쿰란출판사, 2011.

김세광. "예언적 설교를 통한 교회의 공공성 회복의 가능성 연구."「한국기독교신학논총」 Vol. 71 No. 1(2010), 321-344.

김만풍.『상담설교』. 서울: 크리스찬서적, 1955.

김명룡.『칼 바르트의 신학』. 서울: 도서출판 이레서원, 2009.

김운용.『설교의 새로운 패러다임』. 서울: 장로회신학대학교 출판부, 2007.

______. "상담설교에 대한 신학적 고찰과 그 가능성에 대한 연구."「신학과 실천」 30(2012), 291-320.

______.『현대설교 코칭』. 서울: 장로회신학대학교출판부, 2012.

김윤규. "Karl Barth의 설교(마 6:24-34)에 대한 목회신학적인 분석과 평가."「신학과 실천」 22(2010), 137-173.

로고스편찬위원회.『로고스 스트롱 코드 히브리어헬라어 사전』. 서울: 도서출판 로고스, 2011.

문성모.『한국교회 설교자: 33인에게 배우는 설교』. 서울: 두란노, 2012.

박경수.『칼뱅의 유산』. 서울: 대한기독교서회, 2014.

박조준.『십계명과 나』. 서울: 기독교문사, 1982.

______.『영락교회 35년사』. 서울: 영락교회 홍보 출판부, 1983.

______.『요한복음 강해』. 서울: 기독교문사, 1984.

______.『새벽을 깨우려면』설교집 36권. 서울: 샘물같이, 2000.

______.『하나님의 지상명령』. 서울: 샘물같이, 2018.

박지훈. "교회는 좌·우로 치우쳐선 안 돼 … 중간에서 하나님만 바라보자." 국민일
　　보. 2022년 2월 9일.

송광현·이성호,『나도 원전 설교 할 수 있다: 구약편』. 서울: 도서출판 로고스출판
　　사, 2011.

오우성.『성서와 심리학의 대화』. 서울: 대한기독교서회, 2007.

오우성, 박민수.『성경 이야기 상담』. 서울: 두란노, 2010.

우성규. "말씀 들고 세상 속 빛 발할 때 교회 회복은 시작된다." 국민일보. 2022년 5
　　월 6일,

이동원.『청중을 깨우는 강해설교』. 서울: 요단출판사, 1991.

이명희. "이명희의 인사이트: 대선청구서 내미는 사람들." 국민일보. 2022년 4월 12일.

장두만.『다시 쓰는 강해설교 작성법』. 서울: 요단, 2009.

전요섭. "상담적 설교를 위한 상담과 설교의 통합 방안." 박사학위 논문, 단국대학교,
　　2005.

전형준.『성경적 상담설교』. 서울: CLC, 2013.

정근두.『로이드 존스의 설교론』. 서울: 여수룬, 1999.

정성령.『설교 스타일』. 서울: 한들출판사, 2004.

정인교.『현대설교, 패턴으로 승부하라!』. 서울: 청목출판사, 2005.

______. "칼 바르트의 설교 이해에 대한 설교학적 평가"「신학과 선교」31(2005),
　　253-282.

정장복.『예배학 개론』. 서울: 예배와 설교 아카데미, 1999.

______.『한국교회의 설교학 개론』. 서울: 예배와 설교 아카데미, 2001.

정장복 박사 학갑기념 논문출파 위원회 편.『청해 정장복 박사 화갑기념 논문집: 현
　　대사회와 예배·설교 사역』. 서울: 예배와 설교 아카데미, 2002.

정장복 외.『설교학 사전』. 서울: 예배와설교 아카데미, 2004.

정장복 편저.『교회력과 성서일과』. 서울: 대한기독교서회, 1996.

조강현.『질문과 함께 배우는 설교』. 서울: 복있는 사람, 2022.

조성현. "조지 휫필드(George Whitefield)의 설교사상에 관한 연구." 석사학위 논문, 장로회신학대학교, 1996.

______.『설교 건축가』. 부산: 도서출판 카리타스, 2016.

______.『성경적 설교』. 서울: CLC, 2016.

______.『설교로 보는 종교개혁』. 서울: CLC, 2017.

______.『인물로 보는 한국교회 설교』. 서울: CLC, 2020.

주승중.『성경적 설교의 원리와 실제』. 서울: 예배와 설교아카데미, 2006.

______.『은총의 교회력과 설교』. 서울: 장로회신학대학교 출판부, 2009.

채경락.『쉬운 설교』. 서울: 생명의 양식, 2015.

천병석. "바르트의 '선포된 하나님의 말씀'에 대한 분석학적 고찰."「신학과 실천」 43(2015), 161-186.

총회예식서 개정위원회.『대한예수교장로회 예배예식서』. 서울: 한국장로교출판사, 2010.

최진봉. "후기 새로운 설교학의 등장에 관한 연구."「신학과 실천」 22(2010), 175-208.

하용조 편.『비전성경사전』. 서울: 도서출판 두란노, 2001.

하재성. "목회상담과 설교."「헤르메니아 투데이」 43(2008), 37-63.

허도화. "삶의 문제에 관한 상담으로서의 설교: Harry Emerson Fosdick의 상담설교를 중심으로."「대학과 선교」 12(2007), 163-190.

______. "에큐메니칼 설교신학: 교회행위로서의 말씀과 성만찬에 대한 통합적 접근."「신학과 실천」 14(2008), 45-70.

______. "성경적 설교의 원형으로서의 예언자적 설교."「신학과 선교」 39(2011), 117-152.

______.『예언자 설교: 설교갱신의 이론과 실제』. 대구: 계명대학교 출판부, 2014.

Actemeier, Paul J. ed. *Harper's Bible Dictionary*. San Francisco, CA: Harper & Row Publishers, 1985.

Allen, Horace T. Jr., *A Handbook for the Lectionary*. Philadelphia, PA: The Geneva Press, 1980.

Allen, Ronald J. ed., *Patterns of Preaching: A Sermon Sampler*. St. Louis, MO: Chalice Press, 1998.

Barth, Karl. *The Preaching of the Gospel*. trans. B. E. Hooke. Philadelphia, PA: The Westminster Press, 1963.

______. *Homiletics*. trans. Bromiley, W. Geoffrey and Donald E. Daniels Louisville, KY: Westminster/John Knox Press, 1991.

Baumann, J. Daniel. *An Introduction to Contemporary Preaching*. Grand Rapids, MI: Baker Book House, 1972.

Brunner, Emil. *Revelation and Reason: The Christian Doctrine of Faith and Knowledge*. trans. Olive Wyon. London: Student Christian Movement Press LTD, 1947.

Broadus, John A. *On the Preparation and Delivery of Sermons*. 4th ed. New York, NY: Harper & Row, Publishers, 1979.

Brooks, Philips. *Lectures on Preaching*. Grand Rapids, MI: Baker Book House, 1981.

Buttrick, David. *Homiletic: Moves and Structures*. Philadelphia, PA: Fortress Press, 1987.

______. *A Captive Voice: The Liberation of Preaching*. Louisville, KY: Westminster/John Knox Press, 1994.

Chapell, Bryan. *Christ-Centered Preaching* 2nd. Grand Rapids, MI: Baker Academic, 2005.

Chung, ChangBok. *Preaching for Preachers*. Seoul: Worship & Preaching Academy, 1999.

Costello, Robert B. et al. *Random House Wester's College Dictionary*. New York, NY: Random House, 1991.

Cox, James W. "Topical Preaching." *Concise Encyclopedia of Preaching*, eds., Willimon, William H. & Richard Lischer. Louisville, KY: Westminster John Knox Press, 1955.

Craddock, Fred B. *Preaching*. Nashville, TN: Abingdon Press, 1985.

______. "Preaching." *Dictionary of Pastoral Care and Counseling*. ed. Rodney Hunter. Nashville, TN: Abingdon, 1990.

______. *As One Without Authority*. St. Louis, MO: Chalice Press, 2001.

Dargan, Edwin C. *A History of Preaching*. Vol. I . Grand Rapids, MI: Baker Book House, 1974.

Davis, Henry G. *Design for Preaching*. Philadelphia, PA: Muhlenberg Press, 1958.

Demaray, Donald. *Pulpit Giants*. 나용화 역,『강단의 거성들』. 서울: 생명의 말씀사, 1976.

Eslinger, Richard L. *A New Hearing: Living Options in Homiletic Methods*. Nashville, TN: Abingdon Press, 1987.

______. *The Web of Preaching: New Options in Homiletic Method*. Nashville, TN: Abingdon Press, 2002.

Fant, Clyde E. *Preaching for Today*. New York, NY: Harper & Row Publishers, 1977.

Fant, Clyde E. & William M. Pinson. *Twenty Centuries of Great preaching*. Vol. IX. Waco, TX: Word Book, 1971.

______. *Twenty Centuries of Great preaching*. Vol. X. Waco, TX: Word Book, 1971.

Fosdick, Harry E. *The Living of These Days: An Autobiography*. New York, NY: Harper & Brothers, 1956.

______. "What is the Matter with Preaching?" *Harper's Magazine* 157(1928), 134-141.

Hancock, Angela Dienhart. *Karl Barth's Emergency Homiletics 1932-1933: A Summons to Prophetic Witness at the Dawn of the Third Reich*. Grand Rapids,

MI: William B. Eerdmans Publishing Company, 2013.

Heisler, Greg W. *Spirit-Led Preaching: The Holy Spirit's Role in Sermon Preparation and Delivery.* Nashville, TN: B&H Publishing Group, 2007.

Jensen, Richard A. *Telling the Story: Variety and Imagination in Preaching.* Minneapolis, MN: Augsburg Publishing House, 1980.

Linn, Edmund Holt. *Preaching As Counseling: The Unique Method of Harry Emerson Fosdick.* Vally Forge, PA: Judson Press, 1966.

Lloyd-Jones, Martyn. *Preaching and Preachers.* Grand Rapids, MI: Zondervan Publishing House, 1971.

Long, Thoms G. *The Witness of Preaching.* 2nd ed. Louisville, KY: Westminster John Knox Press, 2005

______. *The Witness of Preaching.* 3rd ed. Louisville, KY: Westminster John Knox Press, 2016.

Lowry, Eugene L. *The Sermon: Dancing the Edge of Mystery.* Nashville, TN: Abingdon Press, 1997.

______. *The Homiletical Plot: The Sermon as Narrative Art Form.* Louisville, KY: Westminster John Knox Press, 2001.

Migliore, Daniel L. *Faith Seeking Understanding: An Introduction to Christian Theology.* Grand Rapids, MI: Wm. B. Eerdmans Publishing Co. 2014.

Palmer, Richard E. *Hermeneutics: Interpretation Theory in Schleiermacher, Dilthey, Heidegger, and Gadamer.* Evanston, IL: Northwestern University Press, 1969.

Parker, T. H. L. *Calvin's Preaching.* Louisville, KY: Westminster/John Knox Press, 1922.

______. *The Oracles of God: An Introduction to the Preaching of John Calvin.* Cambridge: James Clarke & Co. 2002.

Pattison, T. Harwood. *The History of Christian Preaching.* Philadelphia, PA: American Bapitist Publication Society, 1903.

Robinson, Haddon W. *Biblical Preaching: The Development and Delivery of*

Expository Messages. 2nd ed. Grand Rapids, MI: Baker Academic, 2001.

Robinson, Haddon & Craig Brian Larson Grand Rapids. eds. *The Art & Craft of Biblical Preaching: A Comprehensive Resource for Today's Communicators*. Grand Rapids, MI: Zondervan, 2005.

Stott, John. *Between Two Worlds: The Challenge of Preaching Today*. Grand Rapids, MI: William B. Eerdmans Publishing Company, 1982

Stratman, Gary D. *Pastoral Preaching: Timeless Truth For Changing Needs*. Nashville, TN: Abingdon Press, 1983.

Unyong, Kim. "Faith Comes From Hearing: A Critical Evaluation of the Homiletical Paradigm Shift through the Homilectical Theories of Fred B. Craddock, Eugene L. Lowry, and Daivd Buttrick, and its Application to the Korean Church." Ph.D. diss., Union Theological Seminary and Presbyterian School of Christian Education, 1999.

Vitz, Paul C. *Psychology as Religion*. 장혜영 역.『신이 된 심리학』. 서울: 새물결플러스, 2010.

Warren, Timothy S. "Topical Preaching on Contemporary Issues." In *The Art & Craft of Biblical Preaching: A Comprehensive Resource for Today's Communicators*. eds. Haddon W. Robinson and Craig Brian Larson, 427-28. Grand Rapids, MI: Zondervan, 2005.

White, James F. *Christian Worship in Tradition*. Nashville, TN: Abingdon, 1976.

Wilson, Paul Scott. *The Four Pages of the Sermon: A Guide to Biblical Preaching*. Nashville, TN: Abingdon Press, 1999.

Willimom, William H. *Integrative Preaching: The Pulpit at the Center*. Nashville, TN: Abingdon Press, 1981.

포스딕설교연구소. "설교에 대한 정의." https://cafe.daum.net/sungrock/Dgu7. 2025년 5월 18일 접속.